미성숙한 사람들의 사회

MYTHOS ÜBERFORDERUNG
: Was wir gewinnen, wenn wir uns erwachsen verhalten
by Michael Winterhoff
© 2015 by Gütersloher Verlagshaus,
a division of Verlagsgruppe Random House GmbH
Korean Translation Copyright © 2016 by Chungrim Publishing Co., Ltd.
All rights reserved.
The Korean language edition published by arrangement with
Verlagsgruppe Random House GmbH through MOMO Agency, Seoul.

그들은 왜 세상 모든 게 버거운 어른이 되었나

# 미성숙한 사람들의 사회

미하엘 빈터호프 지음
송소민 옮김

추수밭

현실도피자, 무사안일주의 은둔자, 영원한 어른아이…
나는 이들에게 이렇게 외치고 싶다.


"여보세요, 제발 성인이 되세요."

●

# '과도한 요구'라는 신화

의사가 '신경쇠약'이라고 진단할 때 그것은 대체로 다음과 같
은 증상들을 일컫는 집합개념이다.

일반 심인성 피로

만성 피로

탈진 우울증

우울증을 동반한 탈진 증후군

신경성 피로

(……)

심인성 자율신경실조증

과도한 요구로 인한 번아웃 증후군

과로

피로 증후군

나는 국제적으로 통용되는 질병 목록 중에 중간에 있는 20가지 진단명을 생략했다. 그것을 무엇이라 부르든 다 똑같기 때문이다. 거의 비슷비슷한 증상들이라는 얘기다. 심신 피로, 지속적 신경과민, 수면장애, 무기력증, 창의력 상실, 신경질, 권태, 능률 저하, 부정적 사고, 의욕 상실, 면역력 저하, 건망증, 우울증, 의기소침, 압박에 시달리는 느낌, 끊임없이 생각이 꼬리를 무는 상태, 좌절감……

이 같은 증상을 겪는 사람들은 이렇게 말한다. "배터리가 바닥난 것 같아." "더 이상은 못하겠어." "이러다 정말 무슨 일이 나고 말 거야." "지금 당장 휴식이 필요해." 이들의 혼란스러운 감정의 밑바닥에는 '뭔가 크게 잘못되고 있다'라는 공통분모가 있다. 독자 여러분도 주변에서 이런 증상의 초기, 중기, 말기에 처한 사람들을 제법 알고 있을 것이다. 자기 자신이 이런 증상에 시달리고 있다고 여기는 경우도 있으리라 생각한다.

직장에서, 그리고 배우자와 가족과의 관계에서 왜 이런 병이 생기는 걸까. 이때 많은 사람들은 사회적 조건들을 요인으로 꼽곤 한다. 주변 환경이 우리에게 가하는 '과도한 요구'로 인한 부담감에 짓눌려 완전히 나가떨어진 상태가 된다는 것이다. 우리는 차분하게 한 가지 임무에 집중할 수 없는 상황에서(일과 가정 사이의 아슬아슬한 줄타기) 많은 일을 동시에 처리해야 하며(멀티태스킹), 휴식 시간은 더 이상 존재하지 않는 데다(상시 연락 가능한 상태) 모든 일을 다급하게 쫓기듯이 처리해야 한다(끝없는 분주함). 그래서 직장 생활로 번아웃(burnout)이 되든, 학업 성적이 떨어지든, 인간관계에서 갈등을 겪든, 뭔가 문제가 있으면 뭉뚱그려서 한 가지 핑계를 댄다.

"세상이 나한테 요구하는 게 너무 많아. 그래서 제대로 되는 게 없어!"

나는 이 같은 만인 공통의 설명 모델을 '과도한 요구 신화'라 부른다. 대중매체에서는 날이 갈수록 '과도한 요구'에 대해 지적하며 목소리를 높이고 있지만, 이는 사실이 아니다. 더 나아가 그것은 근본적으로 잘못된 설명이며 실제 문제를 다른 데로 돌리는 행위다.

나는 간단한 한 가지 설명으로 만족해선 안 된다고 생각한다. 자기기만은 우리를 건강하게 만들지 않기 때문이다. 문제는 다른 데 있는 게 아니다. 바로 우리 자신에게 있다.

# CONTENTS

1장

# 삶의 문제들이
# 해결되지 않는 이유

· 법원은 병원에서 간병인으로 근무하는 중증장애인이 병원 내에 여성 주차 구역은 있으면서 왜 장애인 주차 구역은 없느냐며 제기한 고소를 기각했다.

· 루프트한자 독일항공 조종사들이 또다시 파업에 들어갔다. 올해 들어 열 번째다. 우스갯소리가 아니다. **일 년**에 **열 번** 파업이다!

· 한 치과에서 근무했던 여성이 자신이 받은 업무평가서에 '매우 만족'이라는 평가 내용을 받아들이지 않으려 했다. 이에 대해 연방 노동재판소는 그녀가 '항상 매우 만족'이라는 평가를 요구할 권리가 없다는 최종 판결을 내렸다.

2014년 11월의 며칠 사이에 내가 우연히 알게 된 이 세 가지 일은 처음에는 실패자들의 이야기라는 것 외에 별다른 공통점이 없어 보였다. 첫째, 주차장에서 근무지까지 좀 더 빠른 길로 이동하길 원했던 중증장애인은 앞으로도 계속 원래의 먼 길을 이용해야 한다. 둘째, 세계 최대 항공사 중의 하나인 루프트한자는 늘 그랬듯 어떠한 진전도 없이 몇 달이 넘도록 어마어마한 손실을 입게 되었다. 셋째, 치과 접수대에서 일 년간 근무한 25세 여성은 자신이 받은 업무평가서의 점수를 인정하지 못하고 고용주와 긴 시간에 걸쳐 껄끄러운 싸움을 벌였지만 더 좋은 업무평가서를 받지 못하는 것으로 끝났다.

나는 이처럼 실패자들만 존재하는 사건을 점점 더 자주 접하게 된다. 신문과 TV, 다른 사람과의 대화, 나 자신의 체험에서 말이다. 처음에는 하도 어이가 없어 고개를 젓기만 했다. 아마 다른 사람들도 같은 반응을 보였을 것이다. 의아하고 화가 치미는 것 외에 다른 반응은 기대할 게 없는 사건들이다. 어떤 일에 거액을 들였는데 계속 졸작만 내놓는다면 어떨 것 같은가. 그러면 언제부턴가 그것을 아무렇지도 않게 여기게 된다. 우리를 정말로 흥분하게 만드는 사건은 극히 드물다. 예컨대 베를린이나 함부르크 같은 대도시에서 수억 유로의 거액을 턱없이 낭비했다거나 혹은 아이를 보호해야 할 의무를 소홀히 한 사람들로 인해 아이가 사망한 사건 정도는 되어야 놀란다.

그러던 어느 날, 나는 큰 충격을 받았다.

여느 때와 같이 진료로 긴 하루를 보내고 집으로 돌아온 날이었다. 나는 아침 식탁에 놓여 있던 신문을 무심코 집어 들어 훑어보았다. 바로 그때, 그동안 눈에 덮여 있던 비늘이 순식간에 벗겨지는 듯한 느낌이 들었다. 신문에 실린 사건들, 대문짝만한 헤드라인 뉴스든 귀퉁이에 작게 실린 실종 사건이든 모든 게 실은 내가 정신과 의사로 진료해오면서 너무도 세세히 알고 있는 사연들이 아닌가!

그때부터 나는 발달심리학에 나오는 장애 증상과 유사한 사건들을 수집하기 시작했다. 신문에서 오린 스크랩지가 책상 서랍에 금세 가득 쌓였다. 아마 당신도 다음과 같은 경험을 해본 적이 있을 것이다. 운전 중에 지루함을 달래려고 차 안에 있는 아이들과 놀이를 한다. 누가 먼저 노란색 승용차를 발견할까? 도로에서 노란색 승용차는 좀처럼 눈에 띄지 않는다. 하지만 기대를 가지고 관찰해보면 곧 노란색 승용차가 계속 눈에 들어온다. 내 눈에도 노란색 차가 점점 더 많이 들어오기 시작했다.

그러다 보니 나는 (자동차 색으로 예를 들어 설명하자면) 녹색, 빨간색, 파란색 승용차의 경우도 노란색 차와 마찬가지라는 사실을 확인하게 되었다. 결국 모든 생활 영역에 발달심리학으로 배경을 설명할 수 있는, 양상이 지극히 똑같은 폐해들이 존재한다는 사실이 큰 충격으로 다가왔다.

이제 모자이크를 짜 맞출 수 있는 작은 조각들이 생겨나기 시작했다. 내가 수집한 실패자와 낙오자들의 모든 에피소드에 공통분모가 존재하며, 우리 사회에 팽배한 특정 증후군을 끌어낼 수 있겠다는 예감이 들었다.

이 책은 우리의 눈을 뜨이게 하고, 우리 사회에 존재하는 수많은 폐해와 실패한 인생들의 원인이 되는 불운의 메커니즘을 폭로할 것이다.


## 눈앞의 일을 보지 못하다

얼굴에 근심이 가득한 부모가 열네 살 아들을 보호하듯 사이에 끼고 내 앞에 앉았다. 아들의 이름을 루카스라고 하자. 루카스의 뺨은 쑥 들어가 있었다. 두꺼운 후드티를 입고 있었지만 비쩍 마른 몸이 그대로 드러났다. 창백한 얼굴에 눈에는 총기가 없었다. 자신과는 관계없다는 듯 심드렁한 표정으로 움츠리고 있는 루카스는 진료실에서 얼른 나가고 싶어 하는 눈치였다.

거식증은 위험한 병이다. 매끼마다 칼로리를 따지는 거식증 환자들은 체중이 불어나는 두려움에 극심하게 사로잡혀 있다. 그리고 이른바 섭식장애가 뒤따라서 뼈와 가죽밖에 없을 정도로 여위었음에도 스스로 뚱뚱하다고 여긴다. 지속적인 식이 거부는 신체 기관의 심각한 손상을 초래해 극단적인 경우 사망에 이를 수 있다.

루카스의 부모는 거식증이 남자, 즉 소년에게도 나타날 수 있다는 사실을 책을 통해 읽었다. 거식증에 관한 정보를 확인할수록 부모의 걱정은 커졌다. 부모는 스스로를 올바로 인지하지 못하는 장애 상태의 아들을 정상으로 되돌리고 싶었다. "루카스, 네 모습을 좀 봐! 너는 그렇게 뚱뚱하지 않아. 지극히 정상이라고!" 그러면 루카스는 신경질적으로 쓱 쳐다보고는 다시 자기 방으로 들어가버렸다.

절망한 부모는 정신과의 도움을 받고자 나를 찾았고, 나에게 거식증 전문 치료 병원을 소개해달라고 했다.

나는 숨을 깊이 들이쉬고 창밖에 있는 늦여름의 나무를 바라보았다. 이 세 사람에게 내가 내린 진단을 어떻게 전달할 것인지 곰곰이 생각했다. 경솔하게 말을 던지고 싶지 않았다. '댁의 아들은 거식증이 아닙니다. 증상의 원인은 다른 데 있습니다'라는 말을 어떻게 전하면 좋을까? 문제의 원인이 부모가 상상하는 것과는 전혀 다르다는 사실을 말이다.

부모가 자녀를 데리고 가족 단위로 진료를 받는 경우, 나는 어린 자녀와 먼저 대화를 나눈다. 부모가 없는 자리에서 아이만 단독으로 상담을 한다. 아이가 너무 어린 경우에는 진료실에서 놀게 놔둔다. 나는 아이가 노는 모습을 지켜보면서 첫인상을 얻는다. 그런 다음에 부모를 참여하게끔 한다. 이 과정을 통해 아이들이 부모의 영향을 받지 않은 상태에서 자신의 의사를 표현할 수 있게 하는 것이다. 이렇게 하는 이유는 부모들 대부분이 읽기·쓰기장애, 주의력결핍 과잉행동장애(ADHD), 우울증 등과 같이 자녀의 병명을 이미 '알기' 때문이다. 가끔은 부모의 판단이 맞지만 때로는 틀리기도 한다.

나는 충격적인 사실을 알아내기 위해 루카스와 길게 이야기할 필요도 없었다. 거식증은 전혀 해당되지 않았다. 여름방학이 막 끝난 참이었다. 루카스는 방학이 시작되기 전에 같은 학급의 학생들과 마찬가지로 학교에 다녔다. 물론 루카스는 친구들과 같이 노는 걸 좋아했고 채팅으로 대화를 나누며 '워크래프트' 같은 컴퓨터 게임을 즐겼다. 그러니까 지극히 평범한 열네 살의 소년이었다. 하지만 방학 동안 루카스는 달라졌다. 하루 종일 방 안에 처박혀 시간을 보낸 것이다. 하루에 18~20시간을 세상과 단절하고 컴퓨터 게임에 열중했다. 그런 일상이 6주간이나 계속되었다. 그래도 처음에는 밤에 피자를 데워 먹었다. 하지만 곧 그마저 그만두고 말았다. 잠은 단 몇 시간밖에 자지 않았다. 루카스는 먹고 마시는 일을 잊어버릴 정도로 완전히 게임에 빠져들었다.

나는 컴퓨터 게임의 중독성이나 청소년들이 현실을 잃어버리는 일이 얼마나 위험한지를 말하려는 게 아니다. 그 얘기는 나중에라도 할 시간이 있다. 나는 지금 루카스의 부모를 주목하려 한다.

루카스의 부모는 아들이 방에서 나오는 아주 드문 순간에(인간인 이상 어쨌든 화장실에는 가야 한다) 갑자기 수척해진 아들의 모습을 보고는 심각하게 의논했다. 거식증에 대해 이미 들은 바가 있는 부모는 그 병에 대한 자세한 정보를 조사했다. 그와 동시에 그들은 자신의 아들을 다시 '원상태로 복구'하려고 했다. 그리고 그 시도가 실패로 돌아가자 소아청소년 정신과 전문의인 내게 도움을 청한 것이다. 다시 말해 루카스의 부모는 정보를 구하지 않은 것도 아니었고, 아들의 문제에 대해 무관심한 것도 아니었다.

그럼에도 불구하고 루카스의 부모는 아들이 거식증 환자에게서 대부분 나타나는 전형적인 증상들, 즉 음식과 체중 조절에 대해 끊임없이 이야기한다거나 다이어트를 시도하는 등의 변화를 보이지 않는다는 사실을 '인지하지 못했다.' 게다가 루카스가 컴퓨터 게임에 심하게 몰두한다는 사실을 '인지하지 못했다.' 또한 그들은 루카스가 6주 동안 하루 종일 모니터 앞에만 앉아 있느라 먹을 기회가 아예 없었다는 사실도 '인지하지 못했다.' 부모는 기본적인 부분에서 완전히 방향을 잃었음을 전혀 인지하지 못했다. 그저 루카스가 거식증을 앓고 있다는 생각에만 빠져 있었다.

루카스의 부모는 눈에 보이는 명백한 사실을 간과한 것이다. 남자아이가 하루 24시간 내내 컴컴한 방 안에만 들어앉아 있다면 그 자체가 이상한 일이 아닌가! 하지만 부모는 눈앞에 벌어지고 있는 일을 제대로 보지 못했다. 결과는 비극이었다.

그런 이유로 부모는 아들을 도울 수도 없었다. 예컨대 루카스를 위해 우유 한 잔과 빵을 컴퓨터 옆에 놓아줄 수도 있었기 때문이다. 그것만으로도 극심한 굶주림은 해결할 수 있었으리라. 하지만 부모는 생존이 위태로운 상황에 있는 아들을 구출하는 대신 병을 만드는 아들의 행동을 지원해준 것이다. 차라리 컴퓨터에서 루카스를 떼어내듯 플러그를 아예 뽑아버리는 게 나았을 것이다. 그것이 바로 아들을 정상적인 생활로 복귀시키는 간단하고 효과적인 방법이었다.

## 간단한 문제에도 우왕좌왕

특정한 상황에 시달리게 되면 오로지 고통만 인지하고 간단한 해결 조치조차 할 수 없을 때가 많다. 마치 뜨거운 불판 위에 있는 한 마리 개미처럼 다급하게 뱅글뱅글 돈다. 이 경우 두 가지 가능성이 존재한다. 첫째, 뜨거운 불판에서 내려가지 않고 계속 우왕좌왕 돌아다닌다. 둘째, 우왕좌왕 돌아다니면서 불판이 더 뜨거워지게 만드는 행동을 추가한다.

두 가지 반응 모두 상황을 개선하는 데 도움이 되지 않는다. 첫째 번 개미의 경우는 문제를 해결하기 위해 쏟은 에너지가 전부 허사가 되고 만다. 루카스의 부모가 이와 같은 반응을 보인 것이다. 그들은 밤을 새워가며 거식증에 대한 정보를 샅샅이 알아냈다. 하지만 모든 게 수포로 돌아갔다. 좋은 의도를 가지고 노력한 부모의 행위는 아들이 처한 상황을 조금도 개선하지 못했다.

이는 내가 도입부에서 언급한, 주차 구역 때문에 법정 싸움을 벌인 중증장애를 가진 간병인의 사례를 떠올리게 한다. 그 병원은 직원 2500명이 근무하는 대형 기관으로, 중앙 입구 가까이에 여성 전용 주차 구역이 지정되어 있었다. 남성인 그가 주차해서는 안 되는 곳이었다. 그리고 장애인용 주차 구역은 중앙 입구에서 500미터 떨어진 다른 곳에 있었다. 병원 경영진은 장애인의 요청을 들어주지 않았다. 노사협의회 노동자 측 대표 경영협의회는 다른 위탁운영 기준을 가지고 있으므로 그 문제에 개입하지 않으려 했고, 개입할 수도 없었다. 아마 손을 쓸 필요를 느끼지 않았을지도 모른다. 결국 법정이 '남성보다 여성 우선'의 위탁운영 기준이 성차별이 아님을 판결하는 수고를 들였다.

그런데 성차별이 문제였던 게 아니지 않은가. 그야말로 헛다리를 짚은 판결이었다. 진짜 문제는 중증장애인이 주차 구역에서 자신의 일터까지 500미터 거리를 매일 힘겹게 다녀야 한다는 사실이었다. 결과적으로 장애인의 처우가 개선되지 않은 일은 매우 안타깝다. 그런데 이 이야기의 핵심은, 사람들이 아주 간단한 문제 제기와 간단한 문제에 대한 답조차 찾을 능력이 없다는 사실이다. 그렇다, 이 이야기는 주차 구역 문제다. 그리고 누가 어디에 주차를 해도 되느냐에 대한 질문이다. 그 이상은 아니다. 이 문제가 논쟁을 하고, 서로 의견을 나누고, 세계의 주요 관심사를 논의하는 일만큼 어려운 일은 아니지 않은가. 그런데도 입장 표명, 고소장 등에 엄청난 에너지를 쏟은 후에도 결국 문제는 해결되지 않았다.

이제 둘째 번 개미의 경우를 보자. 첫째 번 개미와 같이 둘째 번 개미 역시 잘못된 행동을 한다. 하지만 이 개미의 반응은 단지 효과가 없다는 것에 그치지 않고 행동을 통해 문제를 더욱 **악화시킨다.**

치료실에서 만난 마르쿠스와 엘레나가 처한 힘든 상황이 이를 명확하게 보여준다.


## 과도한 요구와 과도한 반응

20대 후반의 마르쿠스와 엘레나는 태어난 지 3년 6개월 된 아이와 그보다 더 어린 18개월의 아기를 키우고 있었다. 두 사람은 열의를 가지고 가정을 꾸려나가는 데 착수했다. 자녀 양육은 가능한 한 두 사람이 똑같이 분담하기로 했다. 그들의 상황이 그리 나쁘지 않았기 때문이다. 자영업자인 마르쿠스는 자신의 상담소를 운영하고 있기에 고객과의 잦은 통화를 집에서도 처리할 수 있고, 다른 직장인 아빠들에 비해 가족과 함께하는 기회를 더 많이 가질 수 있었다. 아이들이 자라는 것을 지켜보며 곁에 있어주는 아빠가 될 수 있는 것이다.

엘레나는 이웃의 다른 엄마에 비해 남편에게 더 많이 의지할 수 있으니 좀 더 편안하게 아이들을 보살피고, 자기 자신을 비롯해 부부 관계를 위한 시간을 내는 게 가능했다. 이론적으로는 그랬다. 하지만 현실에서는 마르쿠스와 엘레나의 생활 패턴이 완전히 다르게 나타나고 만다.

아이들은 상상했던 것 이상으로 훨씬 더 마르쿠스와 엘레나를 힘들게 했다. 큰아이는 도무지 제어가 되지 않는 데다 둘째 아이는 온종일 울다가 밤에는 잠도 자지 않았다. 젊은 부모는 나가떨어지게 된다. 엘레나는 자신이 아무것도 할 수 없다는 무기력한 기분이 들어 속상할 때가 많다. 한번 장을 보고 오면 식탁 위에 장바구니가 몇 시간이고 그대로 방치되곤 한다. 그러면 장바구니 속의 냉동식품이 녹아서 물이 줄줄 새어 나오기 일쑤다. 아이들을 보느라 너무 신경을 쓴 탓에 주변을 정리하거나 청소할 시간은 좀처럼 나지 않는다. 집 안은 마치 폭탄이 터진 것처럼 난장판이 된다. 마르쿠스는 그 난장판을 해결할 수 없다. 그는 가족을 먹여 살리기 위해 일을 하면서 동시에 아내를 도와주고 싶은 마음도 있다. 하지만 아이들이 악을 쓰는 것 말고는 다른 모습을 본 적이 거의 없다. 마르쿠스는 지쳤다.

두 사람의 상황은 일반 사람들과 조금도 다를 게 없다. 극심한 중압감에 눈앞이 캄캄할 뿐이다. 다양한 요구들이 심하게 가해질수록 우리의 인지능력은 감소한다. 그리고 인지능력이 감소할수록 우리는 더욱더 중요한 것과 중요하지 않은 것을 가리지 못한다. 뿐만 아니라 효율적인 것과 비효율적인 것, 오늘 처리해야 하는 일과 내일까지 처리해도 되는 일을 구별하지 못한다.

마르쿠스와 엘레나는 넓은 시야로 이해하는 조망능력을 잃었다. 그들의 생각으로는 '아이들이 그토록 심하게 피곤한 존재들이 아니기만 하면' 모든 것이 다 잘 풀릴 것 같았다. 그래서 네 명으로 이루어진 가족은 본에 사는 나를 찾아 긴 여행을 했다. 내 진료 방식의 장점은 오리무중 상태의 안개를 걷어냄으로써 부모의 시야를 다시 넓혀주는 데 있다. 한마디로 말해서 문제는 아이들이 아니라 가족을 불안하게 만드는 아빠에게 있다. 왜 그럴까?

마르쿠스는 퇴근을 하면 몸은 집에 있지만 정신은 여전히 일에 사로잡혀 있다. 저녁 식사 중에도 고객에게 전화가 올 때가 다반사다. 그러면 아이들은 아빠가 전화기를 들고 조용한 곳으로 갈 때까지 입을 다물어야 한다. 마르쿠스가 식탁에서 벌떡 일어나 뛰쳐나가니 가족의 식사 시간은 걸핏하면 중단된다. 그가 아이들과 놀아줄 때도 놀이는 언제든 중단될 수 있다. 이처럼 아빠의 긴장 상태가 가족들에게도 영향을 끼친다. 전화가 울리면 집 안 분위기는 순식간에 바뀌고 만다.

마르쿠스가 업무를 집으로 가지고 오면 아내인 엘레나도 초조해진다. 아내는 하루 일과를 계획할 수 없다. 남편이 언제 집에 돌아올지 전혀 알 수 없기 때문이다. 남편이 오후 3시면 벌써 집에 들어오는 날이 있는가 하면, 고객 상담이 길어져 밤늦게 퇴근할 때도 있다. 엘레나가 아이들을 침대에 눕히고 나면 마르쿠스가 집에 돌아와 아이들 방에 들어가는 일이 반복된다. 그러면 또다시 아이들의 고함과 비명이 터져 나오고, 엘레나가 아이들을 간신히 재운 게 헛수고가 된다. 결국 마르쿠스는 엘레나에게 도움이 되는 존재가 아니라 보살핌이 필요한 또 다른 대상일 뿐이다.

부모의 불안은 아이들에게 옮겨간다. 부모가 신경이 곤두서 있고, 날카롭고, 걸핏하면 짜증을 내고, 과도한 요구에 짓눌려 있으니 아이들도 똑같은 상태가 된다. 점점 더 혼란으로 치닫는 악순환이 시작되는 것이다.

이 가족의 경우에도 일정한 틀 같은 특징을 확인할 수 있다. 즉 모든 사람들이 최상의 상태를 원한다. 그러면서 가까이에 있는 것을 보지 못하기 때문에 모두가 고통을 받는다. 이 부분이 게임 중독에 빠진 루카스의 사례와 비슷하다. 마르쿠스와 엘레나는 고객과의 통화와 아이들의 놀이 시간을 뒤섞어놓은 것이 가족 모두에게 극심한 정신적 혼란을 일으킬 수 있다는 점을 인식하지 못했다. 부모인 자신들에 대해 먼저 곰곰이 생각해보지 않은 채 아이들에게서 문제를 찾았다.

여기서도 우리는 다시금 뜨거운 불판 위에서 황망하게 맴도는 개미의 행동 표본을 확인할 수 있다. 이제 결정적인 논점에 이르렀다. 마르쿠스는 집 안의 무질서 상태를 해결하려 했다. 그래서 사무실에서 보내는 시간을 전보다 더 줄여 **점점 더** 많은 시간을 집에 있으면서 아내를 돕고자 했다. 그 결과 마르쿠스는 집에서 **더 많은** 전화 통화를 해야 했고, 가족들에게 **더 많은** 불안을 야기할 수밖에 없었다. 그러한 시도는 문제 상황을 누그러뜨리기보다 더욱 악화시켰다. 마르쿠스가 전력을 다할수록, 엘레나가 남편에게 도와달라는 요구를 더 많이 할수록 상황은 점점 더 악화되었다.

과도한 요구 - 과도한 반응 - 한층 더한 과도한 요구 - 더욱더 극단적인 반응. 이렇듯 과도한 요구와 과도한 반응이 서로 손을 잡으면 상황은 계속 더 나빠지면서 부모가 병이 드는 악순환이 이어진다.

나는 이 드라마를 진료실에서만이 아니라 사회 곳곳에서 목격했다. 우리 사회는 과도한 부담과 요구에 짓눌려 어디가 위고 아래인지 더 이상 분별하지 못하는 대다수의 사람들로 이뤄진 집합체라 할 수 있다.

## 공 넘기기

내가 아는 건축가의 말에 따르면 건설부에서 건축허가를 받으려면 보통 몇 주가 걸린다고 한다. 심지어 몇 달을 기다려야 할 때도 있다고 한다. 그러나 건축가는 몇 주 뒤에야 고대하던 허가 대신 이런 문의를 받는다. "건물 토지에 서 있는 나무가 햇빛을 너무 많이 가리는 것은 아닙니까?" 이에 건축가가 답한다. "설계도를 보면 알 수 있듯이 나무는 건물 북쪽에 위치하기 때문에 나무의 그림자가 건물을 가릴 가능성은 없습니다."

건설부 담당자가 서류를 조금만 더 살펴보았다면 이런 질문은 할 필요가 없다는 걸 알았을 것이다. 일주일 후 건축가는 또 다른 질문이 담긴 서류를 받는다. 허가 건은 그런 식으로 계속되었다. 건설부의 재질문, 건축가의 대답, 한 주간의 기다림, 건설부의 재질문, 건축가의 대답, 한 주간의 기다림……

건축가는 대놓고 말했다. "진행을 지연시키는 게 건설부의 전략"이라고 말이다. 물론 건설부의 누군가가 그 건축가에게 사사로운 감정이 있다는 건 아니다. 건설부 담당자로서는 단지 관련 서류를 가능한 한 빨리 책상에서 치워버리는 게 목적이었을 것이다. 자신이 최종 결정을 내리는 일이 너무 부담스러운 나머지, 공을 골에 넣을 수 있는 위치에 있음에도 불구하고 공을 자꾸 딴 데로 보낸 것이다.

단기적으로 보면 건설부 담당자는 자신의 일이 경감되었다고 생각할 것이다. 하지만 그는 최종 결정을 내리지 않은 프로젝트마다 또 하나의 공을 더 날려야만 한다. 그런 업무 방식은 나중에 반드시 과도한 요구를 불러온다. 언젠가는 건설부 담당자의 책상에 10건, 20건의 프로젝트 대신 100건의 프로젝트 서류가 쌓이게 된다. 가능한 한 빨리 일을 밀어내고 보자! 이러다 보면 서류를 대충 처리할 수밖에 없다. 그래서 '재질문 게임'이 벌어진다. 그것도 되도록 우편물로 발송해서 다시금 2~3일을 번다. 이렇게 건설부는

'건설 기피부'가 되는 것이다.

이쯤에서 맞장구칠 독자도 있겠다.

"그러게. 건설부에서 일을 열심히 하는 사람은 못 봤지."

밖에서 보면 그럴 수 있다. 건설부에서 하는 일은 사실 단순하다. 하지만 계약서마다 자신이 최종 결정을 내려 서명해야 하는 일이 담당자에게는 극심한 부담으로 작용하는 것이다.

물론 내가 건설부를 비판하는 의미로 하는 말은 아니다. 하지만 당신도 그와 비슷한 일이 일어나는 분야를 여러 군데 알고 있으리라 확신한다. 외부 사람들은 '관계자'들이 일을 소일 삼아 느릿느릿하게 한다고 여기지만 사실 그들은 쳇바퀴를 돌리면서 자신들이 과도한 요구에 치인다고 느낀다.


증빙서류를 구비하기 위하여

나는 건축가 친구의 이야기에 전적으로 동의한다. 10년, 15년 전만 해도 아동복지국에서 내 진료실로 직접 연락을 취하던 게 관행이었다. 예컨대 보호시설에 있던 어린이를 다시 가정으로 돌려보내야 할지 말지 고민할 때 해당 관계자는 잠시 수화기를 들고 내게 전화했다. 그러면 우리는 통화를 나누며 어린이를 위한 최선책을 같이 숙고했다. 요즘에는 의료보험공단, 아동복지국, 학교에서 일하는 동료들이 "의사소견서를 보내주십시오"라는 요청을 내게 우편으로 보낸다.

나는 그들이 의사소견서를 요청하는 이유가 오직 하나, 즉 구비되어야 할 증빙서류를 다 갖추고 체크한 후에 '케이스'를 종결하기 위해서라는 사실을 알고는 경악을 금치 못했다. 현재 아동복지국에서 소아청소년 정신과 의사가 존재하는 목적은 어린이를 돕는 대신 오직 나를 시켜 서류를 완벽하게 갖추려는 데 있는 모양이다. 왜냐하면 내게 요청해서 받은 의사소견서는 아무도 읽지 않기 때문이다. 이미 말했듯이 의사소견서는 서류철에 넣으면 그만인 구비서류인 것이다. 정말 어이없는 일이다.

아동복지국에서 요구하는 서류가 전부 갖추어지면 담당자는 할 일을 다 처리했다는 기분을 갖는다. 이는 왜곡의 절정이다. 경악을 넘어 섬뜩할 지경이다. 아동복지국 담당자의 업무는 어린이를 최대한 보호하고 거처에 안전하게 머물게 했을 때 비로소 할 일을 마친 것이다. 서류들이 완전히 구비되었을 때가 아니다.

당신이 이 글을 읽으면 정신과 의사가 사소한 일에 뒤끝 있는 반응을 보인다고 생각할지 모르겠다. 아동복지국에 근무하는 동료 의사가 언젠가 그의 감정을 건드린 적이 있나 보다 하고 말이다. 그런 건 절대로 아니다. 진료실에 찾아와 조언을 구하는 부모들의 아픈 사연에 마음이 쓰이는 것과 같이 나는 아동복지국 의사의 스트레스도 헤아릴 수 있다. 아동복지국의 직원들은 책상 위에 쌓여 있는 너무 많은 일 때문에 이미 오래전에 넓은 시야를 상실해버린 경우가 많다. 그들은 아동복지국에서 보호받던 가출 어린이들이 다치거나 심지어 생명을 잃는 끔찍한 사고를 늘 반복해서 접한다.

나는 이 글의 도입부에서 실패자들만 보이는 상황을 계속 재발견한다고 밝혔다. 내가 그렇게 말한 까닭은 이렇다. 어떤 일을 왜 하는지에 대해 아무도 더 이상 이유를 모른다면 승자는 존재할 수 없다. 건설부의 예에서 보면 실패자들은 다음과 같은 이들이다. 즉 서신 왕래로 자신의 시간을 의미 없이 허비한 건축가, 오직 긴급한 프로그램만 적당히 때우면서 책상 정리를 하지 않는 건설부 공무원, 그리고 건축 공사를 한 달, 두 달로 계속 미루는 건물주 역시 실패자라고 할 수 있다. 왜 그럴까? '목적'을 상실했기 때문이다. 이들의 목적은 모든 관계자들이 마찰 없이 건물을 짓는 데 있는 것 같다.

나는 이제 일을 비효율적으로 진행되게 하고 애초의 '목적'을 시야에서 벗어나게 만드는 메커니즘을 분명하게 보여주고자 한다. 이 메커니즘은 비단 관공서에만 해당되는 게 아니라 사회 곳곳에서 확인할 수 있다. 정치·경제 분야에서도 종종 '목적' 상실에 빠진다. 특히 깜짝 놀랄 만큼 내실 없이 돌아가는 공공기관 중에서 나는 무엇보다 학교에서 직접 겪은 안타까운 일을 이야기해보려 한다.

교육기관에서 오랫동안 관심을 끄는 이슈 중 통합도우미 교사

신청제가 있다. 몇 년 전부터 '통합'이라는 개념이 학교 교육의 목표가 되었다. 이는 정신적 장애가 심하거나 전조증상을 보이는 어린이라도 일반 학교에 보낸다는 뜻이다(통합교육은 주로 장애인 통합교육을 의미하며, 장애학생과 비장애학생이 같은 교육 환경에서 교육받는 것을 말한다―옮긴이).

그 결과 행동이 유난히 산만한 학생들 때문에 수업 진행이 어려워지자 학교 측은 통합도우미 교사를 신청한다. 통합도우미 교사는 수업 시간에 장애아 옆에 앉아 최대한 얌전하게 있도록 보살핌으로써 다른 학생들을 방해하지 않게 한다. 만일 내가 그 일에 개입해야 한다면 오로지 통합도우미 교사 신청을 위한 서류만 작성하게 될 것이다. 최근 몇 년간 내가 이런 질문을 받은 적은 한 번도 없다.

"빈터호프 선생님, ○○○ 학생이 더 이상 과잉행동장애를 보이지 않는데요, 이제 이 일을 어떻게 마무리하면 될까요?"

내 관점으로 보면 교육계에서도 초점이 완전히 빗나갔다. 학교는 수업의 원활한 진행을 최대한 확보해야 한다. 아이 스스로가 장애를 벗어나게 하는 일이 학교의 주목적은 아니다. 이런 일들이 나를 정말 끓어오르게 한다.

부모도 끓어 넘치는 우유 냄비에 뚜껑만 덮어놓으려는 유혹에 굴복한다. 나는 숱하게 작성해야 했던 읽기·쓰기장애 진단서들이 떠오른다. 그런 진단서로 아이들은 학교의 성적 시스템에서 빠져

나온다. 공공기관 측에서는 읽기·쓰기장애가 있는 아이들을 따로 떼어놓는다. 그런 아이들은 강제적으로 장차 노동시장에서조차 기회를 얻을 수 없는 성인이 된다. 나는 많은 부모들이 이른바 읽기·쓰기장애가 공식적으로 인정된 장애가 아니라는 사실을 전혀 알지 못하는 것이 매우 걱정스럽다.

자리에서 아무 때나 벌떡 일어나 타인을 방해해도 되는 직업은 세상에 존재하지 않는다. 그러니까 오늘날 정신과 치료를 받는다는 증명서만 제시할 수 있으면 일반 수업에 출석해도 되는 모든 어린이와 청소년들은 장차 어떤 성인이 되겠는가? 앞으로 파괴력을 짐작조차 할 수 없는 파도가 우리를 덮칠 것이다. 이 아이들이 앞으로 어떻게 아무런 문제 없이 잘 지낼 수 있겠는가?

아무튼 읽기·쓰기장애가 있는 아이를 키우는 부모와 교사는 그런 무임승차권으로 상당히 많은 것을 얻는다. 즉 평온과 거리낌 없는 양심이다. 그들은 서류철에 챙겨 넣을 수 있는 진단서를 또 얻을 수 있다. 그리고 해당 사안을 처리할 수 있어서 기뻐한다. 나는 여기서 주의력결핍장애라는 주제를 논할 생각은 없다.

한마디로 요약하겠다. 사회 전반에서 중요한 결정들이 시간을 질질 끈 후에 겨우 내려지고 있다. 중요한 본질을 보지 못하기 때문이다. 대신 숱한 서류들이 이리저리 오가고, 사람들은 질병의 원인이 아니라 증상만 치료한다. 이 모든 게 합쳐지면 우리가 전혀 손쓸 수 없는 엄청난 브레이크가 걸린다.

이 모든 일은 소리 없이 조용히, 거의 눈에 띄지 않게 일어난다. 사람들은 이미 이런 일에 익숙해져서 그것이 정상이라고 생각한다. 본질을 보지 못하는 현상의 변형된 형태도 존재한다. 하지만 아무리 소매를 걷어붙이고 목소리를 높여 호소해도 결과는 마찬가지다. 수레는 진창 속으로 점점 더 깊이 빠져들게 된다.

## 맹목적 행동주의

이 장의 첫머리에 루프트한자 항공사 파업의 사례를 소개한 이유가 있다. 마르쿠스와 엘레나의 경우처럼 역시 기본적인 문제점을 확인할 수 있다. 즉 본질이 시야에서 벗어나 있고, 잘못된 행위가 이뤄지고 있으며, 상황이 더 악화된다는 것이다.

피고용자들이 가능한 한 많은 돈을 집에 가져가도 된다는 것은 물론 논점이 아니다(나는 지금 노동조합의 입장에 서서 본다). 또는 인건비 지출로 인한 부담이 가능한 한 적어야 한다는 것도 논점이 아니다(고용주의 입장). 본질적인 것은 기업이 성과를 올리는 상태를 유지하는 것이다. 기업이 이익을 내야 수익도 분배될 수 있다. 사실은 이렇다. 급료와 조기퇴직 규정 때문에 파업하는 동안 파업 참가자들은 그들의 기업 약화를 초래하게 된다. 자신의 살을 깎는 행위다. 9월 말 나흘간의 파업만으로도 4300대의 비행기가 결항되었다. 결항으로 피해를 본 승객들은 수십만 명에 달했다. 이는

1장 · 삶의 문제들이 해결되지 않는 이유

33

결국 경쟁사만 도와주는 격이다. 그 일로 다른 항공사뿐만 아니라 장거리 버스노선, 철도, 렌터카 업자도 이득을 본다.

게다가 수천만 명에 이르는 승객들은 많은 시간과 비용을 들여 예약을 변경해야 하거나 심지어 갑자기 공항에서 갈 곳이 없어지기도 한다. 파업 투쟁에서 누가 이기든 그것은 값비싼 대가를 치르고 얻는 승리일 것이다. 루프트한자 항공사 대표 케이 크라트키는 파업으로 인한 손실액이 2억 유로에 이른다고 발표했다. 전체 경제에 미치는 손실, 예를 들어 운송되지 못한 화물로 인해 발생하는 손실은 훨씬 더 크다. 독일 상공회의소 수석 경제학자 알렉산더 슈만의 산정에 따르면, 파업으로 하루 동안에 발생하는 손실액은 2500만 유로에 이른다.

이런 상황에서 사람들은 모두가 생존할 수 있는 해결책을 차분하게 마련하기보다는 오직 상대방을 비난하고 억지로 굴복시키려고만 한다.

책임 소재를 돌리고 돌리다 서로에게 슬며시 전가하든 우격다짐으로 해결하든 간에 우리는 도처에서 맹목적 행동주의를 목격한다. 중요한 것을 보지 못하기 때문에 맹목적이고, 결과를 얻지 못한 채 왈가왈부하고 있으니 행동주의다.

또 다른 예를 보자. 당신의 눈에도 이미 띄었을 텐데, 수많은 수신 메일 제목에 ASAP(가능한 한 빨리)라는 말이 적혀 있다. ASAP는 'As soon as possible(가능한 한 빨리)'을 뜻하는 약자다. 또는

'긴급 중요'라고 적혀 있기도 한다. 왜 그럴까?

행동주의가 계속해서 지배하는 환경에서 우리가 남의 주목을 받으려면 남들보다 더 크게 소리를 질러야 한다. 팔을 높이 쳐들고 껑충껑충 뛰면서 외쳐야 한다. "여기 나를 주목하시오!" 행동주의는 과도한 흥분 상태, 항상 알람 모드이기도 하다.

그런데 귀를 왕왕 울리는 슈퍼 메가급의 중요한 ASAP 메일을 하루에 100통씩 받는다면 어떻게 될까? 전화나 회의, 그리고 끊임없이 사람들의 주목을 받으려 기를 쓰는 일들을 항상 마주한다면? 만약 모든 게 그토록 중요하다면 모든 게 똑같이 중요하다. 그러면 결국은 다 마찬가지가 된다.

이쯤에서 강조하고 싶다. 끊임없는 과도한 요구는 사회에 무의미함을 퍼뜨린다. 이와 관련해 첫머리에 언급한 세 가지 사례 중에 마지막 예를 살펴보자.

치과에서 보조사로 일하던 여성이 사직하면서 '매우 만족'이라 적힌 근무평가서를 받았다. 일단 언뜻 보면 나쁘지 않은 평가인 것 같다. 하지만 퇴직한 보조사는 '**항상** 매우 만족'이라는 평가를 받았더라면 하는 아쉬움이 있었고, 더 긍정적인 표현의 근무평가서를 받길 원했다. 당시 자신을 고용했던 치과의사가 작성한 근무 평가서에 불만을 품은 그녀는 제3급 법원에 치과의사를 고소했다. 그러나 결국 더 좋은 평가 내용을 바라던 그녀의 요구는 법원에서 기각되었다.

나는 이 사례에서도 기본적인 문제의 틀을 다시금 발견한다. 즉 '목적'이 상실되었다. 피고용자는 자신의 업무에 대해 피드백을 받고, 고용주는 앞으로 직원으로 고용할 사람의 업무성취도에 대한 공정한 평가를 얻을 목적으로 근무평가서라는 게 존재하는 것이다. 이때 무조건 좋은 평가를 바랄 수는 없다.

아무튼 고용주가 사실상 지침에 따른 평가서를 작성하게끔 규정되어 있는 것은 황당무계하다. 만약 법원에서 '항상'이라는 단어를 근무평가서에 기입하라고 판결을 내렸다면, 나는 거기에 다른 단어가 덧붙여지고 또 덧붙여질 것이라 확신한다. 결국 근무평가서의 원칙 자체가 부조리하게 될 것이다. 그런 식이라면 누구나 인터넷에서 하나로 통일된 근무평가서를 다운받을 날이 올지 모른다.


## 우리 사회에 나타나는 장애 증상

마지막으로 다시 한 번 요점을 짚고 넘어가려 한다. 우리는 고통을 인지한다. 하지만 가장 기본적인 원인을 없애지는 못한다. 더 이상 스스로 해야 할 일을 하지 못하고 한자리에서 맴돌기 때문이다. 아무리 심리학자, 법조인, 코치, 명상가 등을 통해 외부의 도움을 구한다 해도 (부드럽게 표현해서) 성공한다는 보장이 없다. 왜냐하면 우리가 착수한 일이 악화될 때가 많기 때문에 문제는 여전히 남을 수 있다. 문제를 심사숙고할 여유가 없는 우리는 행동을 하는 게 아니라 반응만 보이게 된다. 중요한 것과 중요하지 않은 것을 구별하지 못하는 까닭에 결국 모든 것이 매한가지가 된다.

어떤 사람이 행동장애로 진료실을 찾아온다면 내 진단은 분명하다. 그는 상당히 과도한 요구를 받고 있으며, 인생을 독립적으로 살 수 있는 수단과 능력이 없다는 것이다. 그의 행동은 산만하고 비효율적이다. 그래서 그는 점점 더 과도한 요구를 받는 상황으로 빠져든다. 이때 나는 그에게 즉시 치료 조치를 하는 동시에 본격적으로 보호를 받을 수 있도록 조처해야 할 것이다. 예를 들면 보호시설과 같은 곳을 지정하는 식이다.

문제는 내 진단이 행동장애를 보이는 개인에게만 해당되는 게 아니라 사회 전체에 대한 진단이라는 데 있다. 중요한 결정이 내려지지 않는 사회에서는 문제가 해결되지 않은 채 미루어지고 책임이 전가된다. 그래서 어떤 일을 행하는 것이 상황을 개선하기는 커녕 오히려 악화시키기만 하는 경우가 종종 발생한다. 이때 심각한 문제는 우리가 그 모든 것을 더 이상 잘못된 것으로 인지하지 못하는 것이다. 마치 서서히 퍼지는 독처럼 모든 생활영역에 과도한 요구로 인한 비효율이 만연해 있다.

인류 역사상 지금처럼 인간이 잘살 수 있는 가능성이 주어진 적은 없었다. 투명성, 지식의 연계성, 의사소통의 가능성, 교육……. 사람들은 대부분 잘산다. 기본 생활은 매우 훌륭하다. 그럼에도 불구하고 다들 불만족스러워하고 닦달하고 스트레스를 받고 과도한 요구에 짜증을 내며 일한다. 평안은 찾아오지 않는다. 인생의 기쁨과 즐거움, 여유, 느긋함도 존재하지 않는다.

거리에서 마주치는 사람들을 한번 살펴보자. 무표정하고 공허한 얼굴들을 너무나 자주 보게 된다. 환하고 밝은 표정을 한 사람들은 극히 드물다. 내가 거리에서 보는 사람들에 대한 느낌은 이렇다. 사람들은 타인을 쳐다보지 않는다. 철저하게 자신과 자신의 욕구만을 본다.

정신과 의사는 이러한 경우를 자폐증이라고 본다. 자폐증을 앓는 사람들은 겨우겨우 생존하며, 자신들에게 가해지는 모든 것이 너무 심하다고 느끼고, 자신들이 투명인간 내지 이해받지 못하는 사람이라 생각하고, 부당한 취급을 받고 홀대받고 있다고 여긴다. 자폐 증상이 있는 사람들에게는 모든 것이 힘겹다. 일, 쇼핑, 살림, 자녀 양육, 친구 사귀기 등 모든 일이 부담스럽다. 점점 더 많은 성인들이 자신이 완전히 소모되었다는 느낌을 받고 우울해하며 번아웃 증상에 시달린다. 수면장애, 식이장애, 두통 같은 심신장애가 크게 증가한다. 이는 아동 연령층에도 널리 퍼져 있다.

이러한 장애들의 집합은 가히 다발성외상(polytrauma, 뇌 이외에도 신체의 여러 장기와 뼈에 입은 심각한 외상—옮긴이)이라 일컬을 만하다. 부모 세대에서는 이런 문제들이 없었다. 제2차 세계대전 이후 세대이든 68세대(1968년 유럽을 휩쓴 학생운동을 주도한 세대—

옮긴이)이든 부모 세대에도 나름의 문제가 있었지만, 살아갈 능력이 없거나 과도한 요구에 시달리는 문제를 가지고 있진 않았다. 오늘날 우리는 인류의 역사에서 지금처럼 물질적으로 풍족한 적이 한 번도 없었던 시대에 살지만, 전 시대의 어느 사회에서도 지금처럼 스트레스와 과도한 요구라는 문제가 확연하고 빈번하게 나타난 적은 없었다. 우리는 삶의 꿈에서 깨어나 피곤에 지쳐 행복의 오아시스를 찾아 먼 나라로 떠나려고 한다. 다시 말해 더 이상 성장한다고 느낄 수 없는 삶으로부터 도피하는 것이다. 왜 우리는 삶의 도전을 극복하는 능력을 더 이상 가지지 못하는 걸까? 대체 무엇이 문제인가?

2장

# 이미지에 집착하는 세상

슈바르츠발트 남부 변두리에 위치한 바트 뒤르하임 지역의 준트하우젠 마을에는 900명의 주민이 산다. 주민 가운데 39명이 자원 소방대원이다. 좀 더 정확하게 말하면, 과거 자원 소방대원이었다. 2014년에서 2015년으로 해가 바뀌는 즈음에 소방대원 39명 전원이 지역 소방대에서 탈퇴했기 때문이다. 이제 준트하우젠 마을에는 소방대가 없다. 그곳에서 대체 무슨 일이 일어났던 걸까?

지난 2013년, 시위원회는 오랜 협의 끝에 뒤르하임의 마을 세 곳에 새로운 소방차를 구입해주기로 결정했다. 호헴민엔, 외핑엔, 준트하우젠 등 세 곳은 30년 된 소방차의 일부를 대체하면서 물탱크가 구비된 현대식 소방차를 한 대씩 지원받게 되었다.

이 세 곳의 소방대원들은 세 번이 넘게 16만 유로의 비용에 대해 확약하고 다른 지역의 소방대를 찾아가 소방차를 구경했다. 그리고 그들은 3만 유로가 더 비싼 소방차 모델에 구미가 당겼다. 소방대원들은 지출 비용으로 정해진 액수를 늘릴 수 있는지 문의했다. 시위원회는 단호하게 안 된다고 했다. 호헴민엥과 외핑엔은 시위원회의 결정을 받아들이고 계획대로 16만 유로의 소방차를 주문했다. 준트하우젠 소방대만 대결국면으로 들어갔다. 그들은 자신들이 원하는 19만 유로의 소방차를 지원받지 않으면 소방대 문을 닫겠다고 했다. 이 싸움은 거의 일 년이 걸렸고 결국 지역 소방대는 해체되었다.

## 이미지에 가려진 것들

2014년에 독일 남서부에서 일어난 일에 관한 신문 기사를 읽으면서 나는 관심이 점점 더 커졌다. 이 사건에서 우리 사회를 괴롭히는 큰 불행이 극에 달한 것으로 보인다. 즉 포장이 내용보다 더 중요한 것이다. 광고 전문가들은 상품을 완벽한 이미지로 연출하는 것으로 먹고산다. 하지만 사회의 입장에서는 이 원리가 매우 위험하다. 왜 그런지를 이 장에서 다룰 것이다.

나는 인터넷을 검색해 그 해당자들의 페이스북에 들어가보았다. 내 짐작은 으스스할 정도로 맞아떨어졌다. 준트하우젠 소방대 사례를 통해 남들에게 보이는 '이미지'가 무엇보다 중요해질 때 어떤 일이 벌어지게 되는지를 자세히 들여다볼 수 있었다. 소방대에 대해 조금 아는 사람이면 그곳에서 일어난 일을 명확히 이해할 수 있다.

독일에는 직업 소방대가 100여 개밖에 존재하지 않는다. 10만 명 이상이 사는 도시에 직업 소방대가 있고 그 외의 다른 도시나 지방자치단체들에서는 약 2만 4000개의 자원 소방대가 대부분 화재를 진화한다. 자원 소방대 소속 대원 100만 명은 명예직으로서 화재 진화, 인명 구조와 보호를 맡는다. 이쯤 되면 수많은 자원 소방대 없이는 지방자치단체의 화재 예방 및 진화 조치가 원활하게 이루어지지 않는다는 것은 자명한 얘기다. 이들은 비가 오나 눈이 오나 여가를 희생하고 같은 시민들을 위해 목숨을 거는 일에 기꺼이 나선다. 이러한 사회 참여에 대해서는 아무리 존경과 감사를 표해도 충분치 않다.

하지만 자원 소방대의 이면도 존재한다. 소방대에서 일하는 사람을 지인으로 둔 경우, 또는 아예 자신이 소방대에서 일하는 사람이라면 소방 장비가 얼마나 중요한지 잘 안다. 소방 장비는 세심한 관리와 보호의 대상이다. 그리고 관심에서 질투심에 이르는 감정으로 이웃 소방대가 더 좋은 장비를 갖추었는지 살피는 관찰의 대상이 되기도 한다. 소방차량과 장비들은 인명을 좌지우지할 뿐만 아니라 지방자치단체가 소방대에 부여한 인정과 존경의 의미도 들어 있기 때문이다. 이 사건과 관련된 인터넷 토론장을 한

번 훑어보면 이런 글을 볼 수 있다. "자원 소방대가 되려는 동기는 무엇인가?" 이 질문에 한 인터넷 사용자가 답했다. "협동단체, 단결심, 호의, 대형 차량, 요란한 소리, 기술 장비, 긍정적 인상, 시간을 유용한 곳에 쓰려는 생각."

준트하우젠 소방대 입장에서는 그들에게 보여준 존중이 너무 과소했던 것이다. '다른 값싼 장비'로 구슬리는 시위원회의 처사를 받아들이고, 소방대원들의 공동 훈련 시에 다른 자치단체 소방대들이 던지는 조롱의 시선을 견뎌내라는 것인가? 여기서 시민 보호라는 단체 창립의 이유보다 단체의 이미지가 더 중요해졌다. 시위원회와의 싸움에서 애초에 소방대를 창립한 이유는 완전히 등한시되었다. 그 사실은 2014년 10월 9일, 시위원회를 다시 한 번 압박하려 한 지역 소방대장의 강한 어조에서 드러난다. "대낮 화재 발생 시 준트하우젠 소방대의 진화 처리를 보면 다른 모든 지역 소방대들에 비해 매우 열악해 보인다. 화재 시 다른 지역 소방대가 준트하우젠으로 올 것이라 안심한다면 잘못된 생각이다……."

혹시 더 비싼 소방차를 요구한 지역 소방대장이 옳았던 게 아닐까? 어쩌면 겨우 16만 유로 대신 19만 유로의 투자로 충분한 원조가 보장될 수 있지 않았을까? 그에 반해 다른 두 지역 소방대는 비용이 덜 들어간 소방차에 만족했다. 이미 책정된 지원 금액을 반드시 높일 필요는 없었던 것이다.

지역 단체 내에서 역할은 명확하게 구분되어 있다. 즉 소방대는 위급한 상황에서 인명을 구출하는 역할을 한다. 시위원회는 지역 살림을 책임진다. 물론 지역 소방대장은 소방대에 더 좋은 장비나 물품이 필요하다고 판단하면 해당 기관이 경청하게끔 해야 한다. 하지만 투자 분야에 대한 결정권은 항상 정치계에 있다. 소방대원들이 시위원회의 결정에 대해 불만이 있다면 다음번 선거에서 다른 시장을 선출하면 될 일이다. 애들처럼 고집을 부리며 "내 마음에 들지 않으니까 됐어. 난 안 할 거야"라고 해서야 되겠는가. 비록 자원으로 소방대원이 되었다 해도 단체에 들어간 것은 이미 책임을 지기로 한 것이다.

준트하우젠 논쟁의 결과는 터무니없었다. 소방대 전체가 고집불통의 태도를 거두지 않았다. 그들은 억지를 쓰며 시위원회를 다그쳤다. 결국 소방대원 39명 전원이 공공연히 시민의 안전을 위태롭게 만들면서까지 연말에 명예직을 내려놓았다.


## 긍정적 외모와 자기 마케팅

세대마다 각각 화제로 삼는 이슈가 있다. 독일에서 68세대에는 '관계'라는 주제가 이슈였다. 시민과 국가의 관계뿐만 아니라 무엇보다 인간관계도 포함되었다. 자녀와 부모는 서로 어떤 관계에 있는가? 또 남편과 아내의 관계는 어떤가? 당시엔 일부다처제 그리고 일처다부제 대한 질문에 어떤 대답을 하느냐에 따라 현대인과 영원한 구시대 인간이 구분되었다.

1980년, 1990년대에는 또 다른 이슈가 전면에 떠올랐다. 내 욕구를 어떻게 만족시킬 것인가? 그것은 물질에 대한 욕구일 수 있었다. 즉 나는 어떻게 빨리 부자가 될 수 있을까? 또한 나 자신을 좋다고 느낄 수 있으려면 어떻게 해야 할까? 당시는 특히 엑스터시 마약이 보편화된 시대였다.

오늘날 사람들은 관계에 대해서는 더 이상 관심이 없다. 그리고 물질적으로 잘살기 위해 모든 수단과 방법을 동원하던 시대도 아니다. 현재 사람들이 대부분 목을 매는 새로운 이슈는 바로 '이미지'다. 완벽한 외양이 중요하다. 이 이슈는 현재 우리들에게 이미 너무도 당연하게 되어 이상할 게 없다. 그러니 의문을 품는다는 것은 말도 안 된다.

최대한 완벽한 이미지를 보여주어야 한다는 요구는 상류사회나 부유층에만 해당되는 얘기가 아니다. 이제는 기업 대표들만 구두를 살 때 적절한 상품을 골라주는 서비스를 받고, 유명한 헬스센터의 도움을 받는 세상이 아니니까 말이다. 가령 스위스의 프리부르 주에서는 스타일 코치가 빈민 구제 대상자들을 도와준다. 스타일 코치는 '의류를 분류해 치우는 일을 도와주고, 잘 어울리는 옷 모양새를 알려주고, 쇼핑할 때 동반한다.' 그 경비가 한 번에 785프랑(CHF)이 들어간다. 그 금액이면 몇몇 실직자들이 임금을 받고 생계를 유지할 수도 있으니 꽤나 많은 비용이 투입된다고 볼 수 있다. 여기서 짚고 넘어가야 할 것은, 외양에 대한 강제적 규정이 이미 경제 피라미드 최하층에도 중요한 문제가 되었다는 것이다. 바람직한 외모라는 이미지가 사회 곳곳에서 성공 요인으로 작용한다.

함부르크대학교 경제학 교수 소냐 비쇼프(Sonja Bischoff)는(그 사이에 정년퇴임했다) 1986년부터 5년마다 한 번씩 '누가 미래를 이끄는가? 독일경제의 지도자 위치에 있는 남성과 여성'이라는 연구 결과를 내놓았다. 비쇼프 교수는 특히 경영자급 리더들에게 다음과 같은 질문을 했다.

"당신에게 성공 요소는 무엇이었는가?"

1986년에 '외모'라고 답한 응답자는 6퍼센트였다. 22년 후인 2008년에는 32퍼센트(남성 29퍼센트, 여성 36퍼센트)가 외모가 직위 상승의 문을 열어주었다고 대답했다. 이 시기에 '외모' 요소가 '언어 능력'과 '인간관계' 요소를 거뜬히 넘어섰다.

하지만 긍정적 외모는 잘생긴 얼굴뿐만 아니라 '적절한' 구두와 '적절한' 머리 모양도 포함된다. 인간이 주변에 드러내는 외모의 범위가 아주 많이 커졌다. 현대는 예컨대 사람의 등장이 소셜 네트워크에서 이루어지기 때문이다. 페이스북 이용자마다 평균 160명과 접속하고(2014년 6월, 후베르트 부르다 미디어의 위임으로 기계정기검사협회TÜV와 시장조사포털 스태티스타statista에서 실시한 설문), 자신의 프로필 페이지에 최대한 완벽한 외모 사진을 올린다고 한다. 사진에는 자신을 대변하는 의견과 확신도 덧붙여진다. 적절치 않은 내용을 올린 사람은 당장 자신의 사이트 접속자를 잃는다. 왜냐하면 어떤 그룹에 속할 수 있느냐, 그 그룹에서 성공을 할 수 있느냐도 이미지가 큰 가치 기준이기 때문이다.

이미지를 자신이 속한 그룹의 기대에 맞추는 일은 더 나아가 인간의 행동도 결정한다. 외부 세계가 우리에 대해 갖고 있는 이미지는 단순히 태도만이 아니라 행위도 규정한다. 직장 동료와 같이 출장을 간 사람은 저녁에 식사를 하면서 술을 어떤 종류로 주문할지를 두고 심각하게 고민한다. 즉 다른 동료들이 모두 와인을 마신다면 그 자신은 시원한 맥주를 마시고 싶은 마음이 굴뚝같아도 다른 사람들과 함께 와인을 마실 것이다. 반대로 그는 곧 있을 승진 과정에서 동료들을 따라잡을 기회가 올 수 있으니 공격적인 이미지를 심어야겠다는 의도를 가질 수도 있다. 그럴 때는 동료들이 모두 화이트와인 잔을 홀짝이고 있을 때 그는 자신을 대놓고 드러낼 목적으로 맥주나 그 밖의 주류를 주문한다. '나는 당신들과는 달라. 그룹의 압박을 거부할 수 있을 정도로 강하거든.'

이미지 관리는 말하자면 자기중심주의를 옳다고 보는 것이다. 해당 항목은 이른바 총체적이어서 외모, 의견, 행동 등 모든 것이 누가 어떤 영향을 목적으로 하느냐에 의해 결정된다. 아마존 설립자 제프 베조스(Jeff Bezos)는 자기중심주의를 궤도에 올려놓았다. "당신이 방을 나가면 사람들은 당신이 가진 브랜드에 대해 말한다."

오늘날, 이미지가 만사의 척도로 작용하는 사회에서는 일을 하는 사람이 아니라 자신이 일한 것을 남에게 제대로 보여줄 수 있는 사람이 더 인정을 받는다. 사실 여부는 중요하지 않다. 기업 내에서 표면적 위계와 팀워크가 표준이 되었기 때문이다. 그 결과 개개인의 성과에 대한 실제적인 평가가 거의 불가능해진다. 왜냐하면 기업에서 표면적 위계란 직속상관이 '아주 멀리' 있다는 뜻이기 때문이다. 사무실에서 각 직원들이 무엇을 하는지 또는 무엇을 하지 않는지 세심하게 지켜보는 사장은 이제 더 이상 존재하지 않는다.

아주 좋은 이미지를 가진 세련된 동료가 팀 또는 개별 작업을 통해 얻은 성과를 자신의 것으로 가로채간 경험은 누구나 한 번쯤은 직접 겪거나 주위에서 본 적이 있을 것이다. 유감스럽게도 현실에서는 자신을 가장 효과적으로 연출하는 사람이 대체로 승진한다. 자기 자신에게 화려한 조명을 비출 줄 아는 자가 계속 앞으로 나아간다. 부족한 능력은 굳이 드러낼 필요가 없다. 안타깝게도 그런 경우가 너무 빈번하다.

물론 겉보기에 그럴싸한 현혹자는 이미 늘 존재했다. 하지만 현혹자들의 존재가 예전에는 그저 불쾌한 수준의 부수적인 현상이었지만 지금은 완전히 보편화되었다. 너무나 보편화된 나머지 비즈니스 워크숍과 강의에서 다음과 같이 대놓고 말하는 현상을 못마땅해하는 사람도 찾아보기 어렵다.

· 성공의 열쇠는 당신 손에 있다. 효과적인 자기 마케팅에 잠재력을 적극 투입하고 당신의 이미지를 개선하라.
· 자신의 이미지와 팀의 이미지를 관리하는 것은 상관인 당신의 책임이다. 최상의 성과와 능력을 적절하게 시장에 내놓는 것은 당신의 의무다.
· 직업의 미래를 우연에 내맡기지 말라. 직장 생활의 이미지 관리가 당신의 미래를 좌우한다!

우리 사회는 비유적으로 말하면 현재 군비확장 경쟁과 맞먹는 상태에 있다. 이 사람이 자기 마케팅에 뛰어나다면 저 사람은 그보다 한층 더 뛰어난 자기 마케팅을 해야 한다.

혹시 이 모든 게 단지 성공을 위한 규칙이니까 따라야만 하는 경기일 뿐일까? 아니다. 이미지 관리와 관련된 일은 정신건강의학 관점에서 보면 더 많은 것이 숨어 있다. 이미지에 대한 과한 집착은 개인에게 치명적 불행을 부른다. 이 상황에서 개인은 어마어마한 긴장 상태에 놓이며 심리적으로 큰 영향을 받는다. 이제 상관관계를 보자.

## 인기를 갈망하는 삶

의상과 머리 모양을 기대에 맞추는 일은 비교적 간단하게 할수 있다. 하지만 젊어 보이고 능력이 있어 보이는 이미지 관리는 훨씬 더 어려운 일이다. 이에 보조를 맞출 뜻이 있는 사람은 다이어트에 들어가고 주름을 없애는 시술과 머리카락 이식에 이어 지방을 제거하거나 보톡스 주사를 맞아야 한다. 이 모든 과정에 일차적으로 주머니 사정이 문제가 된다. 하지만 그 정도는 아직 참을 만할 것이다. 자신의 이미지를 고착시키는 일은 한층 더 심층을 파고드는 힘이 있다. 즉 이미지 고정은 불안을 생성한다.

충만한 인생을 위한 에너지를 자신이 가진 고유한 장점들에 대한 확고한 믿음에서 이끌어내지 못하고 성공과 삶의 행복을 이미지에 의존하는 사람은 자신이 잘못된 방향으로 가고 있다는 두려움을 갖는다. 그리고 두려움은 끊이지 않는다. 분위기에 맞춰야 한다는 걱정이 그를 몰아댄다. 어쩌다 보면 분위기에 어울리지 않는 재킷을 입거나 한쪽으로 치우친 정치색을 띤 발언을 할 경우도 있다. 그러면 숱한 세월을 들인 힘겨운 노력이 한순간에 수포로 돌아간다.

가령 이런 경우를 생각해보자. 음악을 즐기는 친구들과 정기적으로 집에서 만나는 모임이 있다. 최신 MP3를 구입한 누군가가 친구들에게 자랑을 하려고 한다. "와, 이렇게 많은 기능이 있어? 정말 대단한데!" 친구들이 새 기기를 알아봐주니 기분이 으

쏙하다. 그런데 예상과는 달리 분위기가 완전히 다른 데로 흘러간다. 오늘 친구들을 초대한 집주인이 엄청난 고가의 레코드플레이어를 산 것이다. 이제 아날로그가 디지털보다 음질이 훨씬 더 좋은 이유를 두고 열띤 토론이 벌어진다. 30분도 지나지 않아 최신 MP3는 허섭스레기로 취급당하면서 방금 전까지만 해도 으쓱하던 MP3 소유자의 자존심은 바닥으로 떨어진다.

선택을 잘못할 위험이 크면 행동할 때마다 위험 부담이 따른다. 이미지에 고착된 사람은 추적망상(자신이 누군가에게 쫓기고 있거나 감시당하고 있다고 믿는 망상으로 신경증이나 정신병 환자에게 나타나는 증상이다—옮긴이)에 빠져 안전장치를 가능한 한 폭넓게 마련하려고 한다. 장기를 두는 사람과 유사하게 다음번 수를 노린다. '이 말을 할까, 말까? 사람들이 나를 두고 뭐라고 할까?' 이를 골똘히 생각하고 의심하고 이미지 상실의 위험을 최소화하려고 늘 노심초사하느라 창밖으로 몸을 내밀고 주변을 살피는 일 외에 다른 일은 하지 못한다. 다시 말해, 그는 언제나 결정을 내리지 못한다! 이런 일 모두가 완전히 의식적으로 진행될 수 있다. 하지만 이미지에 고착된 사람에게 이미 습관으로 굳어진 회피 전략은 무의식적으로 진행되기도 한다. 우리 언어에서 그런 현상을 볼 수 있다. 이미지를 중시하는 사회에서 많이 쓰는 전형적인 어법이 바로 가정법이다. "아마 이렇게 말할 수 있을 거야. 그러니까……." 그리고 "어쩌면 …… 이럴 수도 있을 거야." 그리고 "물론 그걸 다시 바꿀 수도 있어……."

이미지에 대한 집착은 정신적 측면에서 비극이다. 즉 표면이 유난히 번쩍이는 사람의 자존감 상태는 대부분 썩 좋지 않다. 직장이나 사생활에서 '훌륭하게 보여야 한다'는 엄청난 압박은 타인의 기대에 부응하지 못한다는 끊임없는 불안과 함께 나타난다. 불안과 압박은 필요한 내적 자원을 활용하지 못하는 사람, 인생을 스스로 결정하고 자신의 판단으로 이끌어나가지 못하는 사람들 모두를 좌지우지한다. 그리고 내적 가치를 확립하지 못한 사람일수록 이미지는 더욱더 중요해진다. 악순환이다.

나에게 진정으로 좋은 것은 무엇인가? 내 가족을 위해 중요한 것은 무엇인가? 내게 맡겨진 의무를 위해서는? 내가 일하는 회사를 위해서는? 내적 가치 시스템을 신뢰할 수 있는 사람은 이 질문들에 스스로 대답하고 일관성 있게 행동할 수 있다. 반면에 이미지 중독자들은 결정을 언제든지 바꿀 수 있는 것으로 간주하고 주변의 인기를 갈망하게 된다. 이런 식으로 살다 보면 인생에서 자신의 책임 하에 있는 일에 결코 기여하지 못하게 된다. 이제 내가 당신에게 묻는다. 그런 삶이 가치 있고 훌륭한 삶으로 보이는가?

단지 이미지 중독자만 고통받는 게 아니다. 그들과 관계있는 사람들, 어쩌면 그들에게 의존해 있는 사람들도 몇 가지를 견뎌내야 한다. 파울의 예를 보자.

## 겉으로 보이는 모습

이십대 후반인 파울의 부모는 학교 측으로부터 아이에게 정신과 진료를 받게 하라는 권고를 받았다. 파울의 학교에선 파울이 내 진료를 받으면 극단적 공격 행동의 원인이 되는 정신질환을 고칠 수 있을 것이라고 했다. 파울은(물론 가명이다) 학급생과 교사들의 생활을 어렵게 만드는 악명 높은 방해꾼이자 선동가다. 그간 파울이 수업을 방해하지 않고 지나가는 날은 하루도 없었다. 교사들은 신경이 날카로운 소년을 제어할 방법이 없었다. 파울에게는 온갖 훈육 조치가 전혀 먹혀들지 않았다. 그런데 내가 지금 하는 이야기는 한창 날뛰는 사춘기 청소년이 아닌 여덟 살 어린 소년에 관한 것이다.

파울의 맞벌이 부모도 아들 때문에 한계에 이르렀다. 파울이 걸핏하면 친구들을 때릴 뿐만 아니라 갖가지 방해 행동을 보이는 탓에 수업 도중에 일찍이 아이를 데리러 갈 때가 많았다. 그런데 참 이상했다. 집에서는 부모가 아들에게서 전혀 문제점을 발견하지 못했다. 집에서는 모든 게 정상적으로 돌아갔다. 그러니 원인은 학교에 있는 게 아닐까? 아니면 교사에게 있지 않을까?

파울이 내 앞에 앉았다. 나는 금발의 아이 얼굴을 보았다. 여덟 살보다 좀 더 어려보이는, 사람의 마음을 강하게 끄는 아이였다. 파울과 이야기를 나누는 사이에 긍정적인 첫인상이 더욱 깊어졌다. 의도적으로 눈을 마주치는 약삭빠른 아이는 자신을 좋게 표현할 줄 아는 능력이 뛰어났다. 그러니 파울이 부모의 마음을 수월하게 사로잡았을 게 뻔했다. 게다가 최신 유행으로 세심하게 입혀진 옷도 호감 가는 아이의 등장을 한층 두드러지게 했다.

파울의 부모는 아이가 두 살 때 이혼했다. 이후 부모는 아들에게 이혼으로 인한 고통을 최대한 적게 받게 할 목적으로 부모의 의무를 나누었다. 부모의 어느 쪽도 주변 인물이 되어선 안 되었다. 그래서 어린 파울은 항상 3일마다 아빠 집과 엄마 집을 번갈아 다니게 되었다. 부모는 아들이 매번 도시의 이쪽 끝에서 저쪽 끝으로 멀리 다닐 필요가 없도록 고심 끝에 자신들의 편의를 상당 부분 포기하고, 집도 가까이 이웃해 살기로 결정했다. 그렇게 해서 파울은 자신의 사회적 관계를 모두 유지하게 되었다.

파울은 낮에는 학교의 종일반에서 보내고 이어 집에서 지내는 외국인 유학생에게 맡겨졌다. 급할 때는 할머니와 다양한 보호자들이 뛰어들었다. 파울을 '보살피기 위한' 시스템을 위해 매우 많은 비용이 들었다. 물론 부모로서는 그러기가 항상 수월하지는 않았다. 부모는 둘 다 대학교에서 연구하는 학자들로, 하루에 여덟 시간을 꼬박 일에 매달릴 필요가 없는 수준 높은 일에 종사하고 있었다. 아무튼 파울이 각각 다른 부모 쪽에 있을 때만 나머지 한쪽 부모는 주말 내내 연구할 수 있는 시간을 낼 수 있었다.

부모는 아들에게 바치는 '희생'으로 친구와 지인들 사이에서 크게 인정받았다. "어쩌면 너희들은 모든 걸 다 해낼 수 있니! 정말 대단해. 이혼한 다른 부부들이 너희들을 본보기로 삼아야겠다."

바로 이 부분이 내가 말하려는 요점이다. 즉 파울의 부모는 완벽한 이미지로 화려한 잡지에 홈스토리가 소개될 수도 있을 것이다. 아들의 행복을 마음에 품고 중요한 연구 작업조차 아이를 중심에 두고 시간을 계획하는 성공한 부모. 거기에 높은 지적 능력과 붙임성을 보이는 귀엽고 얌전한 아들. 단 한 가지, 학교 문제만 없다면…….

나는 파울과 같이 있으면서 아이의 첫인상이 곧 바뀌어가는 것을 느꼈다. 면담 횟수가 늘어날수록 소년은 점점 더 외로움을 내비쳤다. 그것은 비단 소년이 말한 내용, 즉 친구가 없다고, 단 한 명도 없다고 한 이야기 때문만은 아니었다. 파울은 눈에 띄게 무관심한 태도를 보였다. 인사하는 순간이 지나가자마자 파울과의 대화는 억지로 이어졌다. 내가 뭔가를 만들거나 그림을 그리자고 하면 파울은 순순히 따라왔다. 하지만 아이는 모든 것을 아무 흥미도 즐거움도 없이 그냥 했다. 우리가 '친구야, 화내지 마' 보드 게임을 했을 때 파울은 게임을 곧잘 했다. 하지만 주사위를 던져 5가 나와서 말이 다섯 칸이나 건너뛰는 순간에도 파울은 조금도 좋아하는 기색을 보이지 않았다. 파울이 내 말을 쳐낼 때도 마찬가지였다.

파울은 열심히 게임을 했다. 하지만 그것은 단지 겉으로 내보이는 모습에 지나지 않았다. 내가 움직이는 인형을 데리고 게임을 하는 것과 다를 게 없었다. 나는 파울이 게임에 집중하도록 독려해야 했다. 나로서는 파울을 만나는 일이 피곤했다. 처음에 너무도 호감이 간 아이가 나를 점점 지루하게 만들었다. 파울의 태도 때문에 내 속에서 화가 끓어오르기까지 그리 오래 걸리지도 않았다. 나는 파울이 다시 진료실 밖으로 나가면 기분이 좋아졌다. 파울과 같이 있는 게 달갑지 않았다.

이제 당신은 이런 생각을 할지도 모른다. 소아청소년 정신과 의사가 그런 소리를 하다니! 의사는 모든 아이들을 열린 마음으로 상냥하게 대해야 하는 것 아닌가. 그렇게 하지 않고 아이들을 어떻게 도와준다는 거야?


## 완벽한 연극을 하는 부모 아래서

아이의 행동에 대한 면밀한 관찰 말고도 내게 일어나는 감정을 감지해 그것을 상대방과의 관계에 반영하는 것, 이것이 내 진료의 결정적인 부분이다. 나는 그래야만 문제를 판단할 수 있다. 파울의 경우 내가 느낀 감정은 지루함, 짜증, 외로움이었다. 파울에 대한 내 거부감은 중요하며, 그것을 절대로 은폐해서는 안 된다. 파울이 내게 불러일으키는 감정을 주의해 살펴야만 내가 이 소년을 도울 수 있게 된다.

비전문가라면 대개 이 감정을 짜증과 지루함으로 되받아칠 것이다. 파울과 함께 있는 것이 전혀 즐겁지 않으므로 파울을 제쳐

두거나 가능한 빨리 떼어내려 할 것이다. 하지만 소아청소년 정신과 의사인 나는 다음과 같은 사실을 안다. 즉 파울은 거절당한 경험이 있기 때문에 거절의 반응을 보이는 것이다. 파울이 지루한 아이인 이유는 주변 사람들이 아이를 지루하다고 생각하기 때문이다. 주변 사람들은 사실 파울을 보살피는 일이 아닌 전혀 다른 일을 하고 싶었던 것이다.

나는 이어지는 부모와의 면담에서 이러한 추측을 사실로 확신했다. 부모의 일상에서 파울을 위한 시간은 많지 않았다. 부모는 학문 연구에 매여 있는 탓에 하루 일과가 정신없이 바쁘게 돌아갔다. 부모는 파울을 기능에 충실한 아이로 훈련시켰다. 그리고 면담을 통해 부모가 비록 몸은 여기에 있지만 정신은 다른 곳에 가 있다는 것도 알아챌 수 있었다. 부모는 의무를 행하는 것으로 만족했다. 그 이상은 아니었다.

"우리 아이가 학교에서 문제가 있다고요? 그렇다면 우리가 당연히 신경을 써야지요."

하지만 부모에게 감정적 공감은 없었다. 그리고 아이와 교감하는 진정한 보살핌도 보이지 않았다. 부모 양쪽이 진료실에 같이 오기 위해 서로 스케줄을 맞추는 데도 굉장히 오랜 시간이 걸렸다.

파울의 부모는 나를 주의 깊게 쳐다보면서 성숙한 태도로 질문하고 대답했지만 막상 생각은 전혀 다른 곳에 가 있는 경우를 점점 더 자주 볼 수 있었다. 부모가 진정으로 아이를 신경 쓰는지 내가 의심이 드는 것처럼 아이 역시 그것을 똑같이 느낀다. 아이는 아주 정확하게 안다.

'부모가 아이에게 책을 읽어줘야 하는 거라고? 그럼 한 10분 정도 읽어주면 충분하겠지.'

이처럼 의무감으로 책을 읽어주는 건지 아니면 진심으로 자식을 위해 책을 읽어주려고 하는 것인지 말이다. 첫 번째 경우엔 아이는 귀 기울여 듣지 않고 계속 딴짓을 한다. 책을 읽어주는 부모와 마찬가지로 아이도 흥미를 잃고 으레 진행되어야 하는 일이 빨리 끝나기만을 기다린다. 하지만 부모가 정성을 다해 책을 읽어주면 그날 밤은 그야말로 마법의 체험을 하는 시간이 된다. 마법사와 유니콘이 아이의 천진난만한 환상으로 생생하게 살아난다.

이제 파울에게 되돌아가자. 아들을 위해 이혼 후에도 계속 관계를 지속하는 사랑이 넘치는 부모라는, 겉보기에만 조화로운 이미지는 아무 의미가 없다. 또한 부모가 노력한다고 해서 그것이 곧 아이에게 좋은 것도 아니다. 어른의 입장에서 보면 부모가 어린 아들을 반반으로 나누는 것이 '훌륭한' 일로 보일 수 있다. 하지만 파울에게는 그 상황이 크나큰 불행이다. 아이에게는 자신이 찾아갈 확고한 관계의 지점이 존재하지 않는다. 파울의 생활은 이등분으로 나뉘어 있다. 두 집에 다 파울의 침대와 장난감, 학용품, 옷 등이 있다. 그러니 어떻게 평온이 생겨날 수 있겠는가? 게다가 파울은 부모에게 이론적으로 완전히 해결된 문제다. 파울을 위한 완벽한 시스템이 존재한다. 하지만 애정과 관심은 턱없이 부족하다. 여덟 살짜리 아들이 각 부모 집의 자기 방에서 몇 시간이고 혼자 있기를 제일 좋아하는 것을 어른들은 오히려 홀가분하게 여겼다.

사실 파울의 행위는 선서와 다름없는 표명이다.

파울의 부모는 상냥하고 호감 가는 사람들이다. 그들은 노력한다. 또한 자신들의 한 일이 옳다고 확신한다. 자신들이 좋은 부모라는 것을 스스로에게 그리고 세상에 보여준다. 주변의 어른들은 이런 식으로 기만할 수 있다. 하지만 아들에게 신뢰감을 줄 수는 없다. 파울은 자기 자신이 부모의 직업과 경력보다 중요하지 않다는 것을 안다. 파울은 집에서 부모의 관심을 끌 가능성을 발견할 수 없다. 경험상 그래봤자 별 소용이 없었으리라. 어차피 아무도 자기가 어떻게 지내는지에 대해 관심이 없기 때문이다. 그런 이유로 파울은 학교에서 절망감을 터뜨렸던 것이다.

사람이 이미지를 우선시할 경우, 오직 자신의 주위만 맴돌 위험이 크다. 파울은 고통받았다. 부모가 실제의 임무를 잊어버렸기 때문이다. 부모는 아이가 성인이 되어가는 길에 동반해 보살핌과 애정을 주어야 한다. 그런데 파울의 부모는 완벽한 연극의 무대 뒤편에서 오직 일에만 몰두하고 있다. 자신의 아들이 뭐가 문제인지 전혀 파악하지 못한다. 그들은 '나'라는 자아 말고는 모든 일에 대해 완전히 무관심하다. 이러한 태도를 일컬어 나르시시즘이라 한다.

## 관계도 책임도 모르는 나르시시스트

나르시스는 고대 그리스 신화에 나오는 청년이다. 나르시스 때문에 화가 난 여신이 그에게 거울에 비친 자신의 모습을 사랑하라는 저주를 내렸다. 이때부터 나르시스에게는 연못에 가서 물에 비친 자신의 모습을 보고 경탄하는 일 외에 더 좋은 일은 아무것도 없었다.

여기서 나르시시스트는 자기 자신을 사랑한다는 오해가 자주 발생한다. 나르시스는 결코 자신을 사랑하지 않는다. 그는 오로지 자신의 이미지만 사랑할 뿐이다. 나르시스의 생각은 오로지 자신에게만 꽂혀 있다. 그는 엄청나게 매력적일 수 있다. 하지만 그는 매력을 자신이 원하는 것을 얻는 데만 쓴다. 나르시시스트는 지배적이고 거만한 모습으로까지 나타나고, 사람들에게 까다로운 요구를 하면서 끊임없이 관심과 칭찬을 요구한다. 중심에 서는 것이 나르시시스트에게 불로장수의 영약이다.

어떤 사람에게 나르시시즘(정신분석학에서 자기도취증, 자기애自己愛를 뜻하는 용어—옮긴이)이 너무 심한 나머지 인격장애로 넘어가는 경우는 매우 드물다. 바이에른 심리치료협회장 니콜라우스 멜코프는 인구의 약 6퍼센트가 살아가는 과정에서 자기애성 인격장애(narcissistic personality disorder, 자신에 대한 과장된 평가, 인정받고 싶은 욕구, 타인에 대한 공감의 결여를 특징으로 하는 인격장애를 말한다—옮긴이)를 앓는다고 한다. 나르시시즘은 그보다 다소 약화된 형태로 나타날 때가 많다. 과잉 보상된 만성적 자아존중감 장애는 비록 질병은 아니라 해도 특징적 외견으로 나타나는데, 그것이 해당자에게 겉으로는 번듯하게 성공한 것으로 보이지만 사실 해당자에게도 큰 짐이고 주변 사람들에게 심한 고통을 가할 수 있다.

심각한 나르시시스트 성향을 가진 사람들이 실제로 사회에 얼마나 많이 존재하는지는 말하기 어렵다. 하지만 전문가들은 그 성향이 점점 증가하고 있다는 데 의견의 일치를 보인다. 이 문제는 오랫동안 과소평가되었다. 나르시시스트들이 "어이쿠, 큰일이네! 내가 나르시시스트구나!" 하면서 의사나 심리치료사를 찾아가지는 않기 때문이다. 대신 그들이 의사를 찾는 이유는 승진에서 제외되었거나 위태로운 인간관계와 우울증에 시달려서다. 나르시시스트는 자신의 탁월함을 너무도 확신하기에 그들을 치료하기도 어렵다. 그들은 '정신과 의사 따위'에게 자신의 의도를 꿰뚫리느니 차라리 치료를 중단하는 편을 택한다.

학자들은 나르시시즘을 식별하기 위한 연구를 오랫동안 진행해왔다. 오하이오주립대학교 의사소통 및 심리학 교수 브래드 부시맨(Brad Bushman)과 그가 지휘하는 연구팀은 나르시시스트를 아주 간단하게 판별하는 방법을 발견했다. 부시맨 교수 연구팀은 2014년 8월에 국제 온라인 학술지 〈플로스 원Plos one〉에 발표한 논문에서 이렇게 밝혔다. "그에게 물어봐야 한다!" "당신은 나르시시스트인가요? 다시 말해 자기중심적이고, 자신을 내세우고 싶어

하고, 도도합니까?" 그러면 모든 나르시시스트들은 이렇게 답한다고 한다. "네, 맞아요! 내가 바로 그래요! 멋지죠, 안 그래요?"

겉모습에 현혹되지 않는 사람은, 번쩍이는 겉치레 뒤에 있는 자아존중감이 비참할 만큼 낮고 내적 신중함이 결여되어 자주 극심한 불행을 느끼는 사람을 들여다본다. 나르시시스트들은 모욕에 대한 두려움이 뼛속에 박혀 있기 때문에 항상 찬양과 숭배를 구한다. 그들은 본능적으로 타인을 자신에게 가까이 다가오지 못하게 한다. 가까이 다가오면 자신의 실체를 들킬 가능성이 있기 때문이다. 나르시시스트는 숭배의 무리 속에서조차 항상 고독하다.

나르시시스트가 고독한 이유는 오로지 자기 자신만을 쳐다보기 때문이기도 하다. 따라서 타인과 평등한 관계로 결코 발전할 수 없다. 오직 나르시시스트의 자아를 끊임없이 어루만져줄 수 있고, 만족감을 주는 상대를 발견했을 때만 종종 비교적 오랜 관계에 들어갈 수 있다. 나르시시스트에게 인정과 칭찬을 거두는 즉시 그는 모든 연결고리를 끊고 다른 곳으로 가버린다.

나르시시스트들은 일반적으로 책임도 관계도 가지지 않는다. 몇 년 전부터 생활용품 매장에 가보면 독신자를 위한 1인용 살림 도구, 예컨대 빵을 한 개만 굽는 토스터기라든지 달걀이 딱 한 개만 들어가는 달걀 삶는 기계 등이 부쩍 눈에 띄지 않는가? 나에게는 그것이 나르시시스트들이 만연하다는 또 하나의 증거로 보인다. 물론 싱글이라고 해서 모두 나르시시스트인 것은 아니다. 하지만 나르시시스트들은 대부분 싱글이다.

물론 나는 많은 싱글들이 저마다의 이유로 혼자 산다는 것을 안다. 싱글 중에 마음이 따뜻하고 기꺼이 남을 도우며 능력이 뛰어난 사람들도 많다. 나는 사람들이 스스로 선택한 인생 설계를 평할 생각은 전혀 없다. 하지만 나는 보고, 묘사하고, 분석하고 싶다. 그리고 그 과정에서 싱글의 존재는 현실과는 다르게 이상화되었음을 확신한다. 이미지를 최상의 가치로 만든 사회가 바로 나르시시스트를 길러낸다. 그리고 모든 나르시시스트들은 자아존중감이 낮을 뿐만 아니라 비판에 대해 과민반응을 보이며 기만적인 삶에 연루된다.

날이 갈수록 개개인이 각기 기능을 맡는 가족 구성원이 되지 못하고 오로지 자신만 책임지면 된다고 생각하는 사람이 될 경우, 비단 개개인만 고통받는 것이 아니라 사회에도 이롭지 못하다.

그보다 더 심각한 영향을 끼치는 것은 나르시시스트들은 자신의 책무를 처리하지 못한다는 것이다. 그 이유는 두 가지가 있다. 첫째, 모든 사람들에게는 쓸 수 있는 에너지의 할당량이 일정하게 주어져 있다. 이미지 관리에 에너지를 소비하면 본래 자신의 책임에 쓸 에너지는 그리 많이 남지 않는다. 둘째, 나르시시스트들은 자신의 이미지를 해치는 결정 또는 주류에 반하는 불편한 견해, 타인의 기대를 저버리는 의견을 내놓는 것에 관심이 없다. 그들은 지나치게 도를 넘고 극단적으로 행동하기도 한다. 이를 통해 확실히 큰 주목을 받을 수는 있지만 전체적으로 보면 다 좋지만은 않다.

예를 들어 자유민주당 의장이었던 구이도 베스터벨레는 2002년 연방의회 선거 전 당선 목표로 18퍼센트를 힘차게 외쳤다. 비현실적인 당선 목표는 세간에 큰 주목을 끌었지만 결국 자유민주당은 기대에 크게 못 미치는 7.4퍼센트에 머물면서 패자가 되고 말았다. 또 다른 예로, 2005년부터 독일의 백화점 체인 카슈타트크벨레를 구원할 기대주였던 토마스 미델호프도 있다. 아르칸도로 회사명을 바꾼 카슈타트크벨레는 2009년 파산했다. 남은 것은 27건의 부정 사건에 대한 판결이었다. '빅 티(Big T)'라는 별명으로도 불렸던 토마스 미델호프는 회사 전용기 중 9만 5000유로나 되는 비싼 항공편으로 뉴욕에 간 비용을 회사에서 부담하도록 했다. 게다가 헬리콥터를 이용해 집과 일터를 수차례 오갔다. 이처럼 나르시시스트들의 영향으로 정치계 인사와 기업 간부들은 흥행의 난장판을 벌인다.

결과는 항상 동일하다. 행해져야 할 일이 행해지지 않는 것이다. 시민정신 부재, 내용 중심의 토론 부재, 용감한 결단 부재다. 따라서 이미지는 성공 요소가 아니라 파괴 요소다.


자기애에 빠져 연못가에 앉아 물에 비친 자신의 모습을 바라보아야 하는 것은 그리스 청년 나르시스에게 가혹한 벌이었다. 그는 충만한 인생을 더 이상 꿈꿀 수 없었다. 더욱이 그가 물에 비친 자신의 모습을 껴안으려 했을 때 바로 물에 빠져 생명을 잃었다.

나르시스의 운명은 그처럼 불행하기도 했다. 그런데 진짜 불행은 그의 등 뒤에서 진행되었다. 물론 신화에서 이 부분은 절대로 이야기되지 않는다. 나르시스는 목동이었다. 그가 자신의 멋진 이미지만 신경 쓰다 보니 양떼를 돌볼 시간이 없었다. 양떼는 보호받지 못한 채 이리저리 떠돌았다. 결국 나르시스의 양떼는 늑대에게 잡아먹히고 말았다.

3장

# 결정을 회피하는 사람들

메가트렌드라는 개념은 수십 년에 걸쳐 글로벌 공동체를 특징 짓는 현상을 말한다. 메가트렌드는 미래의 비전이 아니라 이미 오늘날 경제에서 문화에 이르기까지 사회의 전 영역에 있는 사람들 모두와 관련된 것이다. 그리고 전 세계적이다. 가령 우리는 도시화, 유동성 증가와 같은 메가트렌드 속에 있다.

최신 메가트렌드 중에 또 한 가지는 '네가 직접 하라(Do It Yourself)'다. DIY를 뜨개질 따위와 비교할 수는 없다. DIY는 우리 아버지와 할아버지들은 꿈에도 생각지 못했을 많은 일을 내가 직접 한다는 뜻이다. DIY 현상의 아이콘이 바로 이케아 가구다. 독일에선 40년 전부터 사용자가 직접 나사를 돌려 가구를 짜 맞췄다. 여섯 번째 나사를 찾을 수 없다는 돌발 상황으로 인해 몇몇 커

플의 관계가 끝날 위험에 빠질지라도 직접 조립하는 가구의 인기가 높아지는 건 막을 수 없었다.

주유소의 주유원, 안내원, 수많은 동네 식료품 가게가 막 사라지기 시작한 것도 대략 40년 전이다. 그래서 이제 우리는 직접 주유탱크에 주유기를 집어넣고, 영화관에서 도움을 받지 않고 스스로 좌석을 찾고, 쇼핑을 하려면 내 손으로 카트에 물건을 집어넣는다. 또 스스로 혈압을 체크하고, 쓰레기를 분리해 버리고, 집수리를 할 때 낡은 벽타일을 내 손으로 직접 부수고 떼어낸다. 호텔업에서는 '셀프서비스'가 떠올랐다. 이제 서비스란 우리가 조식뷔페에서 직접 음식을 가져다 먹어도 된다는 뜻이 되었다. 슈퍼마켓에서 과일의 무게를 재는 것을 깜박했으면 다시 저울이 있는 곳으로 되돌아가야 한다. 어떤 슈퍼마켓에는 손님이 구매하는 모든 물건을 계산원의 도움을 받지 않고 직접 스캐너에 찍어야 한다.

메가트렌드 DIY는 1세대, 2세대 전에 우리의 아날로그 일상을 좌지우지하기 시작했다. 20세기 말에 이르자 이제 디지털 혁명이 일어났다. 눈 깜짝할 사이에 그때까지 한 가지씩 순서대로 진행되던 방식은 둑이 무너지듯 일시에 사라졌다. 1990년대부터 "직접하라!"가 거센 속도로 모든 생활 영역을 파고들었다. 화폐는 온라인으로 전 세계를 돌고, 가스 및 전기세, 보험료는 인터넷 뱅킹으로 지불하고, 휴가 여행은 여행사를 방문하지 않고 마우스 클릭으로 예약한다. 고위급 관리자, 의사, 변호사들은 더 이상 비서를 통해 의뢰인과 서신왕래를 하지 않고 직접 의사소통한다. 이메일 덕택이다. 대학에서는(통신대학을 말하는 게 아니다) 온라인 학습이 유행이다. 학생들은 이제 새벽 2시에도 학습 모듈을 불러들여 공부할 수 있다. 강의실은 텅 비게 된다.

우리가 모든 것을 내 손으로 한다는 것은 장점만 있는 것처럼 보인다. 버튼 하나만 누르면 만사가 해결되고, 더 이상 기다릴 필요도 없다. 상점 개점 시간에 매이지 않아도 된다. 물건을 더 비싸게 주고 산 사람은 자기 잘못이다. 세상은 더 간단해진 것만 같다. 이 모든 것이 큰 자유로 인식된다. 실제로 그렇기도 하다. 문제는 단지 우리 인간이 너무 복잡하게 얽힌 존재인 까닭에 이 큰 자유를 가지고 그다지 많은 일을 시작하지 못한다는 것이다. 이때 많은 사람들의 경우, 정신이 제대로 돌아가지 않는다.

앞 장에서 완벽한 이미지를 좇는 현상으로 인해 우리가 어떻게 되는지, 그리고 그 현상이 사회의 운명에 어떤 영향을 미치는지를 설명했다. 이제 나는 이른바 엄청난 자유가 실제로 어떻게 해서 주어지는지, 그리고 왜 하필 이 많은 자유가 우리의 의지력 상실을 가속화하고 결국 타인이 우리의 인생을 조종하게 만드는지를 밝히려 한다. 성인이 된다는 것은 이런 게 아니다.

## 수많은 선택을 강요당하다

공항에 있는 무인발권기 앞에 서면 나는 절망감이 들지도 모른다. 사실 나는 비행기가 출발할 때까지 시간을 여유 있게 보내고 싶고, 머릿속으로 목적지에서 할 강연 준비를 하고 싶을 수도 있다. 하지만 나는 그 대신 무인발권기의 기계논리를 이해하려고 머리를 싸매야 한다. 교묘하게 고안된 화면의 지시를 차근차근 따르는 것은 사실 어린애들이 하는 놀이와 비슷하다. 그러나 나는 어린애처럼 놀고 싶은 생각이 전혀 없다. 신분증이나 탑승권 교환권을 틈새로 집어넣을까, 아니면 16개 숫자의 예약 번호나 신분증 번호를 직접 입력할까 등의 생각을 하고 싶지 않은 것이다. 무인발권기는 내가 결정을 한 가지 하고 나면 또 다른 것을 묻는다. 예컨대 내가 VIP 고객인지 아닌지를 확인한다. 더 빠르게 좌석을 예약하길 원하는가? 그렇다면 어느 좌석을? 나에겐 어느 쪽 좌석이 더 좋을까? 비행기가 착륙한 후 최대한 빨리 비행기에서 나올 수 있는 좌석인가? 아니면 아직 예약 가능한 몇 안 되는 뒤쪽 창가 좌석을 원하는가? 항공사마다 발권기가 서로 달라서 매번 자동기기의 논리를 새로이 생각해내야 한다. 다시 말해 나는 새롭지만 완전히 쓸데없는 것에 신경을 써야 하는 거다.

한번은 내가 바빠서 서두르다 신분증을 잘못 집어넣는 바람에 20분이나 지나서야 겨우 공항 직원에게서 신분증을 돌려받을 수 있었다. 공항 직원은 나와 마찬가지로 몹시 좌절한 표정이었는

데, 아마 각 층마다 있는 무인발권기를 수십 번쯤 열어야 했던 것 같다. 그 후로 나는 자동 기기 앞에 서면 뭔가 잘못할까 봐 전보다 더 많이 불안해하게 되었다. 나는 바보같이 보이고 싶지 않다. 다른 여행객들도 역시 기가 꺾여 풀이 죽는다. 공항 직원에게 도움을 청하면 신속하고 신중하게 일처리를 해주기는커녕 마치 학교 선생님처럼 기기 옆에 서서 승객들에게 이래라저래라 지시한다. 승객이 스스로 모든 과정을 터득해야 마침내 배우게 된다는 식이다. 교관의 자세로 서서 말투도 걸핏하면 이런 식이다. "자, 어르신, 이제는 좀 알아들으셨나요?" 이 같은 불쾌한 돌발 사건들 때문에 도망치고 싶은 생각이 솟구친다. 시의원 카드를 가진 사람들이나 체크인을 전혀 아무렇지도 않게 해결하고 지나간다. 그들은 너무 자주 비행기를 타고 다닌 터라 잠을 자면서도 처리할 수 있는 것이다.

나는 모든 것을 제대로 하고 또 모든 것을 이해하고 싶어 하는 세대에 속한다. 내 아이들은 그런 상황을 훨씬 편안하게 즐기듯 대처한다. 나는 아이들에게 물었다. "너희들도 나에 비해 적지 않게 실수하는데 너희들에게는 실수가 그리 대수롭지 않은가 보지?"라고 말이다. 하지만 아이들도 나처럼 스트레스를 받는다는 점은 매한가지다.

그래서 어떻다는 건가? 그게 그리 큰 문제인가? 그렇게 마음이 놓이지 않으면 조금 더 일찍 공항에 가서 느긋하게 체크인을 할 수 있지 않은가? 그렇다, 물론 큰 문제는 아니다. 하지만 이는 일 년에 몇 번 정도만 공항을 이용하는 수준의 문제가 아니다. 우리는 날마다 실제로 전혀 관심이 없는 일에 매달리도록 강요를 당한다. 그런 일 때문에 우리는 끊임없이 새로운 생각을 쥐어짜야 한다. 그런 일들은 우리에게 묻지도 않고 최소한 두 가지 선택 중에 하나를 신중하게 재고 목적에 맞게 선택해야 하는 상황으로 몰고 간다. 달리 말하면 우리는 예전에는 필요 없던 수많은 선택을 강요당하는 것이다.

몇 세대 전에는 강력한 강제성이 지배했다. 자연과 전통이 우리를 손아귀에 쥐고 있었다. 겨울이면 창고에 가서 감자를 꺼내왔다. 그 시절에는 지금처럼 슈퍼마켓에서 체리토마토를 사야 할지, 대추토마토를 사야 할지 결정하지 않았다. 자동적으로 쌓이는 페이백 포인트로 대체 무엇을 하는 게 좋을까? 프라이팬을 선택할 것인가, 주유권을 선택할 것인가? 옛날 가구공의 아들은 14세가 되면 당연히 가구공이 되는 교육을 받았고, 한눈에 다 볼 수도 없는 수천 가지 교육의 가능성은 존재하지 않았다. 일을 한다는 것은 실제로 무엇을 만드는 것을 뜻했다. 만드는 과정이 80주나 걸리더라도 말이다. 오늘날 한없이 확대된 여가 시간도 한 가지 결정 후에 또 다른 결정을 하게 만든다. 누구와? 어디로? 어느 레스토랑에? 무슨 영화를 보지? 어떤 옷을 입어야 하나? 기타 등등.

내 생각에 오늘날의 생활이 옛날보다 속도가 훨씬 더 빠르게 느껴지는 이유는 속도의 측정이 분 단위로 이뤄져서가 아니라 우리가 결정을 내려야 하는 것들이 많아졌기 때문이다.

이제 나는 다시 한 번 힘주어 단언한다. 우리에게 과도한 요구를 하는 것은 상품의 가짓수가 아니다. 결정에 대한 가능성이 과하게 주어진 것에 대해 우리는 안절부절못한다. 몇 년 전 뇌과학자이자 뮌헨대학교 임상심리학과 교수인 에른스트 푀펠(Ernst Pöppel)은 '2만'이라는 수를 내놓았다. 사람이 하루에 2만 가지를 결정한다는 것이다! 아무리 그중의 90퍼센트가 무의식적으로 진행된다고 가정해도 실제로 생각을 해야만 하는 결정이 2000가지나 된다. 일상의 결정, 복잡한 결정, 생명을 좌우하는 결정⋯⋯. 사람이 하루에 잠자는 여덟 시간을 제외하면 1분당 두 번을 결정해야 한다. 게다가 매번 의식을 가지고 신중하게 고려하는 결정은 한층 더 복잡한 일이다.

전 세계적으로 알려진 예가 있다. 사람들 대부분은 휴대전화 요금제를 잘 선택하기가 너무 어렵다고 불평한다. 바로 그 문제를 좀 더 자세히 살펴보자.

## 결정 앞에 무능해지는 이유

2015년 1월 휴대전화 판매대의 모습이다. 4개의 네트워크 체제, 50개가 넘는 이동통신사 그리고 600가지가 넘는 요금표가 있

다. 600가지다! 택일 가능성이 너무 복잡하게 짜 맞추어져 있는
바람에 한눈에 비교하는 게 불가능하다. 휴대전화 요금 하나를 결
정하는 데 수많은 개별 결정을 조합해야 한다. 신중하게 생각하고
거듭 고려해야 하는 매개변수들은 다음과 같다.

- 어떤 통신사를 선택하는가? 텔레콤, 포다폰, O2, e+?
- 어떤 통신사에 어떤 통신의 결함이 있는가?
- 내 휴대전화에는 어떤 USIM 카드가 내장되었나?
- 초당 몇 킬로바이트(KB)를 원하는가? 3600킬로바이트로 충분한가?
- 통신사에서 지원금을 주는가?
- 기본 요금이 있는가?
- 계약을 온라인상에서 하면 할인 혜택이 있는가?
- 무료 통화 및 무료 문자는 1개월당 얼마나 제공되는가?
- 정액제 요금으로 하는 게 좋은가?
- 어떤 정액제 요금들이 있는가? 월 250MB 또는 3GB?
- 모든 네트워크를 이용할 수 있는 정액제 요금이 있는가? 그렇지 않다
  면 어떤 네트워크를 이용할 수 없는가?
- 내 친구들은 어떤 통신사를 이용하는가?
- 계약 기간은 언제까지인가?
- 몇 달간 무료 제공이 되는가?
- 국제 전화요금은 얼마인가?

· 국외용 패키지가 있는가? 만일 있다면 어떤 특징이 있는가?

· 계약에 보너스 조건이 있는가?

· 내가 쓰던 번호를 그대로 쓸 수 있는가?


　내가 이 목록에 정말 모든 변수를 적은 것인지 도무지 모르겠다. 아마 당신도 몇 가지 다른 변수를 더 떠올릴 수 있을 것이다. 휴대전화 요금제에 말 그대로 종잡을 수 없이 많은 변수가 조합되어 있다. 계약할 때 휴대전화 모델 사양까지 추가해야 한다면 복잡함은 다시 한 번 배가된다. 여기서 한 가지만은 분명하다. 휴대전화를 하나 사기 위한 결정이 다 끝날 때까지 참는 것은 정말로 견디기 어려운 일이다. 그 많은 요구는 진짜 미친 짓이다! 그리고 우리가 그 일을 하는 것도 미친 짓이다.

　물론 기꺼이, 최대한 뚜렷한 정신 상태로 거쳐야 하는 모든 단계를 끝까지 해내는 사람들도 있다. 싼 요금제를 찾아내는 게 큰 행운의 기쁨을 줄 수 있다. 하지만 휴대전화 요금제 결정에 모든 사항을 꼼꼼히 따지자면 믿을 수 없을 만큼 많은 시간이 들어간다. 빨리 한 가지를 선택하라고 독촉하는 또 다른 결정들이 눈덩이처럼 불어나는 시간이다. 기다리는 손님들의 줄은 점점 더 길어진다.

　하지만 깃대 꼭대기에 도달하려면 아직도 한참 남았다. 우리가 검토해야 할 결정들이 끊임없이 솟아난다. 거기에 지속적으로

갱신과 변화가 생겨나 이미 오래전에 내린 결정마저 새로운 결정에 의해 취소해야 하는 일도 일어난다. 예를 들어 자동차 보험을 보자. 퀄른연구소의 서비스가치 연구를 보면, 비록 매우 큰 만족도(95퍼센트의 고객이 자동차 보험사의 성과를 전체적으로 '훌륭하다', '매우 좋다', '좋다'라고 평가했다)를 보였음에도 불구하고 설문 응답자의 40퍼센트가 다른 보험사로 바꿀 것을 고려하고 있는데, 그들은 특히 보험료가 더 낮은 다른 보험사를 찾고 싶어 했다. 하지만 다른 보험사의 보험료가 더 싼지 아닌지 알려면 정보가 있어야 한다. 그리고 계속해서 새로운 결정을 내려야 한다. 보험사를 바꾸지 말고 그대로 유지하는 쪽이 유리한가? 아니면 보험사를 바꾸겠다고 통보할까?

전부 다 그런 건 아니지만 너무나 많은 결정들이 우리에게 디지털 방식을 강요한다. 최신 매체를 비판하는 일은 간단하다. 소위 디지털 천성을 타고나지 못하고 성장한 사람들이 대부분 최신 매체를 매도한다. 그러니까 나 같은 사람이다. 하지만 나는 구별하고 싶다. 인터넷은 수많은 장점과 단순화를 대거 제공한다. 나는 휴대전화가 있어 기쁘기 그지없다. 내비게이션도 마찬가지다. 몇 가지 앱도 사용한다. 그런 도구들은 많은 일을 빠르고 손쉽게 할 수 있게 해준다. 하지만 이 모든 멋진 도구들은 우리의 문제를 한 가지 해결해줄 때마다 새로운 문제 열 가지를 내놓는다.

당신은 일본 화가 호쿠사이의 목판화 〈거대한 파도〉를 아는가.

집채같이 거대한 파도가 물보라를 일으키며 무섭게 몰려와 눈곱만한 작은 고깃배를 덮쳐 산산조각 내버린다. 내가 이 책에서 우리가 내려야 하는 결정의 가짓수가 점점 많아져 거대한 홍수처럼 밀려온다고 이야기할 때 바로 그 그림이 연상된다. 독자인 당신에 대해 떠올릴 때 내 연상으로는 간단하고 단순한 인지 한계에 굴복한 인간의 뇌가 떠오른다. 우리의 이성은 기적처럼 놀라운 것이지만 기적을 이루지는 않는다. 뇌 연구가이자 생물학자인 게르하르트 로트(Gerhard Roth)는 2008년 4월 〈차이트*Die Zeit*〉와의 인터뷰에서 이렇게 말했다.

"우리는 의식 영역에서 최대 세 가지 요소, 대개는 단 두 가지 요소만으로도 잘못 계산할 수 있다. 그 때문에 여러 요소들이 뒤섞여 그것을 차례차례 받아들일 수 없을 때 결정을 내린다는 건 몹시 곤혹스럽다. 합리적 결정을 내려야 할 때 인간의 이성이 얼마나 제한되어 있는지 놀라울 정도다."

자유의 본질은 우리가 결정을 내려도 된다는 것에 있다. 그런데 우리가 필요한 만큼 결정하지 못한다는 사실이 어이없을 뿐이다. 어떤 이는 이렇게 항변할지 모른다. 우리는 모든 것을 다 가지고 있는데, 모든 것을 다 사용하는 게 안 될 뿐이라고 말이다. 아니, 그와는 완전히 반대다. 즉 결정에 대한 요구가 더 많이 닥칠수록 우리는 결정하는 일에 더욱 무능해진다.

## 자극과 불안

당신이 친한 친구에게 선물을 사주려고 시내에 쇼핑을 간다고 해보자. 시나리오 A에서는 10월의 화요일 오후 시간에 쇼핑을 나섰다. 시내는 그리 북적이지 않는다. 당신은 주차장 입구와 멀지 않은 곳에 차를 세워두고 느긋하게 쇼핑을 즐긴다. 쇼윈도에서 마음에 드는 물건을 발견하면 매장 안으로 들어갈지 말지를 여유롭게 생각해본다. 당신은 걸음걸이 속도를 스스로 결정한다. 빨리 걷고 싶으면 빨리 걷고 천천히 걷고 싶으면 천천히 걷는다. 시야가 탁 트여 있으니 예전에는 한 번도 눈에 띄지 않던 숍도 발견한다. 그곳에서 당신은 마음에 쏙 드는 선물을 찾는다.

반면 당신이 쇼핑하는 날을 크리스마스 휴일을 앞둔 토요일로 잡은 시나리오 B의 경우라면 상황은 달라진다. 시내는 사람들로 넘쳐난다. 차를 주차하는 데만 30분이 걸린다. 거리에 사람들이 잔뜩 밀려오는 바람에 당신은 행인과 몇 번이고 툭툭 부딪친다. 시선을 돌리는 곳마다 기분이 언짢고 스트레스에 찌든 얼굴들뿐이다. 당신은 선뜻 매장 안으로 들어가지 못한다. 크리스마스 캐럴이 너무 시끄러워서다. 서둘러 다른 매장으로 발걸음을 옮기는 이유는 그곳이 다른 매장에 비해 손님이 적은 것 같기 때문이다. 현금 인출기 앞에서 너무 오랫동안 줄을 선 탓에 찬찬히 선물을 고를 시간이 없다. 드디어 집에 돌아와 정신을 차리고 보니 영 엉뚱한 물건을 사오고 말았다.

느긋한 쇼핑을 계획했지만 쫓기듯 정신없이 다닌 경험이 한 번쯤 있을 것이다. 그럴 때 인간의 심리 영역에서 일어나는 일을 살펴보면 흥미롭다. 즉 당신 주위에서 사람들이 바삐 움직이면 움직일수록, 진열품과 광고가 더 날카롭게 눈을 파고들수록, 뇌는 더 많은 입력 내용을 가지고 작업해야 한다. 그건 그럴 수밖에 없다. 당신이 피하고 싶은 사람들을 없애버릴 수는 없다. 그리고 야단스럽게 떠드는 소리 또한 피할 수 없다. 각 정보마다 당신의 결정을 원한다. 이건 뭐지? 이게 좋은 건가? 사람들한테 치이지 않고 어디를 갈 수 있을까? 크리스마스 전날 쇼핑 스트레스 속에서 당신은 더 이상 동기부여의 주체, 즉 결정하는 사람이 아니다. 여기서 당신이 시선을 어디로 돌리는지, 무엇을 하는지는 주변 환경이 결정한다.

이제 당신에게 일어나는 일은 바로 이렇다. 결정하라는 요구로 머리가 가득 채워진 당신은 지속적으로 자극된 상태에 빠진다. 당신은 더 이상 상황을 지배하는 주인이 아니라 외부의 자극에 의해 조종되는 것이다.

어느덧 매일이 크리스마스 기간과 다를 게 없어 보인다. 우리는 이러한 과도한 자극에서 결코 헤어 나올 수 없다. 온갖 결정사항으로 가득한 빽빽한 근무시간을 보내고 집에 돌아와 휴식의 오아시스를 발견하는 사람들은 극히 드물다. 바로 운동을 하러 가야 하나, 말아야 하나? 그냥 TV 앞에 멀거니 앉아 있을까? 스마트폰으로 게임이나 할까? 우리는 휴식을 취할 때조차 결정의 전투를 차례차례 벌이게 된다. 수영을 할까, 스쿠버다이빙을 할까? 빨간색 활강로를 탈까 검은색 활강로를 탈까?

우리는 이런 과도한 자극으로 흥분이 지속된 상태에서 결정 능력을 잃는다. 내가 지금 당신에게 하루에 200가지 결정 과제를 해결하라고 하는 게 아니다. 하루에 20가지 결정이다. 또는 두 가지 결정이다. 많은 사람들이 단 두 가지 결정도 더 이상 내리지 못할 것이다. 결정하는 주체가 마음대로 할 수 있을 때만 훌륭한 결정이 나올 수 있다. 판단은 반드시 필요한 거리와 간격이 존재할 때 가능해진다. 그리고 충분한 시간도 필요하다. 한마디로 말해 자극에 의한 흥분은 결정 능력의 적이다.

여기서 극적인 일은 이 작용이 자체 강화된다는 사실이다. 첫 출발 상태에 대한 반응이 다시금 출발 상태에 영향을 미친다. 우리의 경우는 다음과 같다. 즉 우리가 과도하게 흥분한 상태기 때문에 결정을 잘 내리지 못할 수 있다. 우리가 결정을 내리지 못하기 때문에 결정해야 하는 무거운 압박이 점점 더 커짐으로써 자동적으로 흥분도 점점 더 커진다. 결국 우리는 항상 더 잘못된 결정을 내릴 수 있다. 악순환이다.

이를 부추기는 또 다른 요인들도 있다. 그중 한 요인은 분위기가 집단에 전이된다는 점이다. 긴장된 사람들에게 둘러싸인 사람은 자신도 저절로 긴장되는 느낌을 받는다. 분위기 전이는 우리가 대항할 수 없는 방식으로 일어난다. 즉 긴장된 근육, 목소리, 태도 등이 직접적으로 주변에 있는 각 생명체에게 전이된다. 말이나 개를 기르는 사람들은 그 사실을 잘 안다. 기분이 안 좋은 기수를 태운 말은 아주 쉬운 연습에서도 실수를 저지른다. 그리고 개는 상대방이 불안해하고 스트레스를 받고 있다고 느끼면 갑자기 엉뚱한 짓을 하기 시작한다.

결정 능력에 부정적 영향을 끼치는 또 다른 요인은 불안이다. 잘못된 결정을 내리는 것에 대한 불안은 근거가 없는 불안이다. 우리는 흥분할수록 결정을 내리는 횟수가 적어진다. 그리고 만성 스트레스 상황에서 내린 결정은 그에 상응해 불확실하다. 우리는 실패에 대한 불안에 사로잡힌다. 그것이면 충분할까? 아니면 더 좋은 것이어야 했나? 그 물건이 정말로 쓸모가 있을까? 내일이면 가격이 더 내리지 않을까? 지금 사귀는 사람보다 더 좋은 사람이 있지 않을까? 내가 선택한 회사가 과연 연봉이 높은 괜찮은 곳인 가? 내가 잘 모르고 있는 건 아닐까?

그런데 실패 불안은 다른 형태로도 다가온다. 이를테면 불쾌한 상황에 처하는 것에 대한 불안이다. 이에 관한 예는 내가 겪은 공항 체크인 무인발권기 에피소드에서 이미 소개했다.

거기에 또 타인을 실망시킬 것에 대한 불안도 있다. 이것은 특히 젊은 층에서 많이 나타난다. 내 조카가 얼마 전에 들려준 얘기가 있다. 조카는 부모와 같이 외식을 하러 가면 곧 여러 가지 문제를 맞닥뜨린다고 한다. 그중 하나는 너무 많은 선택 사항이 있는 메뉴판에서 어떤 음식을 골라야 할지 모르겠다는 것이다. 이 현상은 특히 나이 어린 연소자들에게서 자주 나타난다. 아직 결정을 충분히 연습해보지 못한 이들은 일상에서도 극도의 어려움을 겪는다. 그리고 그들은 부모를 만족시키려 한다. 결국 부모가 식사에 초대한 게 아닌가. 그래서 조카는 너무 비싸지도 너무 싸지도 않은 음식을 시키려 한다. 또 채식주의자용 음식을 주문하면 또다시 토론이 벌어진다는 것을 안다. 머릿속에 수십 가지가 넘는 고민이 맴돌던 끝에 조카는 치킨 슈니첼로 결정하고 만다. 만일 조카가 "오늘 나오는 코스 요리는 많아서 다 먹을 수 없을 것 같아요"라고 말하면, 아버지는 "상관없어. 네가 남기면 내가 대신 먹어줄게"라고 한다. 그러면 조카는 또다시 어떤 음식을 시켜야 아무런 문제가 없을지를 고민해야 한다. 아버지가 치킨 슈니첼을 별로 좋아하지 않기 때문이다.

부모가 좋은 뜻으로 제안한 외식이 조카에게는 실제로 스트레스가 된다. 조카의 이런 반응이 과한 걸까? 그렇지 않다. **이해 가능한** 반응이다. 나는 당신이 아들, 딸, 학생 등등이 결정을 하나 내리는 데 심하게 망설이는 상황을 기억하리라 본다. 그것을 사춘기 탓으로 돌리지 마라! 그것은 실존하는 과도한 요구에 대한 신호다. 그리고 과도한 요구가 만들어내는 스트레스에 대한 신호기도 하다.

스트레스는 생각을 가로막는다. 스트레스 상황에서 뇌는 신경 전달물질인 코르티솔을 분비한다. 우리는 코르티솔로 인해 번개같이 반응해 공격하고, 달아나고, 죽은 체할 수 있다. 하지만 코르티솔은 대뇌피질의 넓은 부분을 차단함으로서 의식이 있는 생각을 차단한다. 그 결과 우리는 결정 상황에서 또 하나의 가장 중요한 동맹군인 직관도 상실한다.

## 스트레스로 직관을 놓치다

결정을 내리는 일은 이성에 의한 의식적인 사고와 무의식인 느낌, 즉 직관의 혼합으로 이루어진다. 직관은 전체 중 부분을 분석하지 않고 순간적으로 전체를 파악한다. 직관(intuition)의 개념은 '응시하다, 관찰하다, 숙고하다'를 뜻하는 라틴어 '인투에오르(intueor)'에서 유래했다. 직관은 의식 및 무의식에 의해 모든 개인적 경험과 인지의 총합을 반영한다. 그래서 무엇 때문에 그런 직관적 아이디어를 내고 행동을 했는지 누구도 정확하게 설명할 수 없다.

우리는 안정된 상태에서 행위나 생각에 완전히 몰두할 수 있을 때만 직관을 쓸 수 있다. 스트레스를 많이 받을수록 직관은 덜 맞아떨어진다. 그런데 잠깐, 지금 완전히 반대로 얘기하는 것 아닌가? 우리는 무엇보다 위험한 상황에서 직관을 따르지 않는가? 아니면 그렇지 않다는 건가?

2000년 11월, 오스트리아 카프룬을 지나던 승객이 만원인 상행 등산 열차가 터널 안에서 멈춰 섰다가 전소되어 155명이 목숨을 잃는 사고가 발생했다. 열차는 총 3.2킬로미터 터널 구간에서 530미터를 전진하다 곧 멈췄다. 갑자기 연료에 불이 붙어 열차 전체가 화염에 휩싸였기 때문이다. 그래도 승객 중 많은 이들이 불에 타는 열차 칸에서 탈출할 수 있었다. 사람들은 칠흑같이 깜깜한 터널을 빠져나가기 위해 패닉 상태에서 산 위쪽으로 몰려갔다. 가파르고 좁은 터널 속을 계속 걸어갔는데 터널은 이미 유독한 연기로 가득 찬 상태였다. 그 결과 산 아래 쪽으로 몸을 피한 열두 명만이 목숨을 건질 수 있었다.

스트레스와 위험 속에서 우리를 조종하는 것은 직관이 아니라 본능이다. 직관과 본능은 완전히 다른 신발이다. 본능은 우리로 하여금 태곳적 반응 패턴을 따르게 한다. 즉 무리를 쫓아 산 아래가 아닌 산 위로 도망치는 것이다. 본능은 너무나 오래된 것이라 오늘날까지도 종종 우리를 그릇된 방향으로 몰고 간다. 많은 연습을 통해서만 본능을 이길 수 있다. 그 때문에 응급의학과 의사들은 사고 현장에서 누구를 가장 먼저 치료할 것인지 결정하기 위해 본능에서 직관이 될 때까지 아주 오랫동안 훈련을 거듭한다. 오직 연습된 것만이 현대 세계에 적응할 수 있는 경험의 보물이 된다.

이제 간단하게 요약하겠다. 사회에 존재하는 결정에 대한 요구의 홍수가 우리를 부담스럽게 한다. 왜냐하면 우리는 **원래** 그토록 많은 결정을 내릴 수 있는 능력을 갖지 못했기 때문이다. 우리가 당하는 요구, 그리고 뇌생리학에 의해 우리가 할 수 있는 것 사이의 간극으로 인해 우리는 지속적인 흥분 상태에 놓인다. 자체 강화와 거부에 대한 불안이 상응해 다시 한 번 스트레스를 한층 높인다. 동시에 우리는 과잉된 정보 제공에 의해 자극 인자에서 자극 수용자로 돌변해 분위기 전이를 조장하고 더욱더 신경질적으로 변한다. 스트레스를 받는 우리는 더욱 긴급하게 필요한 직관을 버림으로써 나락으로 떨어진다.

그러면 이러한 파국의 순환에서 빠져나올 출구는 존재할까? 출구는 아주 간단하고 케케묵은 것이다. 즉 우리는 포기하고 만다. 단념하는 것이다.

### "나 대신 결정 좀 해주세요"

피트니스 트레이너, 웨딩플래너, 식이조절 상담사, 건강관리사, 인생 상담사, 커리어 코치, 반려견 훈련사, 성생활 코치, 취업 컨설턴트, 창의력 코치…… 이러한 목록은 임의로 더 많이 늘릴 수 있다. 일상생활에 존재하는 과도한 요구는 많은 사람들에게 타인이 결정해주기를 염원하게 만든다. '그냥 더 이상 결정할 필요가 없으면 좋겠어, 제발 소원이야!'

개별적 일에서는 물론 전적으로 정상이다. 예컨대 규모가 큰 파티가 예정되어 있어서 준비하는 번거로움을 덜고자 하는 상황이라면 누가 뭐랄 게 없다. 하지만 인생에서 매우 중요한 부분을 전문가의 손에 맡길 때는 문제가 된다. "제발 그 일을 대신 좀 맡아주세요. 나는 할 수 없어요." 부부치료 전문가가 대신 '이혼해야 하나 말아야 하나'를 결정해주어야 한다. 의뢰인은 코치에게 맡겨버리고 싶어 한다. 코치는 원래 옆에서 보조하는 역할을 하는 사람이기에 직접 조언하는 것을 피한다. 의뢰인은 매번 코치의 눈치를 살핀다. 코치가 이제는 뭘 하라는 거지? 지금 이직을 해야 하는 건가, 아니면 그대로 있으라는 건가? 이 말썽꾸러기 강아지를 줄에 묶어놓아야 하나, 말아야 하나?

과도한 요구에 시달리는 사람들은 손을 놓고 싶어 한다. 더 이상 결정을 내리고 싶지 않다. 다시 아이가 되고 싶은 것이다. 이처럼 책임을 전문가의 손에 넘기는 사람은 곧 세 가지 장점을 얻는다.

첫째, 100퍼센트 주목을 받는다. 그는 자신이 관심의 중심에 서 있다는 기분을 즐길 수 있다. 그런데 그건 상담이 진행되는 시간 동안에만 그렇다.

둘째, 편안한 기분을 느낄 수 있다. 이제 일을 정리해줄 전문가가 있다. 마침내 그는 혼자서 결정해야 하는 부담을 내려놓는다.

셋째, 만일 일이 잘못되었을 때에도 핑곗거리가 있다. "내가 그렇게 한 게 아니라고!"라는 평계는 결정을 잘못 내릴 것에 대한 불안을 감소시킨다. 하지만 어쨌든 잘못된 결정이 끼치는 파장은 똑같다.

상담과 코치를 받으려면 비용이 많이 든다. 그리고 해당하는 한정된 생활 영역에서만 문제가 완화될 수 있다. 구직에 대해 코치를 받는 사람은 여전히 소득세 신고와 인간관계에서 생기는 스트레스에 시달린다. 결국 상담과 코치로는 개별 문제에 대한 일시적인 완화만 얻을 수 있다. 여기서 더 나아가 완전히 결정을 포기하는 경우도 있다.

이런 태도를 '체념'이라고 한다.

체념의 의미는, 그야말로 결정을 더 이상 내리지 않는 것을 말한다. 그것으로 끝이다. 다급하게 재촉하는 상황에서도 결정은 내려지지 않은 채 방치된다. 체념한 사람들은 오로지 만사를 되는대로 내버려두기, 만사가 흘러가는 대로 맡기려는 단 하나의 바람밖에 없다. 그것은 의식적인 태도가 아니라 삶이 부여한 요구들에 대한 무의식적 항복이다. 이제 이런 소리를 한다. "휴대전화 요금제 선택은 나에겐 과도한 요구야. 난 할 수 없어. 그냥 적당히 선택해버리자. 지금 중요한 건 내가 편하고 싶은 거니까."

체념적 태도는 비록 첫눈에 알아챌 수는 없다 해도 도처에서 볼 수 있다. 공통분모는 책임을 미루고 결정을 타인에게 맡긴다는 것이다. 그 타인은 심지어 자신의 자녀가 되는 경우도 있다.

한 친구가 저녁 식사에 초대했다. 시간은 저녁 8시 반, 식탁에는 식욕을 돋우는 음식들이 준비되어 있는데 그 집의 네 살 된 아들 필립이 여전히 거실에서 날뛰고 있다. 필립은 한 시간 전에 벌써 저녁을 먹고 이를 닦았으니 한참 전에 꿈나라로 떠났어야 했고, 피곤한 하루를 보낸 어른들은 이제 편안한 휴식 모드로 전환하고 싶은 때였다. 하지만 어린 필립은 딴 계산이 있었다. 아이는 잠옷을 입은 채 어른들 다리 사이로 이리저리 돌아다니며 사방에 소파 쿠션을 던지고 깔깔거린다. 방문객은 표정 관리를 하느라 애쓴다. 부모는 별일 아니라는 듯 행동한다. 이때 갑자기 튤립이 담겨 있던 유리꽃병이 바닥에 떨어지고 만다. 불쾌한 소동이다. 필립은 잘못했다는 표정으로 엉엉 울기 시작한다. 그러자 아이 엄마는 참을 수 없을 정도로 화가 나 고함을 친다. "필립, 이제 자러 들어가. 더 이상 아무 소리도 내지 마, 알았지? 네 목소리는 듣기 싫다고!" 아이는 씩씩대며 뛰어가더니 투덜대며 침대에 털썩 눕는다. 그리고 5분도 안 돼 잠에 곯아떨어진다.

누가 필립이 자러 들어가는 시간을 결정했는가? 부모가 한 게 아니다. 필립이 스스로 결정했다. 네 살짜리 아이가. 이는 완전히 잘못된 것이다. 다시 말해 위아래가 거꾸로 뒤집힌 것이다.

나는 확언한다. 필립은 자러 가기 전까지 여러 가지 일을 벌여야 했다. 부모는 아이를 한 시간 전에 침대에 눕혀 재워야 했다. 이야기를 들려주며 재웠더라면 더없이 좋았으리라. 하지만 부모는 그러지 않았다. 왜냐하면 그게 피곤한 일이기 때문이다. 아이를 미리 재운다는 피곤한 일을 고민 끝에 결정하고 행동에 옮길 수 없기에 수동적 태도를 취한다. 부모에겐 이 자유방임주의에서 벗어나 아이를 침대로 보낼 수 있는 동기가 필요하다. 부모가 한 시간 전에 아이를 재우기 위해 나섰더라면 자리에 모인 사람들이 모두 편안한 시간을 보냈을 것이다.

나는 체념의 극단적인 한 사례를 생생하게 기억한다. 한 엄마가 다섯 살짜리 아들을 데리고 찾아왔다. 엄마의 능력이 한계에 달했기 때문이다. 아이는 세 살 때부터 엄마를 좌지우지했다. 식탁에서 엄마에게 반드시 특정한 스웨터를 입으라고 졸랐다. 만약 엄마가 그 스웨터를 입지 않으면 아이는 먹는 걸 거부했다. "왜 그래, 우리 아가, 자 먹어야지!" 예외는 통하지 않았다. 결국 엄마가 '제대로 된' 스웨터를 입자 아이는 음식을 먹기 시작한다. 게다가 아들은 정원에서만 변을 보는 게 버릇이 되었다. 화장실에서는 절대로 하지 않았다. 그러다 이웃이 그 장면을 목격하고 참견한 이후부터는 아이가 응가를 하고 싶다고 하면 가까운 숲으로 데리고 나가기 시작했다. 엄마는 그 일을 2년 동안 줄곧 이어갔다. 완전히 체념한 엄마는 결정과 권한을 다섯 살짜리에게 넘겨주었던 것이다.

체념은 고통 해소의 단기적 경험을 선사한다. 엄마가 아이를 데리고 하루에 두 번씩 숲으로 나가는 일은 그때그때 단기적으로 보면 가장 손쉬운 해결책이었다. 하지만 '결정 회피'는 장기적으로 보면 체념한 당사자만 지치게 만드는 게 아니다. 늘 그렇듯 다른 사람들도 고통받을 수밖에 없다. 그것은 각 가정만이 아니라 사회 차원에도 해당되는 얘기다.

## 체념한 사람들

2012년 독일에서 1789건의 신장 이식이 이루어졌다. 신장에 대한 수요는 약 8000건에 달한다. 여러 매체에서는 많은 사람들이 장기기증 증서를 작성하지 않는 이유가 이식 수술에 대한 불안과 두려움, 그리고 신뢰 부족 때문이라고 주문을 외우듯 지적한다. 하지만 매체가 거론한 이유는 대수롭지 않은 부분에 지나지 않는다는 사실을 다음의 수치가 보여준다.

2012년, 평소 장기기증 증명서를 지니지 않고 다니는 사람들에게 사망 시에 장기를 기증할 의사가 있느냐고 질문했다. 베르텔스만 재단과 바르머 의료보험조합이 제출한 자료에 의하면 응답자의 47.1퍼센트가 "네, 기꺼이 기증합니다"라고 밝혔고 14.6퍼센트는 "네, 전적으로 기증합니다"라고 답했다. 18세 이상의 모든 시민들이 장기기증 증서의 작성을 결정할 수 없는 이유는 틀림없이 여러 종류의 기증 중에서도 특히 장기의 문제이기 때문일 것이다. 단 8퍼센트의 사람들만 결코 자신의 장기를 기증하지 않겠다는 확신으로 기증 증서를 작성하지 않겠다고 대답했다.

타인의 생명을 구할 수 있는, 급하게 필요한 장기가 기증되지 않는 이유는 사람들이 대부분 결정을 내릴 능력이 없기 때문이다. 그들은 기증 증서를 작성하고 가방 속에 넣고 다니는 일을 결정할 수 없다. 이 경우에도 다시금 같은 현상이다. '언젠가는 하겠지. 지금은 아니야. 지금 나에겐 모든 게 다 감당이 안 되는 상황이니까.' 하지만 그들이 어느 날 아침에 놀랍게도 자신의 가방에서 증서를 발견한다면 잘된 일이라 생각할 것이다. "와, 멋진걸! 드디어 증서를 작성했네. 오래전부터 이걸 해야지, 해야지 하고 있었는데 말이야!"

우리 사회에 체념적 태도가 얼마나 많이 퍼져 있는지를 보여주는 또 하나의 예가 있다. 2001년부터 갤럽리서치는 독일 기업 직원들의 동기부여 상태를 묻는 설문을 실시해왔는데, 해를 거듭할수록 고개를 젓게 되는 결과가 나왔다. 설문에 응한 근로자 가운데 단 16퍼센트만이 자발적으로 기업을 위해 전력을 다해 일한다고 답했고, 67퍼센트는 규정대로만 업무를 진행한다고 응답한 것이다. 마음속으로 이미 사직한 상태인 근로자들의 수는 2002년부터 2012년까지 지속적으로 24퍼센트 증가했다. 2013년에 처음으로 이 부분의 수치가 17퍼센트로 감소했으나 그럼에도 불구하고 독일 직원 중 6명당 1명꼴로 업무를 기피한다고 볼 수 있다. 이 수치를 2014년 현재 직업인 4260만 명으로 옮겨 계산하면 독일 경제는 업무를 기피하는 700만 명이 넘는 사람들과 일하는 꼴이 된다. 그들은 절반의 힘으로 달린다. 기업은 그들이 한 발 더 나아가 적극적으로 파업에 들어가지 않는 게 천만다행이라고 할 수 있다. 갤럽리서치는 동기부여가 결여된 직원들로 인해 전체 경제에 미치는 손실이 1180억 유로에 이른다고 평가했다.

이때 체념한 사람들은 곧 세 그룹으로 볼 수 있다. 첫 번째 그룹은 700만 명에 이르는 이른바 실적이 낮은 사람들, 저성과자다. 이들은 자신이 부당한 대우를 받는다고 생각하고, 직장에서 과도한 요구를 받고 있거나 동료들이나 상사와 갈등이 있다. 이들은 직장 내 또는 직장 외부에서 다른 직업을 찾아보는 대신 일을 그냥 무리 없이 흘러가게 내버려두고, 자신과 타인이 고통받게 내버려두는 것에 만족한다.

두 번째 그룹을 보자. 이들은 극히 드문 경우에만 고민 끝에 문제에 신경을 써야겠다고 결정할 수 있는 상급자들이다. 이들은 '수행 – 관리 – 행동' 방식으로 구조 대상을 구조하려 시도하는 인사과 상사들이다. 하지만 이들은 언젠가는 이런 소리를 한다. "참는 것도 한계가 있지, 더 이상 두고 볼 수가 없어!"라고 한다. 그리고 곧 성과가 낮은 직원들을 채근하거나 심지어 해고해버린다. 앞의 예에서 거실에서 날뛰던 아이처럼 그들이 행동하기 위해서는 동기가 필요하다. 극단적 경우에는 다음과 같다. 회사가 지급 능력을 잃어야만 비로소 진즉에 기울어져 가던 회사는 수십, 수백,

아니 수천 명의 직원을 갑자기 한꺼번에 해고하고 만다.

　세 번째 그룹은 직장 동료들이다. 그들은 팀원들의 업무 결손을 자신이 더 많이 일하는 것으로 메우고 대부분 불평하지 않는다. 모두가 서로 불행하다. 다시 말해 성과가 낮은 동료 스스로도 다른 사람들과 마찬가지로 불행하다.


## 결정 회피자의 비극

　"저기 윗선에서 자기들 마음대로 우리를 부리는 거지."

　자주 듣게 되는 얘기다. 자신이 착취당하고 여기저기에서 치인다고 느끼는 이들은 통상적으로 실패자, 성공했다고 내세울 게 없는 사람들, 늘 불안해하며 수동적인 사람들이다. 그러니까 체념한 사람들이다. 왜냐하면 자신의 인생을 책임지고 적극적으로 사는 사람들은 인생설계의 가능성이 적다고 한탄할 이유가 크게 없기 때문이다.

　더 이상 결정을 내리지 않는 사람은 과도한 요구의 악순환에서 빠져나온다. 하지만 그와 동시에 적극적 인생을 만드는 것과도 작별이다. 체념한 사람들은 자신의 인생에 행사할 권한을 포기한다. 체념한 사람들은 무력하다. 다시 말해 자신이 방치되었다고 느끼고 희생자 역할 속에서 자신을 재발견한다. 하지만 세계를 지배하려는 야심을 가진 무시무시한 악한은 실제로 세상에 존재하지 않는다.

1980년대 혼성 듀오 유리스믹스(Eurythmics)의 노래 '스위트 드림즈(Sweet Dreams)'에 이런 가사가 나온다.

Some of them want to use you
어떤 사람들은 너를 이용하려 해

Some of them want to get used by you
어떤 사람들은 너에게 이용당하고 싶어 하지

Some of them want to abuse you
어떤 사람들은 너를 악용하려고 해

Some of them want to be abused
어떤 사람들은 너에게 악용당하고 싶어 하지

권력을 타인에게 넘겨주려면 항상 그것을 가진 사람이 먼저 내려놓여야 한다. 과도한 요구와 무의식을 통해 자신의 인생에 대한 권력을 내던져버리는 사람은 개개인이다. 때로 타인이 길거리에서 이 권력을 줍는다. 하지만 아무도 이 권력을 가지려 하지 않는 경우가 많다. 그러면 이제 전적으로 우연의 사건이 체념자의 인생을 만들어간다. 내 생각에는 이 경우가 첫 번째 체념자의 예시보다 훨씬 더 나쁘게 보인다.

체제이론(과학적 경험주의에 기반을 두고 체제를 탐구하는 학문으로서, 체제란 공통의 목적을 위해 상호작용으로 작동하는 부분 요소들의 집합체를 뜻한다—옮긴이) 학자이자 생물학자인 훔베르토 마투라나(Humberto Maturana)가 이런 말을 한 적이 있다.

"사람은 항상 자신이 원하는 일을 한다. 아무리 그가 사실은 자신의 의지에 반하는 일을 하는 것이며 강제로 뭔가를 하고 있다고 주장하더라도 말이다."(www.heise.de)

체념자의 자기기만은 더 나아가 가장 일상적인 일 그리고 가장 중요한 일도 강요당하기를, 즉 압박에 의한 것이기를 간절히 바란다. 그것이 모든 생활 영역에 동시에 해당될 필요는 없다. 어떤 이들은 자신의 인간관계에 관련된 일에서는 결정하는 것을 아주 좋아하면서도 직장에서는 결정의 권한을 기꺼이 위임하고 싶어 한다. 유감스럽게도 사회에 체념이 점점 더 큰 영역을 차지하는 추세다. 마치 도미노 게임과 같다. 다시 말해 체념이 우선 인격을 잠식해 들어가면 뒤이어 의지력과 추진력을 점점 더 약화시킨다.

결정 회피자는 비가 오면 아주 좋아한다. 비가 오니까 조깅을 하러 나갈 필요가 없기 때문이다.

결정 회피자는 독촉장이 와야 비로소 세금을 낸다.

결정 회피자는 상사가 독촉해서 일하게 되기를 바란다.

결정 회피자는 인생의 동반자에게 먼저 버림을 받아야 한다. 그래야 그는 드디어 자신을 더 행복하게 해줄 새로운 사랑을 찾는다.

결정 회피자는 인생을 적극적으로 살지 않고, 일이 저절로 흘러가는 대로 그냥 내버려둔다.

언젠가 결정 회피자는 외부의 자극이 없으면 더 이상 전혀 움직이지 않는 상태가 된다. 그는 자신의 의지력을 상실하고 타인이 결정해주기를 기대한다. 제발 일하라고 나에게 강요해주세요! 제발 돈을 내라고 강요해주세요! 제발 내가 해야 할 일이 뭔지 말해주세요!

이것은 말 그대로 자아 상실이다.

# 4장

# 노력은 피곤하다

2011년 2월, 버진 애틀랜틱 항공사 승무원 3000명을 대상으로 승객에게 서비스할 때 경험했던 기이한 일에 대한 설문조사가 이뤄졌다. 당시 항공사 웹사이트에는 놀랍기 그지없는 수많은 서비스 요청 중에 날이면 날마다 승객들과 승무원이 신경전을 벌이는 몇 가지 사례가 올라왔다.

"혹시 비행기 모터를 약하게 줄일 수 있을까요? 모터 소리가 너무 시끄러워서요."

"기류로 흔들리는 상태를 멈춰달라고 기장에게 전해주시겠어요?"

"기내에 맥도날드 햄버거가 있나요?"

"우리 아이를 놀이방에 데려가서 놀게 해주세요!"

이 얘기를 처음 접했을 때 나는 웃음을 터뜨렸다. 하지만 이내 실은 이게 결코 웃어넘길 에피소드가 아니라는 생각이 들었다. 그 반대다. 이 사례들은 내가 심각하게 걱정하는 계기가 되었다. 승무원이 자기 아이들을 데리고 놀아주는 일을 책임져야 한다고 생각하는 사람의 머릿속에는 대체 무슨 생각이 들어 있을까? 지상에서 11킬로미터 상공에 있으면서 어떻게 치질 연고와 손톱깎이가 당연히 구비되어 있을 거라는 생각을 할 수 있을까? 그리고 얼마나 자기중심적이면 창밖으로 더 좋은 광경을 보기 위해 여객기를 몇 천 미터 아래로 낮게 날게 하는 일이 가능함을 넘어 타당하다고까지 여길 수 있는 걸까? 승객들은 이와 같은 요구 사항들을 아주 진지하게 문의한다고 한다. 그러니까 이런 요청을 하는 사람은 자신의 관심사가 주목받기를 바라는 것이다.

이러한 요청들은 상상을 초월할 정도로 세상물정에 어두운 탓에 생겨난다. 그것도 나이가 들어 조금 막무가내인 할머니의 경우에 기꺼이 대응해줄 수 있는 종류의 무지가 아니다. 이성적 기준을 상실한 요구에서 나온 것이다. "와, 신난다, 이제 내 차례야"라는 신조에 따라 사는 사람들을 주위에서 본 적이 있을 것이다. 기내에서뿐만이 아니다. 치즈 판매대에서 긴 줄이 서 있는 와중에 당신 앞에 서 있는 손님은 너무나도 속 편하게 네 번째 치즈를 시식한다. 어떤 이웃 사람은 걸핏하면 같이 커피 마시러 나가자고 졸라댄다. 또 그가 현관 열쇠를 잃어버렸거나 아내가 퇴근할 때까지 한 시간을 혼자 기다려야 하기 때문이다. 이런 사람들은 모두 턱없는 요구로 주변 사람들을 함부로 대한다.

최근 들어 여기저기서 너무 심한 요구 사항에 대한 이야기들이 입에 오른다. 하지만 유감스럽게도 이는 완전히 반대 현상을 동반한다. 즉 상사의 기대 때문에 번아웃 상태에 빠진 동료에게 특별히 시선이 쏠리는 것이다. 또 부모의 욕심 때문에 자투리 여가 시간마저 없어진 아이에게 주목하게 된다. 과도한 완벽주의로 마침내 우울증에 빠진 사람들에게 시선이 간다.

맞는 말이다. 외부에서 지나친 요구를 받는 사람은 완전히 나가떨어질 수 있다. 우리 사회는 이 문제를 진지하게 받아들여 대책을 강구한다. 노동부, 보건복지부, 가족부에서 평소에 의사들이 해당 질병 증상에 대해 교육하라고 지시한다. 수많은 책에서 지나친 타인의 요구에 대응할 수 있는 방법들을 가르친다. 정치와 방송 매체들은 다름 아닌 번아웃 상태의 사람들에게 몰려가 이 비인간적인 시스템을 저지하라고 용기를 북돋운다.

이때 그와 정반대 현상, 즉 수많은 사람들이 내놓는 도를 넘는 요구들은 완전히 간과된다. 그에 대한 방안은 전혀 강구되지 않는다. 어떤 뉴스나 잡지에서도 이 주제를 중점적으로 다루지 않으며, 무의미한 요구로 업무가 마비되는 까닭에 국민 경제의 손실이 어느 정도 되는지에 대한 연구 발표도 나온 적이 없다. 심지어 국가와 고용주와 가정은 나 자신을 위해 만사를 요구하는 일이 너무도 당연하다는 태도를 한층 장려한다!


## 끝없는 요구사항

우리는 날이 갈수록 모든 것을 가질 수 있다는 극단적 암시에 방치되어 있다. 거기에 광고가 개입한다는 사실은 이미 진부한 얘기다. 광고라는 게 원래 욕구를 일깨우고 욕구 충족을 최대한 긍정적으로 내보이는 것이 아닌가. 광고가 감언이설로 우리를 혹하게 한다는 것쯤은 초등학생도 다 아는 사실이다. 하지만 광고에서 우리에게 하는 약속들은 정말로 거짓일 뿐일까?

아니, 그렇지 않다. 우리에겐 **실제로** 모든 가능성이 열려 있다. 오늘날에는 상점에 가서 어마어마하게 큰 TV를 집으로 가지고 갔다가 일 년 후에 돈을 지불해도 된다. 레고를 가지고 노는 어린이는 96가지 색으로 이루어진 7만 8000개의 다양한 블록을 만들 수 있다. 젊은 가족은 단 3만 유로의 자산으로 50만 유로짜리 집을 소유할 수 있다.

우리의 생활이 환상적이라는 것은 단순히 느낌만으로 그치지 않는다. 그것은 실제다. 현재 우리가 이룰 수 없는 꿈이란 거의 존재하지 않는다. 여러 달 걸리는 크루즈 여행을 예약하고 세계 각국에서 온 산해진미를 식탁에 올릴 수 있다. 2014년 9월 〈포커스 Focus〉에서는 초등학생 세 명당 한 명이 스마트폰을 가지고 있다고 보도했다. 사람들의 옷장에는 평생토록 입을 수 있는 것보다 더 많은 옷이 들어 있다. 돈이 없으면 할부로 지불하면 된다. 빚이 머리 꼭대기까지 쌓여도 그리 큰일이 일어나지 않을 수 있다. 2015년 7월부터 개인파산한 채무자는 채무를 완전히 다 갚을 때까지 월급 차감 햇수가 7년에서 3년으로 줄어들었다. 게다가 채무자는 그 기간 내에 채무의 1/3만 갚으면 된다. 나머지 빚은 면제된다.

모든 것이 가능하다. 그것도 곧바로 말이다. 디지털 혁명의 덕택으로 욕망이 싹트는 시간과 충족 간의 시간 간격이 점점 줄어든다. 베이비붐 세대는 1960년대에서 1970년대에 미국 어린이 드라마 '닥타리' 그리고 '엔터프라이즈 호'를 TV에서 보았다. 매주 고대하던 새로운 시리즈가 나왔다. 이후 모든 도시에서 비디오 대여점이 생겨나 사람들은 저녁에 볼 비디오를 점심시간에 고를 수 있었다. 곧이어 영화를 직접 선택해 보기 위해 집 밖을 나설 필요가 없어졌다. 인터넷으로 주문한 DVD가 다음 날 아침 우체통에 들어 있었기 때문이다. 오늘날은 스트리밍에 의해 간편하게 원하는 모든 영화와 모든 시리즈물을 즉시 볼 수 있다. 피자나 치킨이 먹고 싶을 땐 배달 서비스가 15분 후면 음료수까지 포함해서 문 앞에 음식을 가져다준다.

우리가 무제한에 가까운 가능성을 가지기 때문에 포기라는 말은 낯선 단어가 되어버렸다. 그리고 포기를 모르는 사람에게는 요구사항이 하늘을 찌르도록 솟아난다. 그래서 에어컨이 없는 중고

차는 그사이에 아예 팔리지 않는 물건이 되었다. 요구 트렌드는 끝나지 않는다.

그렇다, 모든 트렌드는 또한 역 트렌드를 만들어낸다. 2012년 상품 디자이너 모리츠 그룬트(Moritz Grund)는 자신의 책 《100 *Einhundert*》을 통해 자신의 소유물을 100가지로 제한하는 시도를 했다. 다른 이들도 자신의 요구 수준을 낮추려 시도했다. 자동차와 휴대전화를 포기할 수 있는 사람은 마치 악몽에서 벗어난 것 같은 기분을 경험한다. 그런데 과잉 제공에서 벗어나려는 이 시도는 만사에 과하게 넘치는 양에 대해 기준을 상실한 현상이 이미 오래전에 보편화되었음을 더욱 뚜렷하게 보여줄 뿐이다.

이 과도한 요구의 생각은 물질적인 부분에 그치는 게 아니다. 질병과 관련된 요구는 이렇다. 나는 건강할 권리가 있다. 그것도 내가 건강에 대해 상상하는 만큼의 권리다. 예를 들어 연방 정부의 통계에 의하면 2005년의 무릎 수술 건수가 14만 5000건에서 2011년 25만 건 이상으로 거의 두 배가 증가했는데, 그 이유는 다양하다. 고령 인구의 증가, 그리고 병원 측에 가해지는 긍정적 운영 결과에 대한 압박을 들 수 있다. 그중에 **한 가지** 이유만은 아무도 듣고 싶지 않을 것이다. 바로 환자 자신들에게 있는 이유다.

2013년 여름, 의료보험 공동 연방위원회 의장 요제프 헥켄은 '믿을 수 없이 증가한 환자들의 요구 행위'도 수술 건수 증가에 한몫했다는 발언을 했다가 궁지에 몰렸다. "수익 때문에 수술을 잡으려고 급급한 병원에만 문제가 있는 것은 아니다." 의장은 베를린의 유력 일간지 인터뷰에서 호소했다. "환자들이 수술을 더욱 자주 요구한다. 수술을 권하지 않고 그냥 며칠 침대에 누워 푹 쉬라는 처방을 내놓으면 무능력한 의사로 간주하는 환자들이 많다."

환자들은 이렇게 외친다. "6개월간 운동을 해야 하니 차라리 무릎 수술을 받겠다." 개개인은 노력을 기피한다. 자신의 행동으로 인해 다른 사람들이 어떤 대가를 치르든 상관없다. 또 많은 이들은 구경만 하고 아무 일도 하지 않는다.

더 나아가 요구 정신으로 사회에 해악을 끼치는 사람들이 옹호를 받기도 한다. 노르트하인-베스트팔렌 소방대 연합 대표는 2014년 1월 〈볼프스부르거 알게마이네 차이퉁*WAZ*〉과의 인터뷰에서 시민들이 순전히 자기 몸 편하겠다는 이유로 긴급 구조대를 부른다고 호소했다. "구조대를 불러 곧장 응급실로 가서 진찰받는 편이 전문 의사의 예약 대기 시간을 기다리는 편보다 낫다는 그릇된 생각을 하는 사람들이 있다." 물론 응급차에 실려 병원에 가는 것이 의사의 진료를 받기 위해 긴 줄을 서서 기다리는 것보다 훨씬 편하다. 이런 이기주의는 엄청난 비용이 들어가는 것에 그치지 않고, 경우에 따라선 실제 응급 상황에서 응급차가 제때 출동할 수 없게 만들기도 한다. 하지만 어떤 거리낌도 없이 가장 편안한 방법을 선택하는 사람들에게 책임을 추궁하는 대신 오히려 옹호를 하는 경우도 있다. 도르트문트 병원의 대변인은 심심한 이해를 보인다. "하지만 어떤 경우도 불필요하다고 할 수는 없습니다. 고통을 느끼는 정도는 개인마다 다 다르니까요."


## 우리가 정말 좌절을 피할 수 있을까

이 모든 예는 한 가지 사실을 암시한다. 개인의 좌절에 대한 저항력이 바닥으로 치닫는다는 사실이다. 우리는 물질적 부유함에 대한 기대 그리고 늘 행복한 기분을 바란다. 그런데 행복한 기분은 고통과 긴장이 없으면 흐려진다. 우리에게 결여된 것, 또는 요구되는 것이 있으면 그것은 부당한 요구라고 해석한다. 우리는 도전하지 않고, 참을성을 가지고 기다리려 하지 않고, 무언가를 이루기 위해 노력하지 않으려 한다. 이제 질문을 던진다. 그런데 이게 뭐가 잘못된 일인가?

마침내 오늘날의 생활권에서 살아가는 우리들은 탄생의 첫 울음부터 사망의 마지막 숨결에 이르기까지 평생 '무사히' 살아갈 수 있다. 먹을 수 있는 것보다 더 많은 음식이 있고, 안전한 집에 중앙난방은 말할 필요도 없다. 병이 나면 효과 좋은 의약품을 쓸 수 있고, 전쟁은 아득히 먼 나라에서 벌어진다. 우리는 일상생활에서 많은 것을 견뎌내야 할 **필요가 없다**.

그런데 이처럼 좌절을 피할 수 있는 세상에 살고 있으면서 절망, 긴장, 기타 요구들을 자신에게 가할 이유가 있는가? 우리가 풍족하게 살고 있으니 굳이 도전이나 노력을 하지 않고 산다 해도 아무 문제가 없는 것 아닌가?

그렇지 않다. 이런 생각은 완전히 잘못된 것이다. '풍족한 삶'의 변주가 가능하지 않은 두 가지 이유가 있다. 첫째, 지독하게 고집스러운 이기주의자도 좌절을 완벽하게 피할 수는 없다. 굉장한 요구를 내세우는 사람이 단 둘만 있어도 정면으로 충돌이 일어날 수밖에 없다. 다시 말해 그들은 둘 다 자신들에게 필요한 바가 모두 충족되기를 기대한다. 갈등은 예정된 프로그램이다. 두 이기주의자는 서로 행복해질 수 없다. 그러면 이기주의자들만이 우글거리는 사회는 대체 어쩌란 말인가?

둘째, 우리는 본성을 부인할 수 없다. 본성은 원래 풍족한 환경을 모른다. 수십만 년의 세월에 걸쳐 인간의 생활환경은 기아, 갈증, 추위, 질병, 투쟁적 논쟁 등이 특징이었다. 그런 곤궁들을 나날이 해결해야 하는 게 현실이었다. 험난한 시기에도 꿋꿋이 견뎌낼 수 있는 능력이 없었다면 인간은 결코 생존할 수 없었을 것이다.

인간의 정신은 많은 것을 견딜 **수 있는** 능력만이 아니라 견디**어야만 하는** 능력도 부여한다. 어떤 사람이 자신에게 닥친 일이 마치 빨간 장미의 비가 쏟아지는 것 같다는 표현을 쓸 때(독일 여가수 힐데가르트 크네프의 노래 가사. 열악한 환경에 굴하지 않고 자신의 자아를 찾겠다는 강한 의지를 표현했다─옮긴이) 그 의미를 정신과 의사인 나는 안다. 그에게는 지금 단지 엄청난 각성만 임박한 게 아니다. 각

성 결과는 한층 근본적이다. 즉 그는 인간의 가장 깊은 내면의 본질을 이루는 기본원칙에 반대한다. 왜 그런 것인지는 심리학의 아동발달단계를 통해 살펴볼 수 있다.

## 아동발달단계의 의미

구강기, 항문기, 환상기. 이것은 아동발달단계 중에서 첫 인생기인 유아기에 대해 통용되는 분류다. 이 발달단계 분류는 자연이 우리에게 부여한 것이다.

태아는 어머니의 자궁 안에서 공생관계에 있다. 9개월 동안 태아에게 모든 것이 마련된다. 즉 온기, 음식, 보호. 어머니의 상태가 좋으면 태아의 상태도 좋다. 생후 또 한 번의 9개월 동안에도 아기는 어머니의 배 속에 있을 때와 똑같이 걱정거리가 없는 보살핌이 즉각적으로 충족된다. 이때 아기에게 배고픔이란 좌절에 대한 저항력을 가질 필요 없이 즉시 해결되는 고통이다. 이 시기의 아기는 왜 자신이 어떤 것은 얻을 수 없고 왜 어떤 것은 기다려야 하는지를 결코 이해할 수 없다.

유아가 첫돌을 넘기는 시기를 구강기라고 한다. 아기가 무언가를 빨고 빨아먹을 때 쾌감을 경험하기 때문이다. 즉 어머니의 젖꼭지, 자신의 손가락, 발가락 등 손에 잡을 수 있는 것은 무엇이든 다 빤다. 이 단계에서 아기의 인생은 '나는 시중을 받는다. 내게는 부족한 게 아무것도 없다'는 경험으로 정의된다.

생후 약 9개월이 지나서야 비로소 한 번쯤은 참을 수 있는 능력이 생겨나기 시작한다. 아기는 차근차근 분리, 배고픔, 그 밖에 불편한 일을 극복하는 훈련을 한다. 구강기에서 얻은 경험에서 형성된 신뢰가 이제 아기가 단기간의 포기를 극복할 수 있도록 도와준다.

생후 2~3년이 되면서 아기는 항문기에 들어간다. 이때는 자신의 의지를 발견한다. 즉 아기는 배변을 참을지, 기저귀에 쌀지, 변기로 기어갈지를 결정한다. 그리고 가끔 자발적으로 하고 싶은 일을 단념할 수도 있다. 몹시 불안하기도 하지만 기꺼이 같이 노는 상대방에게 자신이 사랑하는 인형을 내어줬다가, 잠시 후 인형을 되돌려 받아 품에 안을 수 있게 되면 하늘을 날 듯 기뻐한다.

다음 발달단계를 정신분석가들은 환상기라고 일컫는다. 3~5세가 되면 아이는 유치원에서 돌아와 이야기를 막 조잘거린다. "오늘 사자랑 싸웠어요!" 이 시기의 아이들은 상상 속에서 모든 게 가능하다. 아이는 자신의 원하는 대로 세상을 만든다. 환상이 샘솟는다. 그리고 기다리면 좋은 결과가 있을 수 있다는 사실을 배운다. 가령 오늘이 크리스마스라고 했을 때 아이는 날이 어두워져야 크리스마스 축제가 본격적으로 시작된다는 것을 이해한다.

아동발달단계는 모두 한 가지 목적을 갖는다. 근육을 단련하는 것처럼 지속적인 연습을 통해 즐겁지 않은 상황을 견딜 수 있는 능력을 기른다는 것이다. 아이가 발달단계를 거칠수록 점점 더 욕구가 즉각적으로 충족되지 않는 경우를 이해하고 참을 수 있게 된다. 그리고 자신의 바람이 충족되지 않는 시간이 늘어날수록 참을성이 더 길러진다. 이러한 발달은 매우 중요하다. 이 과정이 없다면 아이는 평생 동안 주변 인물에게 지시를 하게 되기 때문이다.

아이가 학교에 입학하면 일상에서 일어나는 소소한 좌절을 처리할 줄 아는 법을 배워야 한다. 다른 아이들은 아이스크림을 먹고 있는데 자기는 아이스크림을 받지 못했다고 해서 땅바닥에 드러누워 악을 쓴다면 아직 학교를 다닐 만큼 성숙하지 못한 것이다. 공책에 글씨 쓰기를 여러 차례 시도했는데도 잘 써지지 않는 것을 견딜 줄 아는 게 바로 학습이다. 학습은 곧바로 결과가 나오지 않아도 계속 노력하고 행하는 것을 의미한다.

그렇다면 아동발달단계가 우리에게 의미하는 것은 무엇일까? 우리는 힘이 드는 노력은 되도록 피하고 당장 주어지는 즐거움을 누리는 게 더 좋다고 생각한다. 하지만 사실은 그 반대다. 좌절에 대한 저항력은 인간의 정상적 발달의 전제조건이자 동인이다. 이는 비단 어린이의 발달에만 해당되는 얘기가 아니다. 인간은 평생에 걸쳐 발달한다. 우리가 좌절에 대한 저항력을 늘 훈련하지 않으면 '근육'은 퇴화한다. 이는 치명적이다. 성인도 충족하려는 대상에서 실망을 견디고, 후퇴를 극복하고, 비판에 대처할 줄 아는 능력이 필요하기 때문이다. 노력하고 참을 줄도 아는 사람이 얼굴에 바람만 조금 세게 불어도 참지 못하는 사람에 비해 훨씬 더 충만한 인생을 얻을 기회를 갖는다.

## 장기적 이익과 단기적 욕구

나는 얼마 전 자동차 사고의 증인이 되었던 적이 있다. 교차로에서 차 두 대가 충돌하면서 운전자 중 한 사람이 다쳤다. 사고로 한참 통행이 불가능해서 수많은 차들이 길게 줄을 서 있었다. 신경질이 잔뜩 난 운전자들 중에 몇몇은 인도로 차를 몰아 긴 줄을 빠져나가려 했다. 구조대는 간신히 사고 현장에 차를 댈 수 있었다. 서로 뒤엉킨 사고차량 옆에 구조차가 서자마자 기다리고 있던 차들 중 한 대가 틈새를 파고들어서 구조차의 후미에 범퍼가 닿을 지경이 되었다. 운전자가 5미터를 더 전진하는 바람에 응급구조대원은 구조차의 뒷문을 열지 못해 부상자를 실을 수 없었다. 차를 바짝 댄 운전자는 수차례의 요청에도 불구하고 차를 움직이지 않다가 나중에 겨우 한 뼘 정도의 공간을 내주었다. 그는 요지부동이었다. 결국 응급구조대원이 다시 운전석에 올라 어렵사리 2미터쯤 앞으로 차를 뺀 뒤에야 부상자를 옮겨 실을 수 있었다.

이 이야기에서 "나는 그냥 계속 앞으로 달릴 거야. 아무도 날 막지 못해"라는 생각이 다른 이들의 모든 이해를 무시하는 무분별함으로 귀결된다는 사실을 알 수 있다. 내가 이런 사소한 에피소드를 소개하는 또 한 가지 이유가 있다.

운전자에게는 자신의 완고한 고집 때문에 교차로의 정체가 몇 분 더 연장된다고 해도 상관이 없다. 그가 겨우 몇 미터 더 확보하려는 걸 포기했더라면 모든 게 더 빨리 진행되었을 것이다. 결국 그 자신에게도 말이다. 하지만 그의 행동으로 일어난 결과는 그 자신의 입장에서는 문제 될 것이 없다. 자신의 행동이 장기적으로 어떤 결과를 부르는지 인식할 수 없기 때문이다.

장기적 이익을 위해 단기적 욕구 만족을 포기하는 것을 심리학에서는 '만족 지연(deferred gratification)'이라고 한다. 이는 심리학자 월터 미셸(Walter Mischel)의 마시멜로 실험을 통해 유명해진 개념이다. 미셸은 1960년대 말에서 1970년대 초에 어린이들을 대상으로 일련의 실험을 진행했다. 실험의 목적은 어린이들이 즉시 주어지는 욕구 충족을 과연 포기할 수 있는가, 그리고 어떤 조건에서 욕구 충족을 포기할 수 있는가를 알아내는 것이었다. 미셸은 탁자에 마시멜로를 올려놓고 네 살짜리 아이들에게 잠시 동안 그것을 먹지 못하게 했다. 그리고 그 약속을 지키면 보상으로 마시멜로를 하나 더 주겠다고 했다. 아이들은 탁자에 있는 마시멜로를 당장 먹겠다고 할지, 아니면 조금 참았다가 마시멜로를 두 배로 먹을지를 결정할 수 있었다.

이 과제를 수행하기 위해 현재의 단념으로 인해 미래에 무엇이 마련되어 있는지 상상해야 한다. 그리고 미래를 기다리기 위해 자기 자신을 제어할 수 있어야 한다. 구급차에 바짝 차를 댄 운전자는 미래에 대한 조망도, 자신에 대한 제어력도 갖추지 못한 사람이다.

그것은 허비된 몇 분의 시간, 그리고 한 이기주의자가 주변에 야기한 짜증으로만 한정되는 얘기가 아니다. 자신이 끼칠 손실에 대한 고려를 전혀 하지 않은 채 욕구를 채우는 데만 급급하면 훨씬 더 큰 위험에 처하게 된다.

## 배우는 법을 배우지 못하다

노력은 피곤하다. 노력하는 사람은 일시적 보상을 단념한다. 이 같은 단기적 고통은 애쓴 보람이 있었다는 보상으로 이어질 때 의미가 크다. 태고부터 인간에게는 늘 그랬다. 수천 세대에 걸쳐 인간은 그해 수확에서 얻은 한 줌의 낟알을 다 먹어치우지 않고 다음 해의 파종을 위해 남겨두었다. 특히 굶주리는 곤궁기에는 어마어마한 자제력이 필요했다. 하지만 저장해둔 종자가 있어야만 다음 해에도 생활이 이루어질 수 있다는 인간의 지식이 결정을 내리는 데 도움이 되었다.

이는 지금도 여전히 통용된다. 오늘 포기할 수 있는 사람만이 내일 좋은 수확을 얻을 수 있다. 그 사실은 예컨대 장인 시험을 치르는 수공업자도 안다. 그는 수입을 단념하고 몇 년 동안 일을 배우기 위해 작업장에서 수련 과정을 밟는다. 또한 수익의 일부를 새로운 설비에 투자하는 기업가도 이 원칙을 따른다. 투자가 없으면 생존의 기회가 없다. 국가도 이 원칙에 따라 행동한다. 또는 최소한 원칙에 따라야 한다. 예를 들면 국가는 학교 시스템에 큰 예산을 투입한다. (투입이 잘 이루어졌을 경우) 그에 대한 보상은 학생들이 졸업한 후 직업 교육이나 대학 공부에 충분한 역량을 갖추었을 때 비로소 눈에 보인다.

쾌락 원칙에 따라 사는 사람은 배울 수 없다. 왜냐하면 배움은 당장의 쾌락이 단념될 때만 가능하기 때문이다. 무언가를 배우는 과정은 재미가 없다. 재미는 무엇을 할 줄 알 때 비로소 생긴다. 마치 스키를 타는 것과 같다. 스키를 배울 때 계속 넘어지고, 바지 속으로 차가운 눈이 잔뜩 들어가고, 수십 번 리프트에서 미끄러지는 건 매우 힘겨운 일이다. 그러다 어느 날 혼자서 언덕을 질주해 내려올 때 비로소 즐거움이 생긴다.

배울 수 없는 사람은 발전할 수도 없다. 그리고 바로 여기에 모든 노력을 회피하는 것이 왜 전적으로 잘못된 것이냐는 질문에 대한 대답이 깃들어 있다. 마시멜로 연구를 실시하고 수십 년이 지난 후에 심리학자 미셸은 결과를 입증했다. 실험 당시 먹고 싶은 욕구를 즉시 채웠던 아이보다 마시멜로를 단념했던 아이가 어른이 되었을 때 더 큰 성공을 이뤘고 더 높은 사회적 지위를 가졌다는 것이다.

'평생 학습'이라는 개념이 요사이 부쩍 대두된 현상은 인간은 평생 배우는 존재라는 특징을 바로 복지사회가 제한해왔다는 사실을 드러낸다. 〈프랑크푸르터 알게마이네 차이퉁FAZ〉의 경영자 학교와 기업교육협회연구소가 공동으로 실시한 전문가 대상 설문 '2030년의 학습'의 결과가 발표되었는데, 직장인의 95퍼센트가 경영진이 교육을 계속 받으려는 자세가 되어 있어야 한다는 의견을 보였다. 하지만 일반 직장인들 역시 사무실에 들여놓은 새로운 소프트웨어를 한번 테스트해볼 생각조차 없는 경우가 다반사다.

우리는 결코 '교육을 완전히 마친' 상태일 수 없다. 심지어 배우는 법을 결코 배우지 못한 청년층의 몫이 충격적일 정도로 높다. 2014년 6월 웹사이트 '다양함을 통한 우월(Vorsprung durch Vielfalt)'에서 내놓은 발표를 보자. 다양한 경제 분야에서 조직된 30개의 전문가 및 전문분야 협회를 관장하는 라인란트-팔츠 기업연합 연방협회는 고등학교 졸업자의 25퍼센트가 직업교육을 받을 능력이 없다고 한다. 그들은 읽기, 쓰기, 산수와 같은 가장 기초적인 능력을 비롯해 경청, 조망, 숙고의 능력도 없다는 것이다. 사회능력-없음. 인내-결여. 새로운 것에 몰두하려는 의욕-대체 왜? 그런데 이 현상을 부디 이민자라는 배경과 관련짓지 말라. 모든 사회계층에 "자, 일을 시작해!"라는 장인의 지시에 아무것도 시작할 수 없는 도제들이 존재한다. 부유한 집 출신이든 형편이 어려운 집 출신이든 할 것 없이 몇몇 수습생들은 일요일 밤에 월요일 아침에 대해 생각할 줄 모른다. 즉 그들은 주말 밤에 클럽에서 놀다가 정신을 차리지 못해 다음 날 아침에 일하러 나갈 수 없는 지경에 이른다.

미래를 내다보지 않는 사람은 실패자 쪽에 서게 된다. 이는 개인의 입장에서도 이미 파멸이다. 사회 전체로 봤을 때 이 같은 발전의 중단은 치명적이다.

·

## 미래를 생각하지 못하는 사람들

나는 수십 년간 계속된 개발 지원 후에도 기능적인 공동체로 소생시키는 데 실패한 아프리카 지역의 사례를 알고 있다. 이 이야기는 시시비비를 분명하게 가리기가 적절치 않다. 그래도 나는 시시비비를 가리고자 한다.

그곳의 선량하고 다정한 주민들은 늘 '순간'을 살아간다. 다시 말해 미래에 대한 걱정은 하지 않고 현재에 모든 것을 바치는 사람들이다. 하지만 장기적으로 생각을 하지 않을 때 무슨 일이 일어나지는 이들의 사례에서 명확하게 볼 수 있다. 이 아프리카 마을의 제일 큰 문제는 물 부족인데, 일 년에 비가 몇 번 오지 않아 경작지에 물을 대기 어려웠다. 주민들은 나중을 위해 빗물을 받아둘 생각을 하지 않았다. 지원 기관에 의해 이미 만들어진 저수지도 전혀 활용되지 않았다. 척박한 경작지에서는 곡식이 미처

자라기도 전에 바싹 말라버리기 일쑤였다. 그 결과 극심한 식량 부족에 기아로 목숨을 잃는 일들이 벌어졌다.

마침내 서방 세계의 기부금으로 빗물 통이 있는 관개시설을 갖추게 되었다. 그러자 단기간에 식량이 확보되었다. 더 나아가 남는 농작물은 이웃 마을에 팔아 소박하게나마 복지를 이룰 수 있었다. 이제 모든 게 더 이상 좋을 수 없을 만큼 잘된 것 같았다. 18개월 후, 후원 프로젝트 책임자가 상황이 어떤지 살펴보기 위해 다시 한 번 이 마을을 찾았다. 그런데 관개시설은 망가지고, 빗물 통은 바짝 말라 있었다. 대체 무슨 일이 일어났던 걸까?

마을 촌장은 담뱃대를 이용해 담배를 피우는 사람이었다. 촌장은 이가 모조리 빠져 담뱃대를 항상 손에 들고 있어야 했다. 그러다 그 문제를 해결할 수 있는 기가 막힌 아이디어가 떠올랐다. 촌장은 관개시설의 도관 접합부의 패킹을 해체했다. 그러고는 담뱃대 자루를 패킹 입구에 넣어 고정시킨 후에 입에 물었다. 모든 게 완벽하게 들어맞았다. 촌장은 이제 손을 이용하지 않고도 담배를 피울 수 있게 되었다.

안타깝게도 이제 건조기를 대비해 저장해두어야 할 빗물은 다시금 모래 속으로 스며들어 사용할 수 없었다. 물이 절실하게 필요할 때 단 한 방울의 물도 없었다. 주민들은 관개시설이 마련되기 전처럼 다시 굶주리게 되었다.

구성원들이 오직 현재만을 살며 인내, 기다림, 단념, 투자할 능력을 소유하지 못한 사회는 결코 안정을 누릴 수 없다. 안정성은 언제나 장기성과 연관되어 있다. 미래를 내다보는 계획이 복지와 발전의 기초다. 물론 생존의 기초임은 두말할 것도 없다.

크나큰 걱정거리가 독일의 도처에서 단기적 사고의 회귀를 환영한다는 것이다. 예컨대 독일은 수십 년에 걸쳐 도로 보수공사에 돈을 너무 적게 들여왔다. 한편 그에 대한 경고의 목소리는 계속 간과되었다. 주택 소유자들은 보수공사가 제때 착수되지 않으면 비용이 거듭 더 많이 들어간다는 사실을 잘 알고 있다.

"아직은 괜찮다." 항상 이런 소리를 한다. 어느 날 더 이상 괜찮지 않을 때까지 말이다. 레버쿠젠 인근에 있는 아우토반 다리의 경우도 마찬가지다. 2012년 11월 말, 3.5톤 이상의 차량들은 밤새도록 통행금지가 되어야 했다. 그 후로 하루에 1만 4000대의 화물차가 그곳을 우회해야 했다. 좋게 표현하자면, '넓은 공간으로 돌아간다'고 한다. 더욱이 정체로 악명 높은 쾰른 지역을 관통해야 했다. 2015년 초에 다리를 다시 개방한다던 발표는 6개월 후로 연기되었다. 승용차의 경우, 이 A1 구간을 여전히 시속 60킬로미터의 제한속도로 지나갈 수 있다. 하지만 그마저 곧 불가능해질 수도 있다. 다리 통행을 완전히 차단해야 할 가능성이 높다. 약해진 다리 구간이 하루 평균 12만 대의 차량을 감당할 수는 없을 것이다. 서둘러 계획한 다리 신축 공사는 아무리 빨라도 2020년에야 완성된다. 진지하게 논의한 대안은 배에 차량을 실어서 라인 강을 건너게 하는 것이다.

"새 다리가 생길 때까지 그 다리가 유지될지 결코 장담하지 못한다"라는 노르트 베스트팔렌 연방 교통부 장관 그로쉬크의 발언을 전하는 앵커의 말이 마치 비웃음처럼 들린다. 그 발언 후로 몇 달 지나지 않아 그로쉬크 장관의 별명은 '다리 차단' 장관이 되었다. 그의 전임자들이 일을 그르친 것이다. 도로 및 다리 보수를 위한 돈은 충분했을 것이다. 아무리 대부분이 빌린 돈이라고 할지라도 말이다. 막대한 기금이 1970년대부터 수많은 지역에 체육관, 병원, 회의센터를 짓는 데 쓰였다. 기존 시설들을 보수 유지하면서 후속 비용을 고려하는 대신 새 건물들을 점점 더 많이 짓기만 했다. 800명 주민이 사는 지역에도 공용 옥외 수영장이 없는 곳이 거의 없을 정도다. 그러다 쏟아지던 돈줄이 갑자기 끊기고 빚을 지는 일조차 어려운 상황이 되었다. 그때부터 멋진 인프라들은 모두 시간의 이빨에 의해 사정없이 뜯겨 망가지고 각 마을들은 시설 건축으로 인해 빚더미에 나앉게 되었다. 그리고 마을 사람들은 빚을 삭감하기 위해 어디서 돈을 구해야 할지 더 이상 알지 못했다. 그 결과는 몇몇 옥외 수영장 물이 차가운 채로 방치되는 정도로 그치는 게 아니다. 더 나아가 기업의 세 군데 중 두 군데가 독일 교통망의 부족으로 인해 경제활동에 해가 된다고 대답했다. 이는 2013년 11월에 2800개 기업을 대상으로 실시한 설문조사 결과로, 2014년 2월 독일경제연구소의 정기 간행물에 나와 있는 자료로 자세히 볼 수 있다.

세계 어디에든 사람의 요구가 도를 지나칠 때 일어나는 결과를 이야기하는 동화가 있다. 독일에는 그림형제의 민담 〈어부와 그의 아내〉가 있다. 아내는 혼자 현재를 살고 있었다. 그녀는 더 원하고, 원하고 또 원했고 게다가 원하는 것이 당장 이루어져야 직성이 풀렸다. 남편인 어부는 아내에게 감히 안 된다는 말을 하지 못했다. 아내는 많이 받으면 받을수록 점점 더 불만이 쌓였다. 소원의 회전목마는 점점 더 빨리 돌았다. 그리고 아내는 자신이 가진 것으로 할 수 있는 게 점점 줄어들었다. 어떻게 어부의 아내가 왕이 될 수 있단 말인가? 어떻게 황제 또는 교황이 될 수 있겠는가? 어부의 아내는 아무것도 **될 수 없다**. 그녀에겐 오직 소원만 있을 뿐이다. 세상 어디에서 이와 유사한 동화를 듣든 결말은 같다. 도를 지나친 사람은 빈털터리가 된다는 것이다.

언젠가 세계의 모든 민족들이 깨달은 게 틀림없다. 자신의 욕구를 즉시 충족하려는 사람은 미래를 잃게 된다는 사실을 말이다. 그것도 두 가지 방식으로 미래를 잃는다. 첫째, 그 사람은 현재에 충실해 돈, 재화, 건강을 마구 낭비한다. 발전에 힘써야 할 다른 것들도 있다는 사실을 모르기 때문이다. 둘째, 그 사람은 자신에게서 발전할 수 있는 가능성을 스스로 빼앗는다. 그는 한 번도 노력하는 훈련을 하지 않았기 때문에 아주 적은 저항에도 극복할 수 있는 힘이 없다. 실제로 단 한 번의 강요에도 무력할 수밖에 없다.

그는 현재 아무것도 단념하지 않음으로써 미래에 더 이상 어떤 소원들도 충족할 수 없는 상태를 자초하고 만다.

미래를 생각하지 못하는 사람은 더 이상 미래를 갖지 못하기 때문이다.

5장

# 사랑받고 싶기 때문에

·

·

·

　학부모라면 '학부모의 밤'에 소풍 프로그램이 있다는 걸 알고 있고, 그 소풍이 어떻게 진행되는지도 안다. 아무리 날씨가 나쁘더라도 5킬로미터나 10킬로미터, 아니면 15킬로미터를 걷는 행사다. 그런데 소풍에서 '아무리 날씨가 나쁘더라도'라는 사항이 빠진 지는 이미 오래되었다. 학생들 대부분이 걷기에 적합하지 않은 신발을 신는다는 사실은 제외하더라도 학생의 절반가량이 당장 아프다고 호소하기 때문이다. 학생들이 한 30분 정도를 걸어야한다면 적어도 이벤트 하나쯤은 마련되어 있어야 한다. 실내 등반 프로그램이나 놀이공원 방문 같은 것들 말이다. 이로써 학급의 단체의식을 강화하는 본래의 목적 대신 놀이와 체험 요소가 전면에 배치된다.

학생들에게는 사파리 공원을 가는 일도 너무나 힘겹다. 그래서 별 다섯 개짜리의 안락한 버스가 학교 앞까지 학생들을 모시러 와서 가장 가까운 대도시의 보행자 전용도로까지 그들을 데려다준다. 그곳에서 학급은 작은 그룹으로 뿔뿔이 흩어져 쇼핑을 하러 간다. 교사들은 그사이에 커피를 마시러 간다. 늦어도 오후 2시 30분에는 학생들이 모여서 다시 버스에 올라야 4시 전에 집으로 돌아갈 수 있다. 애초에 계획된 박물관 견학은 일찌감치 취소된다. 아이들은 어차피 박물관 따위에는 관심이 없기 때문이다.

바이에른 주 문화부에서 소풍을 '공동체의 날'이라고 이름을 바꾼 데는 이유가 없지 않다. 공식적인 목적은 여전히 학생들의 공동체 의식과 사회적 태도를 장려하기 위함이다. 물론 날씨가 어떨지 아무도 모르는 까닭에 야외 활동은 아예 물 건너가고 실내 행사로 진행되는 추세다. 아이들이 비에 젖어서는 안 되지 않겠는가! 하지만 곰팡내 나는 볼링장이나 싸구려 피자집이 학급 공동체 의식 확립에 적합한 장소인지는 의심스럽다. 그럼에도 불구하고 소풍날이면 그와 같은 주변 오락장소나 음식점이 정기적으로 만석을 이룬다. 때로는 블록버스터 영화가 예약될 때도 있다. 그러면 학생들은 어두운 곳에 나란히 앉아 두 시간 동안 침묵한 채 액션 영화를 관람한다.

내가 독일 학생들의 '공동체의 날'을 다소 극단적으로 묘사했을 수도 있다. 행사를 다른 식으로 운영하는 기관도 있을 테고, 학급 학생들과 의미 있는 일을 하려는 열의에 차 있는 교사들이 있기도 하다. 하지만 어린 학생들이 뭔가를 강제당해서는 안 된다는 사항은 엄연한 원칙이다. 내 경험에 의하면 최고의 성적을 올리라고 어린아이를 무자비하게 몰아대는 타이거 맘과 타이거 대디는 극히 드문 극단적 경우다. 진료실에서뿐만 아니라 내 주변에 두루두루 그와 정반대인 케이스도 보인다. 이른바 '컬링 부모'다. 이 개념은 빙상 경기의 하나인 컬링에서 이름을 따온 것이다. 컬링은 컬링 스톤 앞에 있는 얼음을 솔로 쓸어내 컬링 스톤을 최소한의 마찰로 부드럽게 미끄러뜨려 표적 안에 넣는 방식으로 진행된다. 말하자면 저항 제거가 관건이다. 컬링 부모들은 먼저 나서서 아이들을 위해 길에 존재하는 장애물을 모두 제거해준다.

요즘 세태가 이렇다. 사회의 관점이 잘못되기라도 했는지 사람들은 어린이와 청소년들이 지나치게 과도한 요구를 받는다는 생각에 강하게 사로잡혀 있다. "아이에게 강요해서는 안 된다!" 이것이 오늘날 가정과 교육계의 규범이다. 아이들은 이제 레스토랑에서 의자 위에 올라가 날뛰다가 아빠 차의 뒷좌석에 앉아 차에 설치된 TV를 시청한다.

나는 앞 장에서 우리 **스스로가** 더 이상 많은 것을 요구하지 않고, 노력을 피하려 애쓰는 현상에 대해 설명했다. 뿐만 아니라 우리는 이제 **타인에게도** 더 이상 많은 것을 요구하지 않는다. 그 대신 모두가 파트너가 되어 토론한다. 예를 들어 가정에서는 이렇다.

## 토론 대신 일정한 태도를

한 가족이 나에게 상담을 신청했다. 열두 살과 열네 살짜리 두 아들을 데리고 온 부모는 인상이 좋은 사람들이었다. 두 아들 모두 건강하고 재능이 많았다. 하지만 큰아들이 가끔 자제력을 잃어 문제를 일으키곤 했다. 부모는 지나가는 말처럼 지난주에 있었던 사건을 이야기했다.

두 아들과 아버지는 지역 축구단의 열성 회원이다. 그리고 축구단에서 같이 연습하는 가족들과 친하게 지내며 여름에 경기가 끝날 때마다 모여서 그릴 파티를 연다. 그런데 얼마 전에 일이 일어났다. 청소년 선수단의 홈게임에서 심판이 큰아들에게 레드카드를 꺼내 들었다. 그러자 큰아들은 빠른 걸음으로 경기장을 가로질러 심판에게 가더니 심판의 정강이뼈를 냅다 걷어찼다. 규정상 아들은 탈의실로 보내지고 이후 세 경기에 대한 출전이 금지되었다.

집에 돌아온 후 아버지와 아들이 대화를 나눴다. 아버지는 아들을 타일렀다. "그런 행동을 해서는 안 된다는 걸 너도 알잖니!" 그런데 그게 다였다. 심판의 정강이뼈를 걷어찬 일에 대한 다른 조치는 없었다. 내가 소년에게 물었다.

"심판에게 사과했니?"

"아뇨."

"심판이 너를 신고할 수 있다는 사실을 모르는 모양이구나?"

"네?"

"너는 만 14세야. 판사는 너의 구타 행위에 대한 처벌로 사회봉사 250시간 명령을 내릴 수 있지."

소년은 내 말을 전혀 알아듣지 못하고 어리둥절해했다.

내가 소년에게 자신의 행동으로 인해 일어날 수 있는 결과를 자세하게 설명하는 사이에 부모는 마음이 불안해졌다. 그들은 당장 아들을 감싸기 시작했다. "그 정도로 심한 일은 아니었어요. 어쨌든 아무 일도 없었다니까요!" 부모는 사태를 축소시켰다.

아니다. 일은 분명히 있었다. 열네 살 소년이 만인이 보는 앞에서 순전히 의도적으로 심판의 정강이를 걷어찼다. 축구단에서 활동하고 있는 아버지도 그것을 보고 몹시 낯 뜨거웠을 것이다. 그럼에도 불구하고 그 행동으로 소년에게 미치는 결과는 아무것도 없었다. 다시 말해 소년은 어떤 일에 대한 반응으로 타인의 신체에 상해를 입혀서는 안 된다는 사실을 여전히 알지 못했다. 심판은 세 경기에 참여하지 못하게 한 처분으로 마치 모든 것을 해결했다는 듯 행동했고, 감독은 네 번째 경기에서 소년을 당연하다는 듯이 다시 합류시켰고, 같은 또래 선수들 중에서 아무도 "너 아직도 사과하지 않은 거야?"라고 묻지 않았다.

토론만으로 어린이의 태도를 변화시키는 일은 절대적으로 불가능한데 하물며 인식을 바꾼다는 것은 턱도 없는 일이다. 어린이가 정상적으로 발달한 경우라면 만 11~12세부터 때로 대화만으로 이해시키려는 시도를 할 수 있다. 물론 그러한 시도는 축구선

수 소년의 예와 같이 빠른 사춘기로 인해 실패로 끝날 수 있다.

토론은 때로 역효과를 내기도 한다. 왜냐하면 대화는 일차적으로 사실 관심과 애정이기 때문이다. 아이가 해서는 안 되는 일을 했다. 그런데 아이가 자신의 행동으로 예컨대 TV 시청 금지, 외출 금지 등 아무런 곤란도 겪지 않으면 부모는 아이의 잘못을 애정으로 보상하는 행동을 보임으로써 방향을 잃는다. 그 밖에도 토론은 공격성만 더 강하게 만들 때가 많다. 왜냐하면 아이가 끝내 말로만 "다시는 그러지 않을게요"라고 할 때까지 대화가 길게 늘어지기 때문이다. 이 '눈높이에 맞춘' 토론은 결국 아이를 목적에 굴복시키는 일에 지나지 않는다.

토론이 공격성을 분출하게 만드는 이유가 한 가지 더 있다. 기분이 나쁜 사람에게 기분을 더욱 나쁘게 만드는 기가 막힌 방법이 있다. 누군가가 다가와 그의 어깨에 팔을 척 두르고 이렇게 묻기만 하면 된다. "왜 그래? 기분이 안 좋아? 대체 무슨 일이야?" 경험상 다들 알고 있을 텐데, 사람은 분노와 절망을 조용한 곳에서 혼자 삭인 후에 차분한 마음으로 문제를 다루고 싶어 한다. 그렇지 않으면 감정이 격해질 수 있기 때문이다. 그렇지 않은가? 잘못을 저지른 아이가 '토론' 경기장에서 부모의 협공을 받을 게 뻔하니 그럴 때 아이는 전면적인 거부의 태도로 나갈 수밖에 없다.

물론 아이가 부모와 기꺼이 토론하고 싶어 할 때도 있다. 이 경우는 토론이 길어지면 길어질수록 아이에게 유리하다. 예를 들어 누가 설거지를 할 것이냐를 놓고 토론하는 경우 그렇다. 이유는 이야기가 길어지면 길어질수록 시간이 늦었으니 아이가 설거지를 하지 않아도 될 확률이 높아지기 때문이다. 얼마나 간단한가.

토론에서는 오히려 감정의 반영이 더 많이 요구된다. 만 3세부터 아이는 타인의 성향, 즉 상대방의 감정적 반응에 맞춰 행동하기 때문이다. 그 나이의 아이들은 특정한 상황에서 상대방이 어떻게 반응하는지를 보고 그것을 빨아들이듯 흡수한다. 지금 저 사람이 웃고 있나? 우는 건가? 나를 껴안아주는가? 기분이 언짢은가? 그렇기 때문에 부모의 반응은 아이에게 필수적인 삶의 지침이 된다.

부모가 아이들에게 일정한 태도를 요구하는 건 그리 어려운 일이 아니다. 뚜렷한 기준만 있으면 된다. 식탁이 다 차려지고 나면 저녁 식사를 할 수 있다. 빨아야 할 옷은 욕실 바닥에 던져놓지 않고 빨래 바구니에 집어넣는다. 생일 파티가 끝난 후에는 할머니에게 전화를 걸어 선물에 대한 감사 인사를 드린다. 이렇게 끈기 있게 아이를 가르치는 것만으로도 대부분 충분하다. 그리고 식당에서 마구 날뛰어도 되는지를 아이가 시험해보려고 할 땐 아이의 상대자로서 태도가 분명한 부모가 있어야 한다.

그런데 왜 부모는 분명한 태도를 보이지 않을까? 부모가 자신들의 실제 의무가 무엇인지 잊어버린 것이다. 아이가 성인으로 가는 길에 동반하면서 바른 태도와 방향을 알려주는 대신 오직 한 가지만을 원하기 때문이다. 즉 부모가 아이들의 사랑을 받고 싶어

하는 것이다.

## 파트너 관계부터 공생 관계까지

"네가 내 밑에서 사는 한⋯⋯." 1950년대 가정에서 아버지가 자식을 앞에 두고 말문을 열 때 으레 하던 말이다. 당시엔 가족 구성원 모두에게 저마다의 역할이 정해져 있었다. 아버지는 집에서 가장 윗사람이고, 먹이고 입히는 일을 담당하는 어머니는 아이들을 안아주지만 때로 큰소리로 혼내기도 하는 존재였다. "아버지가 오실 때까지 기다려!"라는 말에 아이들은 순종했다. 부모의 권위에 대한 의심은 존재하지 않았다. 그런 시절이 지나갔으니 참 다행이다!

1960년대 말에 들어서자 가족 구성원의 역할 분담이 크게 의문시되는 동시에 문제시되었다. 이제 낡은 권위를 따르는 건 옛날 일이 되었다. '부모도 실수한다.' 이런 인식으로 긴장이 크게 풀어졌다.

1970년대에서 1990년대까지 끊임없는 토론과 더불어 산발적으로 시행된 반권위주의 교육방식이 지나간 이후 고전적 – 직관주의 교육(직관주의 교육이란 코메니우스의 교육 사상으로, 교육의 실제에 있어서 실물에 의한, 또한 직접적인 사물을 통한 교육을 말한다—옮긴이) 또는 권위적 교육방식도 계승되었다. 권위적 교육방식이란, 부모와 자녀의 관계에 뚜렷한 서열이 존재한다는 의미다. 즉 어른의 세계와 아이의 세계가 존재했다. 당시는 아이의 귀와 눈에 적합하지 않은 것으로 간주되는 것이 존재했다. 예를 들면 부부 관계의 스트레스나 전쟁의 잔혹한 장면들을 들 수 있다. 그렇게 해서 성인들은 어린 자녀들에게 감정적·정신적으로 과도한 요구가 될 만한 것을 차단했다. 당시 토머스 고든(Thomas Gordon)은 1970년에 발표한 가족회의 모델로 크게 공헌했다. 가족회의에서 아이들도 결정을 내리는 데 같이 참여하기도 하지만 아이들은 원칙적으로 아이라는 점을 고려하고 그에 상응하는 보호 수준을 지켰다.

이처럼 권위를 적절한 수위로 행사하는 방식은 어른의 세계에까지 파고들어와 빛을 발했다. 예를 들어 기업에서 사장이 직원에게 말한다. "일을 **이렇게** 처리하세요." 그러면 직원은 이렇게 말할 수 있었다. "제 생각에는 **다른 식**으로 하는 게 더 좋을 것 같습니다." 그런 후에 직원이 합리적인 제안을 한 것인지 아닌지에 대한 결정은 사장의 권한이었다. 당시 사람들은 '너무 많은 존중은 하지 않지만 또한 너무 적은 존중도 하지 않는, 역할에 대한 분명한 태도, 거기에 목표에 같이 도달하고자 하는 소망'이라는 이상에 제법 가까이 다가가 있었다.

오늘날 우리는 도를 너무 지나쳤다. 첫째, **파트너 관계** 속에서 아이들은 '작은 성인'처럼 대우받는다. 부모는 아이들을 동등한 권리를 가진 파트너로 여기고 모든 대소사를 의논한다. 이때 아이가 겨우 네 살밖에 되지 않았다 해도 말이다. 의논의 범위는 "우리 어떤 피자를 살까?"에서부터 "엄마와 같이 살래, 아빠와 같이 살래?"에까지 이른다. 물론 아이도 가끔은 어떤 피자가 먹고 싶은지 결정해도 된다. 하지만 아이들이 매일매일 그런 결정을 내려야 한다는 것은 부담이 되고 과도한 요구를 받는 것이다. 모든 것을 고려해본 결과, 오늘날의 아이들에게는 아직은 전혀 가질 수 없는 자격이 부여되었다. 아이들이 배워나가는 역할들에 존재하는 강제성이 면제된다. 하지만 자신의 아이에 대해 뚜렷한 주관을 가진 상대자의 태도를 보이는 부모는 강제성을 경시하지 않는다. 반대로 아이를 파트너로 여김으로써 작은 성인으로 대우하는 어른은 정작 아이의 성장에 필요한 게 무엇인지 모른다. 그럼에도 불구하고 1990년대 초부터 파트너십 원칙에 따르지 않고 다른 교육방식으로 아이를 기르는 가정은 찾아보기 어렵다.

아이에게 더 나쁜 상황이 올 수 있다. 앞에서 설명한 것처럼 수많은 성인들이 일상에서 과도한 요구를 받는다고 느끼고, 자신을 불안정한 사람이자 고립되고 곤궁한 사람으로 인지한다. 성인들이 자신의 삶에 방향이 없다면 어떻게 자녀들에게 방향을 제시할 수 있겠는가?

둘째, 소아청소년 정신과 의사의 관점에서 보자면 방향을 잃은 수많은 부모들은 **투사** 상태에 있다(정신분석학에서 투사란 자기 자신이 납득하기 어려운 생각이나 감정 등을 인정하지 않고 남에게 돌림으로써 자신을 정당화하는 무의식적인 마음의 작용이다—옮긴이). 다시 말해 오직 아이들에 의해 부모들 자신의 신분이나 됨됨이 따위가 정해지는 것이다. 부모가 삶을 얼마나 잘 일궈나가느냐를 보여주는 척도가 바로 아이들이다. 예를 들어 아이가 학교에서 성적이 떨어지면 '내가 나쁜 아빠야!'라고 반응하지, '아이가 한눈팔고 수업을 잘 듣지 않았구나. 내가 아이를 도울 수 있는 게 뭐가 있는지 한번 봐야겠다'라고 생각하지 않는다.

이 반응 방식이 이미 너무 일반화되어 여기에 부모와 아이 사이에 두어야 할 적절한 거리가 결여된 사실은 더 이상 눈에 띄지도 않는다. 투사 상태에서는 권력관계가 근본적으로 뒤집힌다. 즉 위계질서에서 부모가 아이의 하위에 있으면서 아이에게 의존하게 된다. 아이가 부모의 구애를 받는다. 그럼으로써 부모는 성공했고 사랑을 받는다는 기분을 가질 수 있다.

무의식적인 감정 남용의 세 번째 단계는 **공생**이다. 이때 부모와 아이들의 관계에서 부모의 심리가 아이의 심리와 완전히 혼합된다. 공생 속에서 부모는 아이를 더 이상 아이로 인지하지 않고 자기 자신의 일부로 여긴다. 다시 말해 아이의 충동이 부모 자신의 충동으로 인지되는 것이다. 아이의 고통도 부모의 고통이다. 이런 고통을 피하기 위해 부모는 아이 주변에 있는 모든 걸림돌을 제거해준다. 이로써 아이가 정한 규칙에 따라 부모가 살게 되는 최종적 지점에 도달한다.

2008년에 내가 《왜 우리 아이들이 폭군이 되는가_Warum unsere Kinder Tyrannen werden_》를 출간했을 때만 해도 일부 가정은 고전적 - 직관주의 방식으로 아이들을 교육했다. 당시 파트너 관계, 더 나아가 투사 상태에서 길러지는 아이들이 많이 늘어난 현상이 무엇보다 우려스러웠다. 더욱이 진료를 하면서 공생 관계에서 성장한 아이들, 다시 말해 발달이 지속적으로 방해를 받는 아이들을 접하게 되었다.

오늘날 겨우 10년도 채 지나지 않은 시점에서 나는 교육관이 전반적으로 파트너 관계로 형성된 상태를 본다. 교육부, 교육자, 부모들이 아이를 파트너로 여기고 눈높이에 맞추어 길러야 한다는 데 예외 없이 의견을 일치한다. 유치원과 초중고교의 교육 콘셉트는 파트너십이 특징이다.

예를 들어 고전적 - 직관주의 교육 방식을 선호하는 유치원 여교사는 협동적 - 파트너십 교육관을 가진 부모가 맡긴 아이에게 식사 시간이 정해져 있다는 규칙을 가르칠 생각을 감히 하지 못한다. 때문에 아이들은 언제든지 주스 병을 빨아도 되고, 가방에서 간식을 꺼내 먹어도 된다. 그로 인해 그룹 활동이 원활하게 진행되지 않는다 해도 말이다. 다른 한편, 유치원이나 학교에서도 자신들의 이상에 따라 일관성 있게 기르고 싶은 부모들은 아이들을 대부분 먼 곳에 있는 교육기관으로 보내야 한다.

파트너십 교육관의 진행이 얼마만큼 나아갔는가 하면, 이제 직관적 교육 방식으로 길러진 아이들이 병이 들었다고 설명되는 지경에 이르렀다. 학교에서 건강검진을 하던 한 여의사가 비정상적으로 소극적인 태도를 보이는 여자아이를 발견했다. 여의사는 아이의 어머니에게 당장 정신과 상담을 받아보라고 했다. 어리둥절한 어머니가 아이를 데리고 나를 찾아왔다. 나는 아이에게서 이상한 점을 전혀 발견할 수 없었다. 여자아이는 나이에 걸맞은 태도를 보였고, 모든 면에서 아주 건강했다. 어머니와 상담하면서 일이 어떻게 된 건지 알 수 있었다. 아이는 학교에서 검진하는 의사에게 너무 교육을 잘 받은 태도를 보였던 것이다. 아이는 진료실을 마구 뛰어다니지 않고, 서랍을 함부로 열지도 않고, 진료실의 물건을 아무렇게나 흩어놓지도 않았다. 그리고 어른들이 이야기를 나누고 있는 사이에 버릇없이 끼어들지도 않았다. 질문을 받으면 아이는 신중하게 대답했다.

신체 건강하고 단계적으로 발달이 잘 이루어진 아이가 비정상이 되었다. 요즘 세상에는 분명한 태도를 가지지 못한 부모로 인해 한계를 알지 못하는 아이가 오히려 정상으로 여겨진다.

오해하지 않길 바란다. 나는 권위적 교육을 지지하는 게 아니다. 권위적 교육은 교육자가 기관의 힘을 빌려 권력을 행사했던 구시대로의 복귀다. 내가 말하는 교육은, 아이가 안심하고 성장할 수 있는 범위가 뚜렷한 활동 공간이 주어진 교육이다. 이때 아이는 자신의 행동이 곧바로 분명한 반응으로 연결되기 때문에 지금 자신이 무엇을 해야 하는지 명확한 지침을 얻을 수 있다.

　나는 요즘 부모들의 대부분이 무의식적으로 아이들과 공생 관계에 들어가 있다는 사실을 경험을 통해 말할 수 있다. 바로 그 때문에 아이들의 발달이 실패한 케이스들이 필연적으로 수집될 수밖에 없는 진료실에서만 공생 관계를 목격하는 게 아니다. 나의 일상생활에서, 즉 슈퍼마켓의 계산대 앞에서, 전철 안에서, 거리에서, 어른들이 공생 방식으로 아이들에게 일종의 폭력을 행사하는 장면을 본다. 어른들은 아이를 자신의 소유로 삼는다. 그럼으로써 어른들은 아이에게서 독립적 인성이 발달할 가능성을 빼앗는다. 다시 말해 아이가 해야 할 경험, 노력하는 것이 어떤 것이라는 경험을 어른들은 허용하지 않는다. 그리고 아이가 노력에 대한 보상을 누리는 법을 배우는 것 또한 허용하지 않는다.

　공생 관계의 진화도 나타난다. 몇 년 전에만 해도 보지 못했던 현상이다. 즉 투사와 공생의 오류 행동이 비단 부모 및 교육자와 아이 사이에서만 일어나는 게 아니다. 투사와 공생은 마치 새로운 숙주를 개척하는 바이러스처럼 이미 한계를 넘어섰다. 이제 성인 관계에서도 이 현상이 병리학적 장애로 나타난다. 성인 세계의 우리도 서로에게 더 이상 아무것도 요구하지 않는다는 사실을 우리는 쉽게 인식할 수 있다.

## 갈등만 없으면 된다?

여비서가 양면지를 이용해 1000쪽을 복사하라는 지시를 받는다. 복사기를 쓰면 그리 어렵지 않은 일이다. 여비서는 우선 홀수 쪽 종이를 복사하고 이어 짝수 쪽을 복사해야 한다. 하지만 여비서는 실수를 한다. 500쪽을 두 번 복사 설정을 해놓고 돌리다 보니 뒷면에 있어야 할 숫자들이 앞면에 보이는 게 눈에 띈다. 그럼에도 불구하고 여비서는 복사물을 그냥 묶어 상관의 책상에 올려놓는다. 상관이 실수를 지적하며 다시 복사해오라고 시키자 여비서는 그 자리에서 눈물을 뚝뚝 흘린다. 상관은 비인간적인 사람이 되고 싶지 않은 마음에서 여비서에게 우선 자리에 앉으라고 한다. 차 한 잔? 손수건? 몇 분 후에 여비서는 정신을 가다듬고 울어서 빨개진 눈으로 휴식을 취하러 간다. 충격에 놀란 가슴을 진정시키기 위해서다. 한편 복사본이 급하게 필요한 상관은 이제 직접 복사기 앞에 서서 1000쪽을 다시 한 번 복사한다.

파트너십 관계부터 공생 관계까지 이르는 부모와 아이들의 관계처럼 상관과 부하 직원과의 관계도 이상하기 짝이 없다. 물론 상관이라고 해서 꼭 군림할 필요는 없다. 하지만 상관은 부서의 업무가 원활하게 진행되게 주도해야 하고, 분명한 목표를 설정해야 하고, 좋은 성과가 나오기를 독려해야 한다. 그것이 바로 상관의 역할이다. 상관이 역할을 잘 해내야만 업무 결과가 좋아진다.

만일 예의 무신경한 여비서처럼 직원이 일을 하지 않으려 하면

한 번은 따끔한 말이 필요하다. 단호한 상관이라면 여비서에게 분명하게 지적하고 일을 다시 한 번 하라고 지시했을 것이다. 여비서의 입장에서는 속이 상할 것이다. 하지만 이런 방식이어야만 배울 수 있다. 물론 직원이 때로 일을 잘못해도 참을 줄 알아야 하는 것도 상관의 역할이지만 일이 제대로 되려면 단호함이 필요하다.

몇몇 상관은 소프트 스킬(soft skill, 기업 조직 내에서 커뮤니케이션, 협상, 팀워크, 리더십 등을 활성화할 수 있는 능력을 뜻한다—옮긴이)에 대한 오늘날의 열광을 심하게 오해한 탓에 상관은 무릇 부드러운 비단 손길과 같은 태도를 가져야 한다고 생각한다. 타인의 마음을 아프게 하지 않기 위해서다. 갈등만 없으면 된다. 이런 조화를 추구하는 것은 상관이 부하 직원에게 요구를 거의 하지 않는 결과를 낳는다. 상관은 몇몇 직원들이 왜 늘 회의에 늦게 들어오는지 이유를 묻지 않는다. 그리고 회의가 아무 결과 없이 끝나버려도 그냥 내버려둔다. 상관이 꼬치꼬치 캐묻고 일을 재촉하면 직원들을 불편하게 만드는 게 아닌가. 이처럼 자신의 직책을 행하지 않는 상관 때문에 업무의 질이 떨어지고 결국 기업의 질도 떨어진다.

우리는 때로 사람들에게 고통을 주어야 한다. 공공의 선을 위해서다. 자신을 선택한 유권자들에게 진실을 숨기지 않는 정치가는 유권자들이 바라던 공공시설 공사는 예산 범위를 넘어서 불가능할 것이라고 실토한다. 교사는 의자를 부순 학생에게 수업 후에 남게 하고 부모와 면담을 요청한다. 의사는 환자에게 약은 필요하지 않으며 대신 몸무게를 20킬로그램 감량해야 한다고 말한다. 나는 이런 사람들을 좀 보고 싶다. 하지만 나는 보고 싶은 사람들 대신 이런 말만 듣게 된다. "어휴 제발, 그만해요……." 왜냐하면 바로 한 가지가 고민이기 때문이다. 즉 우리는 사랑받고 싶기 때문에 해야 할 일을 내버려둔다.

우리 사회는 조화를 크게 강조한다. 하지만 조화를 이루기 위해 갈등을 무조건 피해야 하는 건 아니다. 조화는 역할과 임무가 분명할 때 비로소 찾아오기 때문이다. 조화는 모든 이들이 자신의 위치와 타인의 기대에 상응하는 바를 행할 때, 그리고 사람들이 서로를 신뢰할 수 있을 때 찾아온다. 조화롭게 **사는 것**은 지극히 행복한 일이다. 어떤 대가를 치르고라도 조화를 **얻으려** 하다 보면 오히려 경직된다.

갈등을 피하려 애쓰는 것이 더 많은 갈등을 야기한다. 상대방이 먼저 알아주겠거니 하는 기대를 하면 항상 실망하게 된다. 회피 전략은 지속적인 해결책을 주지 않고, 애매한 상황은 분위기를 악화시키며 공격성을 유발한다. 거기에 공격성을 터뜨리지 못하고 잠자코 있게 되는 상황이 벌어진다. 의사소통의 빈도가 점점 더 줄어들다 보니 문제는 더욱 첨예화되다가 마침내 그만두라는 경고나 사직의사를 동반한 갑작스러운 폭발로 이어진다.

그 관계가 부부 간이든, 동료 간이든, 직원과 상사 간이든, 친구 사이든, 성인들의 일상에는 갈등을 말로 풀어내고 해결책을 찾는 것도 포함되어야 한다. 그렇게 하지 않는 사람이 훌륭한 성과를 얻기란 불가능하다.

이제 요점을 짚어보자. 현재 우리 사회에 보편화된 집단밀착 분위기는 관계 장애를 동반하는 투사와 공생으로 설명된다. 아무도 감히 상대방에게 일을 잘하라고 요구할 엄두를 내지 못한다. 그러다가 자칫 상대방이 상처를 받았다고 느낄 수 있기 때문이다. 상대방이 상처를 받으면 나도 상처를 받는다. 따라서 말을 해도 되는 것과 해서는 안 되는 것은 대부분 본인의 판단에 의한 게 아니라 상대방의 감정을 상하지 않게 하는 쪽에 비중을 두고 결정된다.

하지만 고통을 피하려는 사람은 더 많은 고통만 만들어낸다. 그것도 자기 자신에게 말이다. 다시 말해 여비서에게 일을 제대로 하라고 요구하느니 차라리 자신이 직접 복사기 앞에 서는 상관과 같다. 하지만 그런 사람은 실제로 그 일과 전혀 관계가 없는 사람들에게도 큰 고통을 준다.


## 집단밀착 사회의 그늘

2014년 11월, 베를린 템펠호프 – 쇠네베르크 지역의 독일 사회민주당(SPD)와 녹색당(Grüne)은 수영장에 오는 다른 손님들이 쳐다보는 것을 피할 수 있도록 시립수영장에서 트랜스섹슈얼과 인터섹슈얼 등의 성소수자들이 그들만의 수영 시간을 정해서 이용할 수 있게 한다는 안건에 찬성한다고 발표했다. 그리고 수영장은 스포츠단체에서 사적으로 운영된다고 부차적으로 언급했다.

"안건 발의자가 밝힌 취지에 따르면, 수많은 성소수자들이 수영장에 갈 엄두를 내지 못하기 때문이다"라는 설명이다. 우선 뭔가 찜찜한 느낌이 드는 해명이고, 또 문장에서 눈에 띄는 점이 있다. 즉 발의자들은 해당자들이 아니고 해당자들은 발의자들이 아니다. 한 집단이 다른 집단을 보살펴준다. 이 또한 집단밀착의 징후를 드러낸다.

이는 공생의 경우에 해당한다. 즉 몇몇 시의원들이 어떤 소수자도 차별당하지 않아야 한다고 강력하게 주장한다. 여기서 나는 아이가 단 한마디만 해도 즉시 입에 쿠키를 넣어주던 어머니들이 떠오른다. 수영장이 한 달에 단 두 시간만 닫힌다 해도 그 시각에 수영장에 있는 성소수자들의 수보다 닫힌 수영장 문 앞에서 서 있는 일반 가족과 아이들의 수가 더 많을 것이라는 점은 발의자들에게는 아무 상관이 없다. 또한 해당자들에게도 상관이 없다. 해당자들에게 의사를 물어본 것도 아니다. 만약 도시 주민들에게 서명을 받는 방식으로 같은 시민들을 위해 특별 수영 시간을 정하는 데 찬성했다면 아마 조화로운 어울림의 훌륭한 예가 되었을 것이다. 하지만 경우에 따라 해당자에게 묻지도 않은 채 몇몇 이들은 강제적인 혜택을 받고, 또 다른 이들은 불편을 겪는 것은 컬링 액션에 지나지 않는다. 이때 중요한 것은, 정치가들이 '시민과 가까이'라는 표어를 내걸 수 있다는 것이다.

이제 트랜스섹슈얼 성소수자가 그들이 선택한 수영복 차림이나 무슬림 여성들이 착용하는 수영복 부르키니(burquini, 무슬림 여성을 위한 수영복의 일종으로 비키니와 부르카의 조어—옮긴이)를 입고 수영장에 가야 한다면 그편이 오히려 지역적인 관심사가 될 것이다. 하지만 사람들은 국가적 차원에서도 사랑받기를 원하기 때문에 경계와 역할이 불분명해지고, 애먼 사람들이 대가를 치른다. 이런 소동이 빚어진 사례가 1990년에 있었다.

"친애하는 여러분, 우리가 해냈습니다!" 독일 연방수상 게르하르트 슈뢰더가 프랑크푸르트에서 필립 홀츠만 건설사 직원 4000명에게 외쳤다. 이 기업은 20억 마르크의 빚을 진 채 이미 파산신청이 된 상태였다. 하지만 슈뢰더는 필립 홀츠만 그룹의 구제를 가장 중요한 일로 삼았다. 슈뢰더가 19개 은행을 소집해 만든 신용대출과 연방 보증금을 합쳐 쇠락한 기업을 구제하기 위한 2억 5000마르크가 생겼다. 프랑크푸르트에서 많은 사람들이 "게르하르트, 게르하르트!"를 외치며 기뻐했다. 전 세계에 흩어져 있던 2만 3000명의 홀츠만 직원들은(그중 1만 1000명은 독일 국내 직원) 마음을 짓누르던 무거운 돌이 일시에 떨어져 나갔다. 노사협의회 노동자 측 경영자협회 회장 위르겐 마네케는 이렇게 말했다. "오늘이 우리들의 크리스마스다!"(www.spiegel.de)

2년 후 필립 홀츠만 그룹은 최종적으로 파산했다. 채권자들은

2010년까지 대금의 5퍼센트밖에 지불받지 못했다.

"나는 곧 당신들이고, 당신들은 곧 나다"라는 태도를 보여주는 또 하나의 예가 있다. 2009년 독일 정부는 자동차 생산기업 오펠에 신용대출 15억 유로로 재정위기를 도와주었다. 그리고 2013년에는 크로나흐 지역의 TV 제조사 뢰베가 애타게 투자자를 찾고 있을 때 바이에른 지방정부의 수상 제호퍼가 말했다. "바이에른 주에서는 어떤 지방도 곤란에 빠지게 하지 않는다!" 경제 일간지 〈한델스블라트Handelsblatt〉 2013년 8월 13일자에서 그 내용을 읽을 수 있다.

물론 국가는 뢰베와 같은 기업의 파산으로 인해 한 지방 전체가 실직 상태에 처하지 않도록 살펴야 한다. 하지만 내가 반대하는 부분은, 수년간의 경영 실패로 파멸의 언저리에 서 있던 기업이 악화 일로를 걸을 때면 자동적으로 국가의 개입을 강력하게 요구하는 것이다. 그 배후에는 다음과 같은 생각이 깔려 있다. 즉 기업은 이익이 되는 경영을 위해 존재하는 것이 아니라 직원들이 사는 서식 공간이라는 생각이다. 이는 원인과 결과를 혼동한 것이다. 기업은 이익을 창출할 수 있을 때만 직장으로서 안전할 수 있기 때문이다.

그것은 마치 어린이 교육의 경우와도 같다. 잘못한 일에 관대할 때, 심지어 잘못한 일이 애정으로 보상될 때 아이는 아주 빠르게 배운다. '나는 노력할 필요가 없다. 내가 노력했다면 어리석은

짓이었다. 노력을 적게 할수록 부담이 줄어든다.' 다시 말해 바로 이런 결론이다. '내가 잘못하면 할수록 더 많은 보상을 받는다.' 여기에는 복사를 제대로 하지 못하는 어설픈 여비서, 그리고 스스로를 대마불사(too big to fail)로 여긴 은행들도 해당한다.

게다가 타인을 위해 계속 대신 나서줄 생각이 없는 사람은 곧장 비사회적인 인간으로 몰려 자신의 태도를 해명해야 하는 난처한 상황에 처한다. 때문에 사람들은 이를 악물고 할 수 없이 남을 돕는다.

모든 것을 고려해본 결과, 우리가 오로지 사랑받기만을 원하는 집단밀착 사회에서는 갈등을 끔찍한 것으로 여기고, 성과를 요구하지 않으며, 성취는 줄어든다. 그럼으로써 우리는 성공과 멀어지고 미래를 잃을 수밖에 없다.


## 좌절도 성취도 경험할 수 없는

다른 사람의 안 좋은 상황을 우리가 안타까워하며 그냥 두고 보지 못할 때 생기는 또 하나의 결과가 있다. 여기에는 마치 일종의 자연 법칙이라도 존재하는 것처럼 성취도가 떨어지면 기존의 높은 요구들이 하향 조절되면서 기대치를 확 낮추게 된다.

요즘 학생들은 글씨를 잘 쓰지 못한다. 연습이 부족해서다. 학생들은 글을 몇 줄만 써도 금세 피곤해한다. 써놓은 글씨는 도무지 읽을 수가 없다. 교육기관은 학생들의 쓰기 능력을 높여 다시금 알아볼 수 있는 글씨를 쓰도록 하기 위해 노력하는 대신 더 간단한 방법을 선택한다. 수많은 초등학교에서는 더 이상 필기체가 없고 인쇄체로 된 글자를 가르치는데, 인쇄체가 이른바 기본체다. 초등교사 연합, 부모, 교육학자는 이 기본체를 모든 학교의 유일한 글씨체로 규정하는 것을 목표로 한다. 그러면 학생들이 더 편하게 될 것이라는 이유를 든다. 어떤 사람들은 오늘날 어린이들에게 전 시대의 학생들이 당연히 배울 수 있었던 것, 즉 읽을 수 있는 필기체를 기대한다는 것은 이미 무리라고 생각할지도 모른다.

이처럼 요구를 낮출 때 발생하는 아이러니는 그것이 아이들에게 호의를 베푸는 게 아니라는 사실이다. 인쇄체를 쓰자면 글씨를 쓰는 게 더 느려지고 손에는 더 빨리 쥐가 난다. 학생들은 글씨를 쓰는 데 더욱 흥미를 잃게 된다. 교사들은 인쇄체조차도 곧 읽을 수 없는 악필로 돌연변이가 될 수 있음을 확인하게 될 것이다. 곧 다음 단계가 다가온다. 이제 손으로는 전혀 글씨를 쓰지 않고 처음부터 자판을 이용하는 것이다. 몇몇 학교에서는 자판 사용이 이미 현실이 되었다. 자판을 두드리는 게 교사에게도 학생에게도 더 간편하다. 그렇게 되면 더욱 비극적인 결과로 이어진다. 왜냐하면 손으로 글을 쓰면 직접 쓴 내용이기에 더 잘 기억할 수 있고, 더 이해하기 쉬운 글을 구성할 수 있고, 거친 근육운동과 섬세한 근육운동을 훈련하고, (마지막으로 결코 무시하지 못할) 좌절에 대한 저항력과 같은 정신 기능 및 훌륭한 작업 태도를 기를 수 있기 때문이다. 일을 잘 마무리는 데 집중할 수 있는 사람은 성공 체험을 얻는다. 하지만 이 모든 것이 이제 사라지게 된다.

정서법(正書法)이 더 이상 제 역할을 하지 못한 후, 어법에 따르는 대신 소리 나는 대로 글을 쓰면서 초등학교를 졸업하고 성인이 된 사람들은 현재 철자법을 잘 모른다. 이제는 글쓰기 자체에 빨간불이 켜졌다. 그럼으로써 언어문화의 해체가 다시금 성큼성큼 진행된다. 도처에서 언어가 해체되는 현상이 나타난다. 예를 들어 학생들의 교육 커리큘럼에 포함하기로 한 어휘들이 점점 더 많이 삭제된다. '쉬운 언어'는 원래 정신지체나 독일어 지식이 적은 외국인들을 위해 만들어진 것이었지만 이제 그것이 슬그머니 새로운 표준어가 되어가고 있다.

어린이들이 느끼는 좌절감을 덜어주기 위해 우리는 더 이상 많은 내용을 가르치지 않는다. 오늘날 초등학생들은 자기보다 학급 친구가 구구단을 더 잘 외울 때의 좌절감조차 견딜 수 있는 경우가 드물다. 초등학교 1, 2학년에서 성적을 강조하는 일은 이미 오래전에 사라졌다. 슐레스비히 - 홀슈타인 주의 초등학교는 2014년부터 점수 체제를 완전히 없앨 가능성도 있다고 한다.

운동장에도 '패자'가 더 이상 존재해서는 안 된다. 어린이 축구단에서는 골 득점을 세지 않고 경기를 할 때가 많다. 경기가 끝난 후에 아이들이 좌절감을 느끼는 일이 없도록 한다는 것이다. 단순히 골인의 환호성만 없애는 것이 아니라 다음번 경기에는 더 잘해서 상대 팀에게 '골을 잔뜩 먹이자'라는 공동의 의지도 없애버린다. 독일축구협회의 아기 축구단에서는 한층 더 극단적으로 나아가 심판조차 존재하지 않는다. 만 4세에서 6세의 아기 선수들이 파울인지 아닌지를 스스로 결정해야 한다. 여기서도 경기의 즐거움보다는 시끄러운 논쟁이 예고된다.

눈치가 빠른 사람이라면 기준을 너무 낮춘 예를 도처에서 발견할 수 있다. 길에 있는 모든 장애물이 치워지고 성취는 더 이상 요구되지 않으며 뚜렷한 규칙은 거부된다. 힘껏 노력해야 하는 상황이 점점 더 드물어지도록 안간힘을 쓴다. 그것은 진보가 아니라 지속적 인성 발달을 가로막는 지름길이다. 왜냐하면 사람은 패배 속에서도 성장하기 때문이다. 사람은 노력 없이는 강해지지 않는다. 패배가 없으면 승리도 없다.

우리가 살고 있는 현 사회는 생활에 무능한 사람들이 생겨나는 것을 두둔한다. 내 말의 뜻은 사람들이 순무를 기르거나 닭을 도축하는 방법을 더 이상 모른다는 게 아니다. 생활에 무능하다는 의미는 우리가 좌절을 다루는 법을 의도적으로 잊어버렸다는 것이다. 우리는 처음 가해진 충격적인 경험에 곧바로 무릎을 꿇는다. 하지만 삶은 원래 충격적인 경험들을 마련해놓는다. 우리가 아무리 조심스럽게 살았고, 그렇게 살고자 노력해도 삶의 충격은 피할 수 없다. 사랑하는 사람들의 죽음, 갑작스러운 직장 상실, 심각한 질병……. 이때 강인한 인성을 한 번도 가져본 적이 없는 사람이 그와 같은 비극을 어떻게 견뎌낼 수 있겠는가?

우리가 자신과 타인에게 다시 성취를 기대할 때, 그리고 우리가 '사랑받는' 것이 아니라 예컨대 부모, 직원, 상사, 이웃, 손님 등 맡은 역할 속에서 존중을 받을 때 비로소 우리는 다시 성장할 수 있다. 그것도 다같이.

# 6장

# 책임은 다른 사람의 몫

돈이 부족했던 시절은 그리 오래전이 아니다. 재정위기 상황이 악화 일로로 치닫던 당시, 다음엔 어느 은행이 파산할지 아무도 예측하지 못했다. 금융기관들은 신용대출을 더 이상 감행할 수 없었다. 은행들은 현금화할 수 있는 수단을 어떻게 구할지 면밀히 살펴봐야 했다. 이때 한 가지 가능성은 개인투자자들이었다. 은행들은 높은 이자로 개인투자자들에게 저축을 권유했다. 2008년 4월, 아이슬란드의 카우프싱 은행이 가장 높은 하루 이자를 제시했다. 즉 5000유로 예치금에 5.65퍼센트의 이자를 주었다. 당시 유럽 중앙은행의 기준금리가 4.0퍼센트인 때였다.

그러자 3만 명이 넘는 독일인들이 아이슬란드의 카우프싱 은행으로 돈을 송금했는데, 그 액수가 총 3억 3000만 유로에 달했다. 그들에게 외국으로 돈을 송금하라고 강요한 사람은 아무도 없었다. 하지만 그들은 심사숙고한 끝에 인터넷에서 가장 높은 이자를 약속하는 은행을 찾아낸 것이다. 그들은 오래전부터 은행 시스템이 약하다고 알려진 국가로 돈을 보냈다. 아이슬란드의 화폐 크로네의 가치가 유로에 비해 1/4로 떨어진 2008년 1월, 국가의 인플레이션율은 이미 7퍼센트에 이르렀다. 그해 10월에는 카우프싱 은행의 투기 행위는 최종적으로 꼭대기까지 치달았다. 지불 능력이 없는 은행은 국유화되고 모든 계좌가 차단되었다. 계좌를 지닌 사람들은 자신의 돈을 언제 찾을 수 있는지가 불투명해졌다. 내 돈을 누가 되돌려줄 것인가? 나는 속았다! 기만이다! 개인투자자들의 비명 소리는 드높았다. 이제 아이슬란드 내에 있는 은행들이 예치금을 돌려주어야 한다는 사실, 다시 말해 아이슬란드 시민들이 외국에서 들어온 예치금을 갚아야 한다는 사실이 분명해지자 2009년 2월 시사주간지 〈슈테른Stern〉에서 한 독일 투자자가 말했다. "아이슬란드에서 생긴 잘못을 책임질 사람이 그 나라 국민 외에 누가 있겠는가?"

여기서 사회에 널리 퍼진 사고방식을 따르는 태도가 어떤 것인지 불을 보듯 드러난다. 즉 사람들은 행동한다. 하지만 행동의 결과는 책임지려 하지 않는다. 행동에서 비롯될 결과를 충분히 검토하고 결과를 책임지겠다는 의지 없이 그냥 결정하고 만다.

금융업으로 대박을 꿈꾸는 사람은 자신만 망한다. 하지만 우리가 책임질 생각 없이 한 행위의 대부분은 우리 인간 또는 다른 생물체에게 심각한 영향을 미친다. 돼지고기 100그램을 59센트의 싼값에 사는 사람은 그것이 건강한 돼지에서 나온 고기가 아니라는 사실을 분명히 안다. 하지만 이런 상관관계는 무시된다. 가축의 대량 사육을 반대하는 시위에 참여한 사람은 대형마트에서 파는 값싼 소시지를 먹으면서 자신의 행동이 모순된다는 사실을 알지 못할 수 있다.

이런 부조리한 행동 표본의 예는 끝이 없다. "방글라데시의 여성 재봉사가 노동하는 열악한 환경은 정말 있을 수 없는 일이다." 이런 말을 하는 사람이 방글라데시에서 생산되었기 때문에 가격이 터무니없이 싼 운동화를 신고 있다.

"사람들이 왜 죄다 금요일 오후 4시에 거리로 쏟아지는 거야?" 시속 20킬로미터로 기어가듯 가는 정체 도로에 나와 있는 운전자가 화를 내며 말한다.

"이젠 국가가 나서서 뭔가 대책을 내놔야 한다고!" 아마존에서 도서를 구입하는 최우수 고객이 자신이 사는 소도시의 마지막 서점이 문을 닫자 이렇게 볼멘소리를 한다.

이는 대폭 할인된 물건에만 국한된 이야기가 아니다. 자신의 인생을 책임져야 하는 일에 있어서도 가리키는 손가락은 정작 우리 자신에게 향하지 않는다. 마음먹은 대로 경력이 쌓이지 않으면 그 모든 원인은 무능력한 상사, 질투심 많은 동료, 제대로 능력을 갖추지 못한 부하 직원, 신경 쓰이는 아이들, 이해심이라곤 없는 아내 또는 남편, 얻기 어려운 기회, 항상 해야 하는 뒤치다꺼리 중에 하나다.

우리는 쾌락 원칙에 따라 이기적이고 비이성적으로 반응한다. 일이 잘못되면 발생한 손실을 제거해줄 해당 부서, 또는 적어도 책임을 떠맡을 해당 부서를 찾아 목청껏 외친다. 이때 손꼽아야 할 책임자 목록에 결코 등장하지 않는 존재가 있다. 바로 자기 자신이다.

잘못은 언제나 다른 사람들이 한 것이다.


## 책임에 대한 거부

자신이 한 행동의 결과를 부인하는 것은 매우 이기적인 생각에서 나온다. 내가 책임자로 찍히지 않은 한 지금 머릿속에 떠오른 것을 아무 거리낌 없이 계속할 수 있다. 참으로 터무니없는 소리가 아닌가. 내가 하지 않았다는 식의 이기주의는 사회공동체에 가장 조악한 형태로 나타난다. 행동한 개인이 존재하지 않는 이런 식의 이기주의는 집단 내에서 크게 팽창한다. 이때 우리 모두가 이 이기주의적인 태도의 공범자다. 하지만 나는 모든 잘못과 책임을 거부하는 이 놀라운 이기주의의 어떤 입장에 동의할 수 있는지 논하기 전에 그 메커니즘이 정확히 어떻게 작용하는지에 대해 먼저 이야기하고 싶다.

수년간 독일 철학협회 의장이자 기센대학교 철학 교수로 있는 오도 마르크바르트(Odo Marquard)는 그런 이기주의 태도를 '일이 없었던 것처럼 할 수 있는 기술'이라고 표현한 적이 있다. 교수의 말이 옳다. 그런 이기주의에는 언제 어디서든 사건에서 몸을 뺄 수 있는 일종의 교활한 술책이 필요하다. 그러면 그 기술의 본질은 정확이 무엇일까?

그것은 반대의 경우를 보면 분명해진다. 즉 스스로 책임지는 기술이다. 양심적인 숙고와 책임감 있는 행동으로 결정을 내린 사람은 어떤 일을 왜 했고 왜 하지 않았는지에 대한 실제 이유를 드는 데 전혀 문제가 없다. 그리고 그는 자신의 결정으로 인해 불행한 결과가 나왔다고 해도 침착한 반응을 보인다. 그는 확신할 수 있다.

"나는 최선을 다했고, 내가 내린 결정의 결과가 비록 당장은 아니라 해도 전체적인 인생의 길에서 나를 앞으로 나아가게 할 것이다."

반면에 뚜렷한 이유가 결여되면 자신을 합리화해야 하는 일이 고통스럽다. 게으름 때문에 보고서를 기한 내에 완성하지 못했다는 사실을 아무도 솔직하게 인정하지 않는다. 또는 돈 욕심 때문에 배드뱅크에 투자했음을 인정하기도 싫다. 편하게 살고 싶다는 이유로 재능을 더 많이 쓸 수 있는 곳에서 일할 기회를 포기한 것도 인정하기 싫다. 어리석음으로 인해 혈중알코올농도가 높은 상태에서 운전했다는 사실도 인정하고 싶지 않다.

사무실 직원들이 공동으로 사용하는 냉장고에서 옆 사람의 샐러드를 꺼내 그냥 먹어버린 사람이 대놓고 무슨 말을 하겠는가? 마침 그때 샐러드가 너무 먹고 싶었다고 말할까? 그러기에는 차마 부끄러울 것이다. 그 때문에 그는 이렇게 주장한다. "나는 먹을 **수밖에 없었어.** 갑자기 혈당이 떨어져서 그때 샐러드를 먹지 않았다면 쓰러졌을 거야." 혹은 이렇게 우긴다. "난 그게 정말 내 샐러드인 줄 알았어! 내가 벌써 몇 번이나 말했잖아. 냉장고 안이 너무 어수선해서 어느 게 누구 건지 도대체 알 수가 없다고 말이야!" 이처럼 '다른 사람들' 또는 '과도한 요구' 또는 '체계'를 탓할 때 자기 자신이 잘못했다는 고통스러운 생각은 없어진다.

그런 일이 절대 없었다고 잡아떼는 기술은, 행동의 결과가 어떻게 될지 그리고 결과에 책임을 지는 것을 **사전에** 깊이 생각하는 대신 **나중을 위한** 변명거리를 꾸며내는 것이다. 이 같이 나중으로 미루기는 '정당화'라는 표현에서 알 수 있다. '행동에 대한 정당한 이유를 밝힌다'라는 애초의 뜻이 '변명하다'로 변질되었다. 자신을 정당화하는 사람은 곧바로 이유를 **듣지** 않고 곰곰이 생각해낸다.

훌륭한 핑계를 언제든 수중에 가지고 있는 것은 매우 효과적인 거부 전략이다. 책임에 대한 거부는 발전에 대한 거부도 포함한다. 자신의 행위를 책임지는 대신 이야기를 살짝 바꾸기만 하면 된다. 그렇게 하는 것만으로도 자신과 타인의 어려운 상황에서 벗어날 수 있다. 하지만 학습 효과는 존재하지 않는다. 더불어 다음 번에 결정을 더 잘할 수 있는 가능성도 없어진다.

다른 예를 보자. 마르코 로이스는 운전면허를 딴 적이 없다. 그런데도 도르트문트 축구단 소속 선수인 그는 5년 넘게 차를 몰고 다녔다. 그는 축구 경력이 점점 더 빠르게 오를수록 차를 더 빨리 몰았다. 과속 운전으로 벌금을 다섯 번이나 냈다. 한번은 경찰 단속에 걸리자 가짜 운전면허증을 제시하기도 했다. 그런 식으로 5년간은 잘나갔다. 그러다 2014년에 제대로 걸렸다. 벌금형을 받은 로이스는 전과자 명부에 기재되는 것을 가까스로 면했다.

로이스는 자신의 무모한 행위를 통해 법과 규칙이 만인에게 적용된다는 사실을 배워야 했다. 로이스가 말랑말랑한 변명으로 자신의 과오를 축소하려 했을까? 그는 여태까지 진행해온 수많은 인터뷰에서 무면허운전 사건에 대해 다음과 같이 발언할 기회가 충분히 있었다. "나는 운전면허를 딸 기회가 없었습니다. 항상 축구 연습을 하느라 시간이 없었어요." 또는 "나는 5년 동안 무사고 운전을 했는데 대체 국가는 무엇을 원하는지 전혀 이해할 수 없군요. 과속 운전쯤은 정말 사소한 게 아닙니까." 하지만 로이스는 변명을 하지 않았다.

나는 축구선수 로이스가 자신의 과오를 대하는 태도에 감탄의 마음이 우러났다. 그는 저널리스트들이 무면허운전에 대해 던지는 질문을 거의 모두 차단했다. 단 한 번 이렇게 말했다. "내가 그 일을 되돌릴 수 있다면 되돌렸을 겁니다. 하지만 이미 저지른 일은 취소할 수 없기 때문에 책임을 집니다." 로이스는 자신의 행위가 올바르지 않았음을 분명하게 인정하고 처벌을 받아들였다.

로이스와 같은 반응을 보이는 이들이 과연 얼마나 될까? 학교를 졸업하기만 하면 최고의 몸값을 받는 축구선수가 될 청년이 체포된 게 억울하다면서 단호하게 잘못을 부인하는 태도를 보이며 마치 입가에 초콜릿을 묻힌 채 안 먹었다고 발뺌하는 세 살짜리 아이와 같기를 바라는 사람은 없을 것이다. 하지만 유감스럽게도 사회 곳곳에서 아이가 떼쓰듯이 성숙하지 못한 행동을 하는 모습을 볼 수 있다. 이때 로이스는 사람이 의젓하게 반응할 수도 있다는 기억을 불러일으켰다.


## 익명의 인터넷 세상

나는 다시 반복하고자 한다. 변명거리를 떠올리는 사람은 나중에 책임지는 것을 거부한다. 다시 말해 먼저 행동하고 나서 이어 "내가 안 그랬어"라는 말이 나온다. 하지만 진행 과정이 역행할 수 있는 가능성도 존재한다. 즉 사전에 자신의 행동을 책임지지 않기 위해 준비해두는 것이다.

그 마법의 단어가 바로 익명성이다. 몸을 감추는 마법의 망토를 뒤집어쓴 사람에게는 모든 것이 허용된다. 나중에 애써 변명을 갖다 붙일 필요도 없다. 익명의 인간을 위한 고마운 환경이 바로 인터넷이다. 그리고 인터넷은 익명성을 원했다. 2014년 8월 독일 연방정부는 2014~2017년 디지털 안건을 공표했다. "우리는 익명화 및 가명 대책에 적용할 사업모델을 지원한다." 그것으로 정보 보호에 대한 우려를 붙들어 맨다는 것이다.

물론 익명성을 원하는 마음은 정보 보호에 대한 우려와도 관계가 있다. 예컨대 원치 않는 광고 폭탄이 발송될 가능성이 있는 주소록에 자신의 이름이 공개되기를 원치 않는다. 하지만 여기서 잊어서는 안 되는 것이 있다. 그런 소망이 인터넷에서 익명으로 활동하려는 또 다른 주요 요인에 대해 변명을 끌어대는 일이 되어서는 안 되는 것이다. 나는 정보 보호라는 모티브가 때때로 처벌을 받지 않고 해악을 끼칠 수 있기 위한 변명일 뿐이라고 말하고 싶다. 익명의 발신인은 자신이 보낸 모욕성 발언과 언어 공격에 대해 책임질 필요가 없기 때문이다.

인터넷 토론장인 '디스쿠스'에서(디스쿠스 자체 통계에 의하면, 6억 명의 인터넷 이용자 중에 매달 100만 명이 토론에 참여하는 웹사이트다) 2015년 2월에 다음의 수치를 볼 수 있었다. 즉 토론에 참여한 사람들의 61퍼센트가 가명으로 접속했고, 35퍼센트가 익명이며, 단 4퍼센트 이용자만 실명이었다. 익명 이용자들에서 부정적 반응(55퍼센트)이 가명 이용자 회원들(28퍼센트)에 비해 두 배가 넘는 빈도를 보인다.

그러면 익명과 가명의 차이는 무엇일까? 가명 즉 닉네임은 예컨대 메일 계정을 실명으로 thomas.mueller@irgendwas.com 라고 쓰지 않고, superhero@irgendwas.com라고 쓰는 것을 말한다. 정보 교환을 하는 상대방이 슈퍼히어로의 실제 정체성을 반드시 알 필요는 없다. 하지만 메일 관리자는 슈퍼히어로의 실제 정체성을 안다. 즉 토마스 밀러라는 실명을 정보란에 기입하고 닉네임 슈퍼히어로로 접속하는 것이다. 한편 실명과 지어낸 이름이 연결될 수 있는 연결고리가 존재하지 않을 경우, 그는 실제로 익명으로 인터넷을 돌아다니고 있는 것이다.

익명 사용자는 토론에 참여할 때만 의중을 숨기고 글을 기고하는 게 아니라 모든 웹사이트에 익명을 사용한다. 대중이 열람 가능한 WHO.IS － 데이터뱅크에서 일반적으로 누구나 웹사이트 뒤에 숨어 있는 실명을 검색할 수 있다. 하지만 웹사이트 운영자의 실체를 은폐하는 프록시 서버(proxy server, 인터넷상에서 한번 요청된 데이터를 대용량 디스크에 저장해두었다가 반복 요청 시 디스크에 저장된 데이터를 제공해주는 서버—옮긴이)를 거쳐 네트워크에 연결하는 웹사이트가 점점 더 늘어나는 추세다. 프록시 서버는 도메인 소유자가 직접 추가액을 등록하고, 수탁자 방식으로 고객을 위해 도메인을 운영한다. 2010년 국제 인터넷주소 관리기구 ICANN에서 발표한 미국의 전국여론조사센터(National Opinion Research

Center)의 연구에 의하면 다음과 같은 결과가 나왔다. 인터넷주소가 '.com', '.net', '.org', '.info', '.biz'로 끝나는 주소에서 평균 18퍼센트가 넘는 이용자가 웹사이트 소유자의 익명 유지를 신청했다는 것이다.

아날로그 세계에도 이미 전면 마스크, 모프수트(morphsuit)가 존재한다. 모프수트란 예컨대 스파이더맨의 복장처럼 얼굴을 포함해 온몸을 감싸는 스타킹 형태로 된 옷이다. 그런 옷은 입는 사람의 정체를 알아볼 수 없게 만들어 평소 같으면 감히 할 수 없는 행위를 할 수 있게 해준다. 나는 언제 그 복장이 파티에서 재미 삼아 코스프레용으로 쓰이는 게 아니라 보편적인 일상의 복장이 될지 몹시 궁금하다.

당신은 우선 모프수트가 어떻게 생겼는지 인터넷을 찾아보아야 하는가? 아니, 변용된 의미에서 말하는 모프수트를 당신도 분명히 알고 있다. '만인을 위한 모프수트'는 결정이 내려져야 하는 곳이면 어디에서든 '내가 하지 않았어'라는 이기주의자들이 눈에 띌 가능성을 제로로 낮춰주고, 행위에 대한 결과가 두려운 행각에서 모습을 감출 수 있게 해준다.

내가 지금 말하는 것은 팀워크라는 모프수트다.

## 팀워크의 변질된 의미

개인주의자와 각개전투병은 취업 시장에서 불리하다. 요즘은 팀워크 능력이 없으면 일이 이루어지지 않기 때문이다. 팀워크 능력은 광고나 구인란에서 별도로 언급하지 않아도 당연히 전제되어 있다. 팀워크 없이는 더 이상 일이 진행되지 않는다. 진행과정이 복잡한 작업은 팀으로 구성된 개별 프로젝트로 잘게 나뉘어 진행된다.

분업은 인류가 석기시대부터 이미 해오던 것이다. 한 사람이 사냥을 나가면 다른 사람은 주먹도끼를 만든다. 하지만 팀 작업은 단순한 분업과는 완전히 다르다. 그 배후에는 헨리 포드 자동차 생산 시대에 벨트 컨베이어 앞에 한 줄로 쭉 서서 다 같이 나사를 조이던 노동자들보다 더 많은 것이 숨어 있다. 공동의 목표, 가치, 경기 규칙으로는 여전히 팀이 구성되기에 부족하다. 팀워크에서 혁신적인 것은 무엇보다 팀원 간에 위계가 존재하지 않는다는 사실이다. 때문에 팀원들이 스스로 과제를 어떻게 분배할 것인지 결정한다. 이때 각자 자신이 제일 잘하는 일을 맡는다. 목표는 공개적으로 구성되며 대안과 비판은 배제하지 않고 유념한다. 팀원 각자가 자신의 능력과 관점을 팀 전체에 기여함으로써 최고의 성과를 만들어낼 수 있다. 수많은 각 팀원들의 기여가 팀을 유연하고 추진력 있게 만든다. 그 결과 팀은 각 팀원들의 생산성을 전부 합친 것보다 더 높은 생산성을 갖게 된다.

조직체의 이런 장점을 제일 먼저 알아본 이들 중에 한 사람이 독일 우주비행의 선구자 베른헤어 폰 브라운(Wernher von Braun) 이다. 1958년 2월, 폰 브라운의 지휘로 미국 최초의 인공위성 익스플로러 1호를 지구 궤도에 쏘아 올리는 데 성공했을 때 그는 이렇게 말했다.

"나는 오늘날의 발명은 더 이상 한 사람에 의한 것이 아니라 공동체의 성과에 의한 산물임을 알게 되었다. 인공위성을 쏘아 올리는 시도에 수천 명의 사람들이 매우 적극적으로 참여했다. 그것도 한 사람만 실패해도 결과가 위태로울 만큼 중요한 일을 맡아 다들 열심히 했다. 나는 팀워크의 중요성을 말하는 것이다."(www.kalenderblatt.de)

훌륭하다. 지금은 여기서 팀워크만 원래 의미와 완전히 반대 방향으로 나아가고 있다. 베른헤어 폰 브라운만 해도 '익스플로러 1호' 프로젝트에 참여한 사람들 모두가 자신의 책임을 분명히 다 할 것이라 믿을 수 있었다. 팀원들은 모두 '만약 내가 실패하면 프로젝트 성공이 위태로워진다'라는 사실을 알고 있었다. 그런데 어느새 '팀'이라는 단어가 공동의 목표를 위한 공동의 노력과 책임을 뜻하는 경우가 극히 드물어지면서 이는 '잘됐네, 다른 사람이 하겠지'라는 뜻으로 바뀌었다.

팀워크가 늘 빠르고 효과적이고 목표지향적인 것이 아니라는 사실은 팀 회의에서 확연히 드러난다. 정해진 시간 내에 세부적으로 분할된 작업 과정에서 실행되는 사항들이 회의를 통해 통합되고, 그다음 작업 단계가 팀원 모두에게 설명되어야 한다. 때문에 팀 회의는 원칙적으로 중요한 과정이다.

그런데 오늘날 팀 미팅은 어떠한가? 뒷줄 의자에는 몇몇 동료들이 등을 기대고 앉아 시계만 계속 쳐다본다. 중간쯤에는 아무것도 준비하지 않고 와서 그냥 무슨 일이든 일어나기만을 기다리는 사람들이 앉아 있다. 그리고 앞줄에는 두세 명의 사람들이 앉아 프레젠테이션(차라리 담당자의 낭독이라고 하는 편이 낫겠다) 이후의 미팅을 다음 주로 연기하는 데 합의한다. 이유는 해당 서류가 빠졌기 때문이다.

미팅이 또다시 늘어지면 "자, 이제 일 좀 합시다!"라는 말이 자주 나오는 현상을 눈치 챈 적이 있는가? 나는 그 말이 매우 의미심장해 보인다.

유럽 샤프(Sharp Europe)는 독일을 포함한 6개국 2200명의 사무직원을 대상으로 미팅과 관련된 경험에 대해 설문조사를 실시했다. 그리고 2014년 5월, 그 결과를 다음과 같이 언론에 발표했다. 설문자의 단 42퍼센트만 미팅을 '공동체의 협력 작업'이라고 기술했다. 아니, 잠깐만! 바로 그 때문에 미팅을 하는 것 아닌가! 설문자의 58퍼센트는 각각의 참여자가 안건을 더 많이 제출할 가능성이 있다면 미팅이 더 효율적으로 진행될 것이라는 의견을 보였다. 여기서도 다시 반복이다. 즉 팀원 모두가 성과에 기여한다는 팀의 본질이 존재하지 않는다. 설문자의 79퍼센트는 심지어 회의에 앉아 있는 것보다 책상에서 혼자 일하는 게 더 생산적이라는 의견이었다. 이 같은 결과는 단 하나의 결론으로 귀결된다. 즉 오늘날 팀워크라 불리는 것은 눈을 속이는 포장이다. 겉포장에 팀이라 적혀 있지만, 그 안에는 팀이 존재하지 않는다.

다른 국가에서 나온 보고도 역시 팀워크의 효과가 의심스럽다는 내용이다. 팀워크의 모함(母艦) 격인 구글의 공동창업자 래리 페이지(Larry Page)는 행동해야 할 필요성을 느끼고 2011년에 다시 대기업의 지휘를 맡았다. 페이지는 인원이 열 명이 넘는 미팅은 하지 않으며, 회의 참가자들이 모두 결과에 기여해야 한다는 규칙을 정했다. 그리고 특히 결정을 내릴 담당자가 없는 경우 미팅은 열리지 않는다는 규칙도 정했다. 그가 예전에는 이 규칙들을 세울 필요가 아예 없었다는 게 흥미롭다.

현재 우리는 베른헤어 폰 브라운과 같은 사람이 가졌던 팀에 대한 애초의 관념에서 수억 광년이나 아득히 떨어져 있다. 지금 우리는 한때 팀이 의미했던 바를 잊어버렸다. 우리는 팀에서 이루어진 절충 방안은 평균치에 지나지 않고, 저마다 장광설을 늘어놓느라 미팅 시간이 길어지는 것에 익숙해져 있다. 그리고 각각의 성취를 깎아내리고 비판의 목소리를 높이는 것이 아이디어를 지치도록 내놓는 것이자 미팅이라는 무대에서 자기홍보를 하는 기회라고 여긴다. 이 모든 현상이 이미 새로울 게 전혀 없다.

이쯤에서 의문이 든다. 평판이 그토록 나쁘면서도 팀워크 모델은 왜 여전히 각광받고 있는 걸까?


## 팀은 책임질 필요가 없다

생활환경이 너무 심각해서 통원 치료만으로는 문제가 해결되지 않는 가족들이 가끔 나에게 상담하러 온다. 그러면 나는 아이 부모에게 아동복지국에 도움을 청하라고 권한다. 이 경우에 내가 소아청소년 정신과 의사로서 해야 하는 일은 곤궁한 가정의 아이를 위해 적합한 지원을 약속할 수 있는 방법을 추천하는 것이다. 예를 들어 계속되는 악화를 방지하기 위해 아동보호시설에 가야 한다, 또는 청소년 복지사가 며칠 간격으로 가정을 방문하는 정도면 충분하다고 결정한다.

나는 25년이 넘는 진료 및 인생 경험을 바탕으로 1990년대 초에는 그 과정이 매우 책임 있게 이루어졌다고 말할 수 있다. 케이스가 맡겨지면 나는 즉시 해당 가정과 직접 접촉해 판단을 내린 후 담당 복지사에게 평가 내용을 알려준다. 그리고 우리는 아이의 복지를 위해 어떤 방법이 최선인지에 대해 의논한다. 그 후의 일은 지체 없이 이뤄진다. 결정을 위해 반드시 두 사람이 있어야 하는 원칙에 의해 우리 중에 누구도 상황 파악에 오류를 범하는 경우를 막을 수 있었다. 그리고 아이가 평판이 좋지 않은 복지시설

중 한 곳에 가야 하는 경우가 생기면 나는 곧 아이의 여러 가지 이상행동에 대한 최상의 대비를 해놓은 적합한 시설을 제안했다.

이 결정들은 매번 엄청난 책임의식 하에 내려졌다. 아이가 가정에서 분리되거나, 보호시설에 있던 아이가 다시 가정으로 돌아가는 일처럼 아이의 행복과 발전에 큰 영향을 끼치는 일은 거의 존재하지 않는다.

오늘날 그러한 결정 과정은 완전히 다른 방식으로 진행된다. 내가 아이와 가족을 한번 살펴보고 판단을 내린 이후로는 상대방과의 개인적인 대화는 더 이상 존재하지 않는다. 나는 보고서를 작성한다. 그것이 전부다. 내 보고서는 15명에서 20명으로 구성된 심사기관에 제출되고 심사기관은 매주 열리는 회의에서 차후의 진행을 결정한다.

이제 혹자는 이렇게 생각할 수 있겠다. "잘되었네! 그렇게 많은 전문가들이 아이를 돌보다니! 전문가들의 능력이 아이를 위해 집중되는 것 아닌가?" 그런데 회의가 실제로 어떻게 진행되는지를 아는 사람은 그러한 방식이 완전히 잘못되었다는 것을 안다. 하지만 그 원인은 심사기관에 소속된 사람들에게 있는 게 아니다. 그들 모두가 예외 없이 선량한 사람들이자 훌륭한 교육을 받은 사람들이다. 문제는 '팀워크' 시스템에 있다.

우선 결정을 내리기까지 시간이 예전보다 더 오래 걸린다. 회의는 매주 한 번으로 날짜가 확정되어 있어 회의가 원활하게 진행되지 못한 경우, 해당 건은 보류되어 일단 7일간 정지 상태로 머문다. 그 밖에 회의마다 20~30개에 이르는 케이스를 의논하고 평가하고 결정을 내린다. 한 건당 결정하는 데 10분이 배정된다. 1번 어린이는 가정에 그대로 머물면서 매주 두 번 사회복지사가 방문하는 것으로 결정된다. 2번 어린이는 아동복지시설 Y로 가도록 지정되고, 3번 어린이는 보호시설 Z로, 4번 어린이는 보호시설에서 나와 위탁가정으로 보낸다 등등. 참으로 어이없는 사실은, 스무 명이 넘는 심사관들 중에 단 한 사람도 해당 어린이가 어떻게 지내는지를 두 눈으로 본 적이 없다는 것이다. 심사관들의 책상에는 종이더미밖에 없다. 산더미 같은 서식용지, 소견서, 기타 서류들이다.

내 의사소견서는 팀의 익명성 속으로 사라진다. 나는 아이가 이후 어떻게 되었는지 정보를 받지 않는다. 왜 나까지 알아야 하겠는가? 나는 보고서를 작성했고 그것으로 '나의 책무를 다한다.' 내가 개인적으로 잘 아는 헨릭이나 안나가 어떻게 되었는지 직접 알아볼 때마다 경악하기 일쑤다. 나는 시설에 들어간 아이들의 문제가 조금도 개선되지 않은 상태라는 이야기를 듣는다. 이들 시설은 처음에 내게 제안했던 것보다 더 비용이 적게 드는 예산을 세운다. 이 대목이 가슴을 찌른다. 단기적으로 비용 절감이 된다 해도 장기적으로 보면 더 많은 비용이 들어가는 결과를 낼 뿐이다. 그런 식으로는 아이가 안정될 수 없기 때문이다.

내가 지금 말하는 팀은 익명으로 행동한다. 비록 헤드셋을 쓴 여성이 다정한 눈길로 전화를 받는 광고 사진은 있지만 실제로 손님이나 의뢰인이 전화를 걸어 이야기할 수 있는 상담자는 존재하지 않는다. 물론 상담자는 결정 권한이 없다. 그들은 단지 전화를 계속 다른 곳으로 연결해줄 뿐이다. 즉 팀에게 말이다. 상담자는 점령 불가능한 요새 앞에 구실로 내세운 보루에 지나지 않는다. 그리고 개개의 팀원들은 깨뜨릴 수 없는 무정형의 집단 속에 녹아든다.

팀원들이 자신의 행위가 옳은지 짚어보게 만들 수 있는 방법은 어떤 것도 존재하지 않는다. 일단 합의가 이루어지면 내부의 비판은 전부 차단된다. 외부의 비판도 거의 불가능하다. 손에 잡히는 상대가 아예 존재하지 않는다. 누군가에게 "당신은 왜 그런 결정을 내렸습니까?"라고 질문하면 그는 어떤 언급이나 대답을 해야 한다. 하지만 팀에게 이와 같은 질문을 던지는 것은 허공에 대고 던지는 질문과 다름없다. "팀이 결정했다"라는 발언은 참으로 의미 없는 말이다

팀의 일원도 팀이 내린 결정을 책임질 필요가 없다. 책임은 표면상 '팀'이라는 구조가 맡을 뿐이다. 하지만 위원회, 정당, 또는 기타 법인단체가 언제라도 "모든 책임을 진다"라고 하는 얘기는 큰 의미가 없다. 별 뾰족한 수가 없으면 팀은 곧바로 해체된다. 최악의 경우, 희생양을 만들어 쫓아낼 것이다. 이어 팀은 새로이 구

성된다. 그리고 산뜻한 기분으로 예전과 전혀 다름없이 지낸다. 금융위기 때 단지 몇몇 은행가들, 즉 프랑스 은행 소시에테제네랄의 제롬 케르비엘, 투자은행 골드만삭스 부사장 파브리스 투르, 스위스 최대 은행 UBS의 크웨쿠 아도볼리와 같은 사람들만 유죄 판결을 받았다. 대외 전시용 악인들은 교도소에 들어갔지만 그와 비슷한 일을 한 다수의 사람들은 처벌받지 않았다. 가령 리먼브러더스의 마지막 최고경영자 리처드 풀드 같은 사람이다. 그가 최고 경영자로 있던 시절에 챙긴 수입은 거의 5억 달러에 달했다. 리먼브러더스 은행은 파산했지만 소시에테제네랄 팀, UBS 팀, 골드만삭스 팀은 여전히 존재한다.

팀은 실제로 불사신이다. 그리고 팀의 일원도 팀과 운명을 같이한다. 팀은 숨을 수 있기 때문에 책임에 대해 고민할 필요가 없는 개인이 서식하는 구역이 되었다. 수많은 사람들의 어깨에 책임이 나누어지면 결국 아무도 책임을 떠안지 않아도 되기 때문이다.

'모두가 있었다'는 것은 '아무도 없었다'는 것이다.


## 대가를 치르고 고통을 참아내는 것

실수를 수용하는 문화는 훌륭하다고 할 수 있다. 실수는 중요한 경쟁 요소다. 사람은 실수를 통해 배우기 때문이다. 물론 이 말은, 사람들이 마침내 다시금 자신의 결정을 책임지기 위해 개선된 실수 수용 문화가 필요하다는 주장은 아니다. 왜 아닐까? 실수를 긍정적으로 보는 견해가 다름 아닌 케케묵은 선례를 재이용하는 데 쓰이기 때문이다. 다시 말해 구실을 찾고 책임을 전가하는 데 쓰인다.

"내가 조금 전에 중요한 고객에게 제대로 대처하지 못했다는 걸 사장님께 말씀드릴걸 그랬나 봐. 그에 대해 논의를 했으면 해결책을 찾을 수 있었을 텐데. 하지만 도저히 그럴 수 없었어. 우리 회사는 실수를 받아들이는 조직이 아니니까. 그런 일은 용납되지 않을 거야."

그렇다, 의심할 여지가 없다. 이 말은 변명에 지나지 않는다. 즉 누군가 실수를 했고, 그것을 책임지려 하지 않는다. 허수아비로 내세운 '실수 수용 문화의 결여'는 몸을 숨기는 데 쓰일 뿐이다.

그 반대의 경우가 옳다. 사람들이 드디어 다시금 책임을 지는 행동을 하면 자동적으로 실수를 품어주는 문화가 생겨난다. 실수 수용 문화란 사람들이 잘못된 결정을 내렸을 때 비난을 받는 대신 실수한 경험을 적극적으로 활용하는 것을 말한다.

스스로 책임지는 것이 항상 쉬운 일이라 생각하는 사람은 아무도 없을 것이다. 책임감은 절로 생기는 게 아니다. 항상 대가를 치러야 하기 때문이다. 중요한 계약을 성사시키지 못한 사람은 보너스를 잃는다. 사장을 견디지 못한 사람은 다른 직장을 구해야 한다. 뱃살이 20킬로그램 더 많은 사람은 초콜릿 케이크에서 손을 떼야 한다.

대가를 치르고 고통을 참는 것이 우리가 다시 잘 살아갈 수 있는 유일한 길이다. 이런 관점에서 고통은 사람을 좀 더 성숙한 자아로 만드는 성장통이다. 단순하게 반응하는 사람이 아니라 의지를 가지고 자유롭게 행동하는 인격이 되도록 만든다.

책임지는 행동이란 "나는 그렇게 행동할 **수밖에 없었다**"라고 말하는 대신 "내가 그렇게 **하려고 했다**"라고 말하는 것이다.

# 7장

# 일상을 지배하는
# 모호한 불안

팔목에 차고 걸으면 걸음의 횟수를 측정해 칼로리 소모량을 계산하는 기계는 시작에 불과하다. 미래는 셀프 트래킹(self-tracking)의 시대다. 센서가 내장된 양말, 티셔츠, 재킷, 가방 등 인공지능이 장착된 의복은 몇 년 이내에 지극히 평범한 물건이 될 것이다. 현재에도 이미 앱을 통해 하루 종일 바이탈 사인을 면밀히 체크할 수 있다. 호흡 및 맥박수, 수면 시간과 수면 깊이, 뇌전류, 카페인 및 칼로리 섭취량, 체지방률……. 버튼 하나만 누르면 종합된 데이터가 스마트폰으로 연결되고 앱에서 다양한 색의 도표로 나타난다. 독일여론조사기관 엠니드의 2013년 설문조사에 의하면, 독일인의 53퍼센트가 기꺼이 앱을 이용해 칼로리 공급량을 수시로 체크하길 원한다고 한다. 62퍼센트는 혈당과 혈압을 관찰하고 싶어 한다. 나는 이러한 결과를 믿기 어려웠다.

사람들은 신체뿐만 아니라 생활 전반에 대해 측정하기를 원한다. 독일 여성 60퍼센트는 이산화탄소량을 확인할 수 있는 앱을 사용하고 싶어 한다. 남성의 경우 45퍼센트가 그러한 앱을 원한다. 인간의 행동을 디지털로 관리할 수 있게 해주는 제품 시장이 거대하게 성장하고 있다. 다음과 같은 물음에 앱이 대답해준다.

내가 효율적으로 행동하고 있는가? 매일 도로 정체 속에 너무 많은 시간을 보내는 건 아닌가? 내가 여가를 잘 활용하는가, 아니면 그냥 허비하는가? 내 돈을 잘 예치해두었는가? 그리고 무엇보다 궁금한 것은 "내가 평균보다 더 나은가, 아니면 못한가?"

어떤 사람들은 이런 발전을 대단하다고 여긴다. 그들은 기기의 세련된 디자인을 즐기며 또한 기꺼이 기기를 통해 더 좋은 컨디션으로, 더 건강하게, 더 의식적으로 생활하기를 원한다. 한편 다른 이들은 기기를 통한 감시에 대해 우려한다. 대형 보험회사 악사(AXA)와 제네랄리(Generali)는 이미 고객의 건강 상태를 파악하고 그에 맞추어 보험료를 책정하기 위한 작업에 들어갔다. 이처럼 한계가 없는 자기 최적화를 위한 기술의 가능성에 대해 나름의 견해를 가진 사람들은 전적인 열광과 절대적인 거부 사이의 한 눈금을 형성한다.

하지만 나는 다른 차원에서 이야기하고 싶다. 정보 보안이 안전한가의 문제, 그리고 산더미로 쏟아지는 정보가 의미 있는지 없는지를 문제 삼으려는 게 아니다. 내가 알고 싶은 것은 이것이다. 즉 디지털 방식으로 신체와 생활을 낱낱이 분석하게끔 우리를 몰아대는 것은 과연 무엇일까?

물론 거기에 자기 최적화에 대한 소망이 한 역할을 한다. 컨디션을 측정할 수 있는 가능성이 증가하고, 측정 결과를 다채로운 그래픽 화면으로 볼 수 있다는 사실도 이유가 된다는 것은 의심할 바 없다. 그것은 컴퓨터 게임에서 한 단계 높아질 때 얻는 희열감과도 같은 감정을 선사한다. 하지만 "당신은 최근 몇 시간 동안 수분을 얼마나 많이 섭취했습니까?"라고 앱에 표시되는 말의 배후에 있는 속뜻은 완전히 다른 의미인 것 같다.

우리가 평소대로라면 신체에 수분이 필요하다는 것을 의식하지 못할 것이다. 물을 마실 때 비로소 깨닫는다. "아이고, 내가 많이 목말랐구나!" 우리는 죽도록 피곤해하면서도 저녁에 또 TV 앞에 앉아 몇 시간을 보낸다. 배가 잔뜩 불러도 비스킷을 집어 든다. 그러니 기계가 알아서 말해주면 한결 마음이 가벼워질 것 같다. "넌 겨우 360밀리리터의 물밖에 안 마셨어! 그러니 뭘 좀 마셔! 넌 15시 32분 이후 계속 깨어 있었어. 이제 그만 자러 가! 네가 오늘 섭취한 칼로리량은 이미 2815칼로리야. 그러니 비스킷은 내려놓으라고!"

이럴 때 우리가 신체에 대한 감각을 잃는다는 것이 문제다. 그리고 정신적으로 좋은 것과 좋지 않은 것에 대한 판단도 잃는다.

우리가 완전히 다른 것에 신경을 쏟고 있기 때문이다.

이 시점에서 혹자는 하루에 100통의 메일을 체크하고, 페이스북에 음식 사진을 연신 찍어 올리는 일을 두고 탄식을 늘어놓을 거라 예상하리라. 그러느라 우리가 실제로 필요한 것을 잊어버리고 있으니 말이다. 그렇다. 우리는 실제로 그렇게 행동한다. 그리고 그런 일들에 정신을 빼앗긴다. 하지만 내가 지금 하려는 말은 그런 게 아니다. 나는 교란된 자아 인지의 원인이 결코 디지털 매체에 **있지 않다**고 생각한다.

우리가 더 이상 자기 자신의 주인이 아닌 원인은 다른 곳에 있다. 바로 두려움 때문이다.


**두려움을 극복하기 위한 거리 두기**

언젠가 한번 개에 물린 적이 있거나 개가 사납게 짖는 바람에 크게 놀란 적이 있는 사람은 개를 무서워한다. 또 어떤 이들은 악천후에 숲을 지나다 갑자기 큰 나뭇가지가 우지끈 꺾여 떨어지는 것을 무서워하기도 한다. 이런 두려움은 전적으로 이성적인 두려움이다. 두려움의 근거가 실제 위험에 있기 때문이다. 두려움은 예를 들어 우리가 낭떠러지 끝에 섰을 때 안전거리 이상 넘어가지 않게 함으로써 큰 위험에 처하지 않도록 해준다.

그런데 원인을 파악하기 어려운 비이성적인 두려움도 존재한다. 근거가 없다고 해서 두려움이 약하게 느껴지는 것은 아니다. 어떤 이들은 이미 아이가 아니면서도 지하실에만 들어가면 무서워서 소름이 쫙 돋는다. 어둠 속의 시커먼 형상을 무서워하기 때문이다. 물론 그런 두려움도 생활의 일부에 속한다.

일반적으로 우리는 다양한 두려움을 의미 있게 활용할 수 있다. 두려움은 흥분이다. 그래서 마음을 안정시킬 수 있으면 두려움은 사라진다. 두려움을 없애는 묘수는 거리 두기인데, 두 가지 방법이 있다. 첫째, 말 그대로 사람 또는 불편한 대상과 거리를 두는 것이다. 예컨대 덩치가 큰 검은 개를 싫어하는 사람은 그런 개가 마주 오는 도로를 벗어나 다른 편으로 가면 그만이다. 둘째, 비유적 의미의 거리 두기다. 예컨대 지하실에 내려가는 것을 두려워하는 사람이 자기 자신에서 벗어나 상황을 외부에서 관찰하는 것이다. '내가 지금까지 아무 일 없이 무사히 지하실에서 다시 나왔으니까 지하실에는 아무도 없는 게 분명해. 어떻게 문이 잠긴 지하실에 낯선 사람이 들어올 수 있겠어?' 이런 생각으로 자신의 두려움과 거리를 두는 것이다. 이제 그는 손전등을 쥐고 불안한 마음을 무릅쓰고 용감하게 지하실로 내려간다. 우리가 이처럼 거리를 취함으로써 두려움을 효과적인 전략으로 대응할 수 있는 한 행동능력을 가지고 두려움에 대처할 수 있다.

그런데 두려움이 사람을 압도하면 상황이 나빠진다. 거미공포증이 있는 사람의 손등에 다리가 여덟 개에 시커먼 털이 난 생물체가 달라붙으면 두려움 때문에 몸을 움직이지 못하는 상황이 벌어진다. 거리를 둘 능력이 없는 그는 "앗, 거미가 붙었네. 내가 손을 털면 거미는 떨어져 나갈 거야"라고 절대 말하지 못한다. 두려움이 정신 작용을 차단해버리므로 혼자서는 악몽에서 헤어날 수 없다. 거미가 다른 곳으로 기어가야 비로소 그에게 움직일 수 있는 능력이 되살아난다.

만일 큰 충격을 몰고 오는 크고 작은 재난, 전쟁, 위기 등의 모든 사건에 대해 우리가 거리를 둘 수 없다면 아마 우리는 지금의 우리가 아닐 것이다. 거미가 우글거리는 방 안에 앉아 두려움에 떠는 거미공포증 환자처럼 인생을 살아야 할 것이다.

이처럼 안위와 관련 있는 거리 두기는 어떻게 기능할까? 가령 남아프리카에 끔찍한 지진이 발생했다는 보도가 나오면 붕괴된 건물과 화염이 치솟는 장면에 크게 놀라 충격을 받는다. 하지만 곧이어 우리는 경험에 비추어 그 정보에 대한 균형을 맞춘다. 즉 지진의 위험은 나에게 무엇을 의미하는가? 나는 다시 마음의 안정을 찾을 수 있을까? 정상적인 정신 상태라면 재빨리 체크한 후 스스로에게 안심하라는 신호를 보낸다. '나는 지금 다치지 않았다. 나는 지진 지역에 살고 있지 않다.' 불행한 사건 사고 소식을 들었을 때 우리는 처음에 불안한 마음이 들었다가도 정신이 경고 해제를 보낸다. '긴장 풀어! 나는 위험에 처하지 않았어' 내면의 불안 방어는 이렇게 움직인다.

또한 일상에 존재하는 결정에 대한 요구도 모두 우리를 자극해 흥분 상태로 만든다. '저기 일반 소금 옆에 하와이산 소금과 티베트산 소금도 있네. 대체 저런 소금은 뭐지? 티베트산 소금의 장점과 단점은 뭘까? 내가 다른 소금을 산다면 혹시 뭔가 잘못 선택하는 게 아닐까? 어떤 소금을 사야 하지?' 정신은 우리가 보고 듣고 냄새 맡는 등의 모든 정보 가운데 직접적인 의미에 대해 조사한다. 우리가 초 단위의 순간으로 흥분 반응을 하는 대부분의 경우 처음에는 의식에 전혀 전달되지 않는다. 정신이 그것을 '중요하지 않은' 단계로 간주하고 경고를 해제하기 때문이다.

한편 정신은, 어떤 정보가 우리에게 직접적인 의미가 있을 경우 흥분을 계속 유지시키고 심지어 더 강해지도록 만든다. 예컨대 내가 세탁기의 물이 넘쳐 욕실 바닥이 물바다가 된 것을 보았을 때 정신은 나를 알람 상태로 만들어 황급히 뛰어가게 만들어야 한다. 물이 거실의 마룻바닥까지 흘러 들어가면 안 돼! 수건이 어디 있지?

우리의 정신은 이를테면 밀려들어오는 신호를 평가해 그중 단편만 걸러서 통과시키는 필터와 같은 작용을 한다. 이런 거리 두기에 의한 사전 선별이 이뤄지는 덕분에 우리는 생활을 지속해나가면서 중요하지 않은 일과 중요한 일을 구별해낼 수 있다. 그럴 때 우리는 언제 무슨 음료수를 마셔야 한다고 알려주는 앱이 필요하지 않을 것이다.

문제는 다만 최근 20년 사이에 일어난 어떤 일이 정신의 필터 작용을 점점 더 신뢰하지 못하게 만든다는 것이다.


## 정신이 인지하지 못하는 것

브란덴부르크 코트부스 공대의 노동학부 학과장인 노동심리학자 안네테 호페(Annette Hoppe)가 2004년 학회에서 처음으로 '기술로 인한 스트레스'라는 말을 사용했던 당시만 해도 그 개념은 좌중의 놀림거리였다. 호페 교수는 이 에피소드를 2014년 10월 학술 잡지 〈학문의 스펙트럼Spektrum der Wissenschaft〉의 인터넷 판에 올렸다. 디지털 혁명이 우리에게 완전히 새로운 가능성뿐만 아니라 스트레스도 나누어주었다는 사실은 초기에는 아직 알려지지 않았다. 그사이에 무엇보다 디지털 매체에 의한 과도한 요구를 주제로 다룬 심리정보학과 같은 학문 분야도 생겨났다. 그때부터 학자들과 의사들의 경고가 쏟아져 나왔다. 즉 밀려오는 정보의 홍수, 예를 들어 이메일, 문자, 전화 때문에 바지 주머니에서 끊이지 않고 부르르 떨리는 휴대전화 진동이 우리의 주의력을 요하고, 과중한 부담을 지속적으로 준다는 것이다.

실제로 정신과 질병이 급격히 늘어났다. 바르머 의료보험사 사장 크리스토프 슈트라우브는 2014년 9월 독일 유력 주간지 〈벨트 암존탁Welt am Sonntag〉의 인터뷰에서 이렇게 말했다. "직장 생활의 변화, 이를테면 스마트폰 사용 및 그 사용으로 인한 상시 연락 대기 상태가 점점 더 많은 스트레스를 낳는다." 8600만 명의 보험자를 둔 의료보험사 사장이 이 주제를 언급한 이유는 분명하다. 심신상관 질병의 진단이 날이 갈수록 빈번해지는 것은 돈이 드는 문제이기 때문이다. '2014년 BKK 건강보고서'에 의하면 요통 그리고 기타 근골결계 질병, 호흡기계 질병만으로도 결근 증가의 원인이 된다고 한다. 신경정신계 질병은 아직 3위에 머무르지만 엄청나게 가파른 상승률을 볼 때 곧 달라지리라 예상된다. 거기에 신경정신계 질병은 치료 기간이 가장 긴 진단서를 발급한다. 즉 일반 진단서의 휴직 기간이 보통 12.7일인 반면, 정신적 문제가 있는 직장인에게는 평균 38일의 휴직 진단서가 발급된다. 심지어 종양 질병(35일)의 환자보다 휴직 기간이 더 길다. 더 나아가 정신과 환자들이 직장 생활에서 완전히 벗어나는 경우도 드물지 않다. 독일 노동재해방지 및 노동의료 공공기관은 2012년도에 42퍼센트가웃도는 조기퇴직자들의 퇴직 원인이 정신계 질병 때문이라는 조사 결과를 내놓았다.

정보의 홍수와 지속적인 연락 가능성이 실제로 우리를 병들게 하는 것 같다. 하지만 여기에 한 가지 기이한 점이 있다. 즉 디지털 혁명으로 과도한 요구를 받는 이들은 언제나 내가 아닌 다른 사람이라는 것이다.

시장조사연구기관 ARIS는 독일연방 정보통신협회 비트콤의 위탁을 받아 인터넷 사용자들을 대상으로 설문조사를 실시했는데, 설문 내용은 그들이 느끼는 부담과 관련된 것이었다. 2014년 1월, 비트콤은 결과를 언론에 발표했다. 설문 대상자의 82퍼센트는 자신은 늘어나는 정보량을 잘 처리하고 있으며 아무 문제가 없다고 응답했다. 단 14퍼센트만이 인터넷, 스마트폰 등의 기기에 의한 정보의 홍수가 부담스럽다고 답했다.

어떻게 이처럼 앞뒤가 맞지 않는 결과가 나왔을까? 의사와 학자들에게 일종의 히스테리가 있어서 실제로는 전혀 존재하지도 않는 공포의 유령을 벽에 그리고 있는 것일까? 아니면 일반인들이 과도한 부담에 눌려 있는 사실을 인지하지 못하는 것일까?

정신과 의사인 나는 그에 대한 답을 안다. 실제로 인간의 뇌에는 과부하를 인식할 수 있는 감각 기능이 존재하지 않는다. 때문에 우리는 인식하지 못한 채 과도한 요구 상태에 있을 수 있다.

위의 통증을 느낄 때는 그 통증과 거리를 취할 수 있다. 통증을 느끼지 않는다는 얘기가 아니라 통증을 직접 관찰할 수 있다는 뜻이다. 즉 이틀 전부터 위가 더부룩하다. 내일도 증세가 나아지지 않으면 병원에 가서 어떻게 된 건지 진찰을 받아야겠다고 판단할 수 있다.

하지만 당신은 정신에 대해서는 거리를 취할 수 없다. 왜냐하면 정신, 그것은 바로 **당신**이기 때문이다! 그리고 당신은 곧 정신이다. 자기 자신을 외부에서 바라보는 일은 전적으로 불가능하다.

물론 당신 자신의 행동은 판단할 수 있다. 거리를 둔 상태에서 자신이 빈틈없는 대답을 했다는 것에 즐거울 수 있고, 또는 타인을 돕지 못한 것을 진심으로 후회할 수 있다. 이 모든 것은 모두 당신의 인성에 속하며, 인성은 어느 정도 편견 없이 평가할 수 있다. 하지만 당신은 자아 자체와는 결코 거리를 취할 수 없다.

참으로 어이없는 사실이다. 한편으론 전적으로 논리적이기도 한다. 이른바 조감도를 통해 들어온 정보를 평가하는 기관이 객관적으로 관찰할 수 없는 유일한 대상이 하나 있다. 바로 관찰하는 기관 자체다. 때문에 특정 순간에 정신 자체에 과도한 부담을 받는지 아닌지를 정신은 인지할 수 없다. 더욱이 뇌는 고통을 가하지도 않는다. 그리고 뇌가 일을 너무 많이 했다고 해서 근육통이 생기지도 않는다. 왜 그럴까? 인류의 진화 과정에서 오늘날처럼 정보들이 그렇게 빠른 속도로 쏟아져 들어올 줄은 미처 예견하지 못했던 것이다.

비록 끊임없는 뇌 활동에 교감함으로써 같이 피해를 입은 신체가 신호를 보낸다 해도 소용없다. "이봐, 뇌야. 내 상태가 좋지 않으니까 네가 좀 쉬는 게 어때?" 아무리 그래봐야 뇌는 반응하지 않는다. 바로 이것이 너무 많은 정보로 인한 과도한 요구에 존재하는 음험함이다. 즉 고통을 느껴야만 하는 바로 그곳에 맹점이 있다.

정보의 홍수에 의해 능력의 한계치까지 과도한 요구를 받은 사람의 정신은 과도한 요구 장애에 관련된 기사를 읽고 이렇게 말한다. "정말 불쌍한 사람들이네. 하지만 나는 거기에 해당되지 않아 다행이다!" 본인이 곧 쓰러지기 직전에 있음에도 불구하고 그는 전과 다름없이 행동한다. 미팅 하나가 끝나면 곧 다음 미팅으로 뛰어가고, 낮에는 수십 통의 메일을 발송하고, 저녁에는 동료와 전화 통화를 수차례 하고 난 후 하루를 마무리하는 시간에도 TV 프로그램을 이리저리 돌려 본다. 이는 과도한 요구 상태에서 정신은 마치 실제 일중독자처럼 반응하기 때문이다. 정신은 끊임없이 고속으로 일하면서 휴식이 필요하다는 생각을 전혀 하지 못한다. 만성 스트레스는 심지어 정신에 긍정적인 기분을 부여한다. "나는 효율적이야. 내가 이 모든 것을 다 해낼 수 있다니 대단해! 계속 달려라, 달려!"

하지만 바로 그 '달려'가 되지 않는다!


## 모호한 불안의 5단계

정신이 필터 작용을 수행할 수 있기 위해서는 제대로 된 상태의 뇌와 한눈에 내다볼 수 있는 양의 정보가 필요하다. 하지만 실제 이뤄지는 현상은 이렇다. 정신이 한 가지 정보를 판단해 경보 해제를 내리자마자 곧 두 가지 비극적 결말을 알리는 벨을 크게 울리며 결정을 내리라고 요구한다. 그로 인해 정신은 더 빠르게 작업해야 한다. 그리고 더 빨라져야 한다. 그리고 또 더 빨라져야 한다. 이제 휴식은 거론의 여지가 없으며 우리는 더 이상 해제될 수 없는 과도한 흥분 상태에 점점 더 깊이 빠져든다.

그러면 끊임없는 흥분은 우리에게 어떤 영향을 미칠까? 과도한 흥분은 우리를 지속적인 경고 상태에 들게 만든다. 그리고 지속적인 경고 상태는 곧바로 불안 반응을 불러일으킨다. 그 불안은 방향성이 없다. 원인이 없는 불안이라 떨쳐낼 수도 없다. 이처럼 방향성이 없는 불안을 달리 말해 모호한 불안이라고도 한다.

우리가 만성 흥분 상태와 모호한 불안 상태로 오래 있으면 있을수록 그 상태가 우리 자신과 일상에 미치는 영향은 더욱 심각해진다. 왜냐하면 정신은 무언가 크게 어긋나고 있다는 사실을 전혀 인지하지 못한다 해도 신체는 지속적인 스트레스에 반응을 보이기 때문이다.

나는 점차적인 자아 분리를 야기하는 모호한 불안을 다섯 단계로 구분한다. 한 단계씩 등급이 높아질 때마다 안정적이고 편안한 생활과 멀어진다. 모호한 불안에 더 많이 지배당할수록 우리의 느낌은 줄어든다. 그럴수록 우리는 생활을 확실히 이끌어주는 앱을 더 자주 들여다보게 된다. 그리고 결국에는 파멸이 온다.

첫째, **알람 단계**는 과도한 흥분에 대한 첫 번째 반응이다. 우리는 마치 감전된 것 같은 긴장 속에서 엄청나게 속도를 높여 일한다. 그래서 높은 효율로 성과를 많이 올린다. 하지만 스트레스는 우리가 기력을 회복할 수 있는 휴식에 의해 차단될 경우에만 좋은 역할을 한다. 물론 알람 단계에서 우리는 스트레스에서 헤어날 수 없다. '오늘 내가 20분이라도 나를 위한 시간을 냈던가?' 당신이 밤에 침대에 누워 이렇게 곰곰이 생각해본다면 내 말뜻을 이해할 것이다.

둘째, **좁은 시야 단계**에 이르면 우리는 모호한 불안이 아주 강력해진 상태에서 부정적 정보 인지를 더 많이 하게 된다. 아마 당신도 다음과 같은 경우를 경험했을 것이다. 당신이 직장 동료에게 프로젝트의 진행 단계를 설명한다. 1~2단계는 성공적으로 마쳤고, 중간에 새로 들어온 동료가 큰 이익을 창출해 비용도 애초 계획보다 얼마간 절감되었다. 열 가지 공급 품목 중에 단 한 가지만 하루 지체되었지만 그리 문제될 게 없다. 이 상황에 대해 이제 당신의 동료가 반응을 보인다. "아니, 세상에! 왜 물품 공급이 지체되었지? 그럼 이제 우린 어떡하라고? 프로젝트 전체가 위험하게 되었잖아!" 동료의 귀에는 긍정적인 수많은 정보가 하나도 들어오지 않는다. 그는 단 한 가지 부정적 정보에 매달려 전전긍긍한다.

왜 이런 일이 일어날까? 뇌가 수많은 정보 중에 어떤 것을 걸러내느냐는 그 순간 그 사람이 어떤 정신 상태에 있느냐에 의해 크게 좌우된다. 불안에 사로잡힌 사람은 불안을 강화하는 정보들을 받아들인다. 하지만 이 메커니즘은 역방향으로도 진행된다. 나는 1986년 4월의 사건을 생생하게 기억한다. 당시 온 세상이 엄청난 충격으로 들끓고 있었다. 체르노빌에서 원자력 발전소가 폭발했기 때문이다. 그런데 그 사건이 나에게는 전혀 아무렇지도 않았다. 사람들이 느끼는 감정이 내게 와 닿지 않았다. 난 그 당시 지금의 아내와 막 사랑에 빠져 있었기 때문이다. 내 눈에는 하늘이 온통 장밋빛 구름인 것처럼 보였지, 방사능으로 오염된 회색 먼지로 가득 덮여 있지 않았다.

특정한 순간의 개인의 기분 상태가 인지에 영향을 주는 것은 매우 정상이다. 비정상은, 지속되는 불안 상태에 의해 현실의 긍정적 부분이 계속 받아들여지지 않는 경우다. 왜냐하면 조절 능력을 상실한 상태에선 부정적 정보가 한층 더 우리에게 휘두를 수 있는 세력을 얻기 때문이다. 선택적 인지는 불안을 불사르는 화염기와 같은 역할을 한다. 우리는 점점 더 신경질적으로 되고 쉽게 흥분하며 과도한 요구를 받은 상태가 된다. 해당자가 불안에 얼마나 사로잡혀 있느냐에 따라 이제 첫 번째 신체적 고통이 나타난다. 고혈압, 수면장애, 위통, 요통…….

셋째, **비효율적 단계**에선 과도한 요구로 인해 우리가 실수를 더 많이 하게 된다. 건망증이 생기고 물건을 자주 떨어뜨린다. 아주 사소한 일에도 감정이 폭발할 수 있다. 물컵이 엎어지거나 버스를 놓쳤거나 하는 작은 일만으로도 화가 머리끝까지 치밀어 폭발하게 된다.

비록 우리가 극도의 고속회전으로 돌아다니지만 성과는 거의 없다. 해야 하는 일의 목록은 점점 더 많아진다. 잔디 깎기, 물건 사러 가기, 아이의 수학 숙제 봐주기, 자동차 타이어 교체하러 가기……. 우리가 과도한 흥분 상태로 정신없이 돌아다니지 않으면 중요한 일과 중요치 않은 일을 구별하고 차분하게 하나씩 하나씩 일을 해결할 수 있을 것이다. 하지만 파도가 밀어닥치듯 처리해야 하는 일들이 모두 으르댄다. 밤이면 생각이 꼬리를 물고 뱅글뱅글 돈다. 이쯤 되면 구체적인 방법을 동원해 증상을 없애려 애쓰게 된다. 즉 불면과 건망증을 가라앉혀줄 약을 찾게 될 것이다.

이 단계에 있는 사람들은 자신이 비효율적으로 되었다는 사실을 전혀 인지하지 못한다. 자신의 상태를 알지 못하는 까닭에 일에 스스로를 점점 더 많이 투입하는 식으로 반응한다. 사무실에 더 늦게까지 남는다. 처음에는 한 시간, 곧 두 시간을 더 남는다. 또는 자정이 넘은 시간에 빨래를 다린다. 예전에는 이 현상을 두고 일중독자의 도취 상태라고 일컬었다. 그런데 이 개념은 이제 유행에 뒤진 것이 되었다. 어느덧 사람들 대부분이 그와 같은 상태에 있기 때문인 것 같다. 다시 말해 엄청난 가속도로 움직이기 때문에 언제든 심근경색에 걸릴 수 있는 수준이 이제는 보통이 되었다.

이때 당장 회복 단계를 거치치 않으면 다음 단계가 온다. 넷째, **소진 단계**에서 뇌의 작업 능력은 심하게 떨어진다. 과도한 요구에 대한 반응은 후퇴로 나타난다. 더 이상 그 어떤 것에도 흥미가 없다. "나도 그 **일쯤**은 아직 할 수 있어"가 아니라 "날 좀 가만 내버려둬!"를 외친다. 이 상태에서 사람들은 완전히 저조한 컨디션을 보인다. 해당자들은 만성 피로를 겪으며 몸을 질질 끌고 겨우 하루를 버틴다. 일상생활은 '생존' 상태로 후퇴한다. 즉 살아가는 데 반드시 필요한 일만 프로그램에 있는 것이다.

혹자는 아무리 늦어도 이쯤에서는 자신이 뭔가 이상하다는 것을 알아차릴 수 있다고 생각할지 모르겠다. 하지만 객관적 시각이 여전히 차단된 상태다. 여기서도 여전히 통용되는 사실은, 정신은 스스로 의문을 제기하지 않는다는 것이다. 나는 정신과 의사로서 정신이 어떤 전략으로 명명백백한 사실을 보지 못하게 가로막는지 안다. 바로 합리화 전략이다. 합리화란 지금의 상태가 왜 반드시 그래야만 하는지에 대한 이유들을 애써 찾아내는 것을 말한다.

당신은 지인들 중에서 다음과 같은 경우를 본 적이 있을 것이다. 이미 쓰러지기 직전에 있는 어떤 사람이 새벽 3시에 새로 만드는 욕실에 쓸 타일을 인터넷으로 주문한다. 그에게는 그 일이 너무도 중요한 것처럼 보인다. "나는 지금 주문을 **해야만 해**. 내가 오늘 주문하지 않으면 주말 전에 타일이 오지 않으니까. 그러면 욕실에 타일을 붙일 수가 없다고." 과연 그럴까? 그게 정말 중요한 이유가 된다고 생각하는가? 욕실 타일이 일주일 늦게 깔린다 해도 아무도 죽지 않는다. 하지만 마음을 무겁게 짓누르는 기분이 든다. 한밤중에 컴퓨터 앞에 앉아 있는 사람의 정신은 이처럼 합리적이라고 믿고 있는 이유를 가지고 지금처럼 생활을 계속할 수 있다고 스스로를 위안한다.

그런데 합리화 전략은 그리 오래된 게 아니다. 합리화는 만사에 이유가 존재해야 하는 우리 시대에 매우 적합한 전략이다. 150년 전에 불편한 의문을 억누르기 위해 정신이 쓰던 전략은 완전히 달랐다. 당시 사람들은 감당할 수 없는 일과 정면 대결하게 되면 바로 기절해 쓰러졌다. 이 두 가지 술책은 방식은 다르지만 같은 효과가 있다. 즉 정신에게는 모든 것이 있는 그대로 유지될 수 있는 것이다. 조부모 세대에 사람들이 걸핏하면 기절해 쓰러졌던 모습이 우리에게 우스워 보인 것과 똑같이 어쩌면 지금의 합리화 전략도 차세대 사람들에게 우스워 보일 수도 있겠다.

이 소진 단계에 있는 사람을 외부에서 적극 나서서 지속적인 흥분 상태에서 끌어내지 못하면 다음의 마지막 단계로 넘어간다. 즉 모호한 불안이 스스로 독립하는 단계다.


### 정말 정보의 홍수가 문제인 걸까?

어떤 지역에서는 소방서에서 훈련을 목적으로 몇 주에 한 번씩 정기적으로 사이렌을 울린다. 사이렌이 울리면 사람들은 모두 깜짝 놀란다. 무슨 큰일이 생겼나 해서다. 하지만 곧바로 알아차린다. '아, 아니구나, 그냥 훈련한다고 울리는 사이렌이었네. 나와는 상관없는 일이야.' 이제 사이렌 소리가 계속해서 울리는 상황을 상상해보자. 밤이고 낮이고 끊임없이 울려댄다. 사이렌 소리가 신경을 너무 자극해 도저히 그냥 흘려버릴 수 없을 정도다. 하지만 우리는 사이렌 소리에서 어떤 정보도 끌어낼 수 없다. 단지 소리에 의한 자극만 계속 존재할 뿐이다. 이것이 바로 360도 불안이다.

사람이 모호한 불안의 긴장 상태에서 얼마나 오래 버틸 수 있는지, 나는 그저 놀랍기만 하다. 그 상태는 끊이지 않는 사이렌의 굉음을 계속 듣고 있는 것에 비유할 수 있다. 때가 이르든 늦든 결국 총체적 붕괴가 온다.

사람들이 번아웃 상태로 서서히 빠져드는 단계를 보고 있으면 참으로 안타깝다. 주변 사람들은 이미 경고한다. "이봐, 좀 천천히 해! 하루라도 좀 쉬어" 하지만 합리화 전략이 휴식을 허용하지 않는다. 번아웃 증상에 빠진 사람은 이렇게 말한다. "내가 지금 사무실에 나가지 않으면 모든 게 엉망진창이 되고 말아!" 그는 자신이 오래전부터 비효율적으로 일하고 있다는 사실을 보지 못한다. 그의 좁은 시야가 현실을 선택적으로만 인지하게 만들기 때문이다. 그럼에도 그의 정신은 모든 것을 파악하고 있다고 확신한다.

그리고 상황은 계속 진행된다. 이제 마지막 다섯째 단계인 **모호한 불안의 독립 단계**에서 불안은 최종적으로 지배권을 쥔다. 당사자에게는 이 단계가 갑자기 닥친다. 이때 나타나는 증상은 납덩이가 주렁주렁 달린 것처럼 온몸이 무거워 먹을 걸 사러 가는 일조차 어려울 만큼 기진맥진해진다. 이뿐만이 아니다. 아주 사소한 결정도 정말로 극복하기 어려운 장애로 느껴진다. 검은색 바지를 입어야 하나, 파란색 바지를 입어야 하나? 이 정도의 사소한 선택조차도 번아웃에 시달리는 사람에게는 너무나도 과도한 요구가 된다. 때문에 아내가 들어와 파란색 바지를 손에 쥐여줄 때까지 그는 침대 맡에 두 시간 동안 가만히 앉아 있기만 한다.

이 마지막 단계는 마치 가파른 비탈길과 같아서 우리는 모호한 불안의 독립 단계 속으로 계속 빠져 들어간다. 그 결과 내적 불확실에 깊이 빠진 우리는 몸을 숙인 태도로 우리에게 가해지는 조금의 비판도 끊어내는 동시에 약간의 위험도 실제보다 더 크게 받아들인다.

아래에 불안의 독립 단계 상태를 드러내는 예들이 한 무더기 있다.

· 글루텐이 포함되지 않은 값비싼 식품을 구입한다. 어쩌면 내게 글루텐 알레르기가 있을 가능성이 있기 때문이다.

· 법률가들이 특별히 경고조로 금지 결정을 내렸다는 근거에 의해 기업의 구인 광고에만 '성차별 없이 동등하게'를 적용해야 하는 게 아니다. 애완동물협회도 웹사이트의 글에서 성차별을 해서는 안 된다.

· 세계적인 대축제, 쾰른 지역에서 열리는 장미의 월요일 '로젠몬탁' 카니발 행렬 때 샤를리 에브도(Charlie Hebdo, 수위 높은 풍자로 유명한 프랑스 주간지—옮긴이)에 가해진 테러를 규탄하는 취지의 카니발 마

차는 아예 제작도 되지 않았다. 비록 축제위원회가 다음과 같이 공표했지만 결국 마차 제작은 무산되었다. "경찰간부 대표자와 관련 기관들이 축제위원회에 보낸 공지에 의하면, 쾰른 장미의 월요일 축제 행렬은 참가자나 방문객들에게 전혀 위험이 발생하지 않았고, 앞으로도 없을 것이다. 특히 샤를리 에브도 마차도 전혀 걱정할 게 없다."

· 부모들이 자가용으로 수년간 학교 정문 앞까지 자녀들을 데려다준다. 자녀의 손을 잡고 교실까지 들어가는 부모도 있다.

· 2004년 1월부터 법적 피보험자가 더 이상 시력보완기구 지원금을 받지 못하게 된 후로 2005년 중반까지 필만 안경점 지점에서만 80만 건의 안경 보험이 판매되었다. 그 이유는 "세상일은 어찌될지 아무도 알 수 없다"는 것이다.


어떤 국가보다 복지가 잘 이루어진 안전한 국가에서 살고 있음에도 불구하고 생활 전반에 불안이 지배한다. 그것은 실제 이유가 없는, 일종의 유령 불안이다.

세간에 자주 입에 오르내리는 이야기가 정말로 사실일까? 실제로 정보의 홍수 때문에 사람들이 병들고 일상 자체를 불안으로 받아들이는 것일까? 나는 그렇지 않다고 생각한다.

노트북, 스마트폰, 태블릿은 우리에게 굉장한 가능성을 제공한다. 많은 일들이 더 쉬워지고 간편해졌다. 또 그런 기술로 인해 비로소 가능해진 일도 많다. 그런데 최초의 휴대전화가 세상에 나온지 아직 30년이 채 되지 않았다. 이제는 일상에 디지털 기기들이 들어오는 속도가 얼마나 빠르고 또 그것이 당연하게 받아들여지는지 믿기 어려울 정도다.

그런데 우리는 이 놀라운 기술의 진보에 우리 자신이 짓밟히게 내버려둔다. 우리는 과도한 요구 아래에 있다. 왜냐하면 이 새로운 매체를 다루는 법을 배우지 않았기 때문이다. 우리는 뭔가 잘못되었다는 것을 알지만 이 상황에서 빠져나올 생각은 하지 않는다. 외부에서 과도한 요구를 가하는 게 아니다. 우리 스스로가 과도한 요구를 허용하는 것이다. 우리가 어떻게 지내는지 신경 쓸 만큼 우리는 충분히 강하지 못하다.

사회학자이자 미래 연구가 마티아스 호르크스(Matthias Horx)는 몇 년 이내에 인간의 진정한 욕구가 재조명될 것이라 확신한다. 2014년 12월, 그는 독일 통신사에 대해 이렇게 말했다.

"우리는 점점 더 편향되고, 집중하지 못하고, 산만하고 신경질적이 된다. 다시 말해 비사회적 인간이 되어가는 장애 문화 속에 사는 것을 서서히 실현하고 있다. 몇 년 후에 미디어의 중독도 흡연의 중독성과 같다고 인정될 것이다. 그렇게 되면 스마트폰을 들여다보고 있는 사람은 교육을 받지 못하고 불안정한 성격을 가진 사람으로 통할 것이다."

나도 같은 의견이다. 즉 우리는 5년이나 10년 후에 디지털 미디어를 다루는 법을 제대로 배우게 될 것이다. 하지만 좋은 의도에서 하는 충고들, 예컨대 "녀희 자신을 위해 좀 더 시간을 많이 내라!" 그리고 "아이패드 좀 내려놔!"와 같은 얘기는 통하지 않을 것이다. 우리의 정신은 이 요구를 항상 다른 사람들에게나 해당하는 요구로만 이해할 것이다. 우리 자신에게 해당한다고는 생각하지 않으리라.

그러나 좋은 소식이 있다. 우리들 대부분이 여러 해에 걸쳐 사로잡혀 있는 모호한 불안 상태는 가역성이 있다. 때문에 모호한 불안은 아주 단시간 내에 떨쳐낼 수 있다. 우리를 몰아대는 것은 우리 자신이다. 사장도, 가족도 아니다. 단지 우리의 정신이 수천 가지 결정을 내려야 한다고 **믿는 것**뿐이다. 하지만 전혀 그럴 필요가 없다! 이론적으로 우리는 언제 어디서든 얼마나 많은 정보를 어느 시점에서 받아들일지 결정할 수 있다. 우리는 휴대전화를 손에서 내려놓고, TV를 끄고, 항상 메일 확인하지 않는 즉시 몇 분 이내에 평온의 오아시스를 만들 수 있다.

과도한 요구에 짓눌린 사람은 마치 비행 시뮬레이션에서 위급 상황을 차례차례 해결해야 하는 조종사와 같다. 그는 피곤과 근육통을 느끼며 눈이 따갑다. 스크린에서 위급 상황을 넘기자마자 또 다른 위급 상황에 맞닥뜨릴수록 비행기 조종사의 수행능력은 한계치를 넘어선다. 그런 그가 취할 수 있는 행동은 단 한 가지밖에 없다. 일어나서 문을 열고 나가는 것이다. 아주 간단하다.

8장

# 성인이 된다는 것

· 41세의 남성. 인간관계에 갈등을 겪거나 직장 상사와 문제가 생기면 가장 먼저 부모에게 전화를 걸어 위로를 구하고 조언을 듣는다.

· 35세의 엄마. 그녀는 유치원에 간 아이를 일주일에 세 번 정도는 너무 늦게 데리러 간다. 다음부터 시간을 지켜달라는 유치원 교사의 요청을 들을 때마다 그녀는 모욕감을 느낀다. 교사가 다시금 다짐을 받으려고 하자 결국 눈물을 왈칵 쏟고 만다.

· 53세의 부장. 그는 누군가에게 비판받는 것을 참지 못한다. 부하 직원들에게 계속 성과를 독려하는 일도 잘하지 못한다. 뭔가 일이 잘못되었을 때 담당자에게 책임을 묻기보다는 자신이 직접 일을 처리하는 편을 택한다.

· 24세의 여성. 두 번째 입사한 회사에서도 수습 과정 중에 그만둔 이후

항상 집에서만 생활한다. 그녀가 가장 좋아하는 건 어린이 TV 프로그램 시청. 인형으로 가득한 침대에서 마냥 누워 있으려고만 한다.

현실도피자, 무사안일주의 은둔자, 영원한 어른아이. 나는 이들에게 이렇게 외치고 싶다. "여보세요, 제발 성인이 되세요." 이 말 때문에 내가 분위기를 망치는 사람이 될 수도 있겠지만 상관없다. "우리 다시 아이로 돌아가자!" 같은 달력에 나오는 격언을 좋다고 여기는 이들은 어른은 어른다운 행동을 해야 한다고 생각하는 사람들과는 완전히 다른 차원에서 얘기하는 것이다.

여기, 걱정과 성가신 책임이 존재하지 않는 어린이의 환상 세계가 존재한다. 또 다른 한편에는 내면의 아이를 '죽여버리고' 더 이상 꿈꿀 수 없는 이성적인 세계에서 일 년에 230일 동안 서류가방을 들고 사무실로 향하는 가련한 사람들이 있다.

이와 같이 '좋은 아이들'과 '좋지 않은 어른들'이라는 이분법은 크게 잘못됐다. 나는 아직도 지극한 순진함을 유지한 채 인생을 놀이 삼아 살아가는 사람들이 못내 의심스럽다. 왜냐하면 모든 것에는 때가 있기 때문이다. 어른같이 행동하는 아이가 자연스럽지 않은 것처럼 어린애같이 행동하는 어른도 결코 자연스럽지 않다. 어른이 된다는 것에 대해 뭔가 단단히 오해가 있는 게 분명하다.

이제 질문을 던져야 한다. "어른이 된다는 것은 과연 무엇을 의미하는가?"

## 독립된 인격체가 되는 과정

법은 18세 생일을 맞은 젊은이는 완전한 행위 능력이 있다고 규정한다. 하지만 임대 및 신용대출 계약을 할 수 있고 동반자 없이 차를 운전해도 된다는 것이 자동적으로 사람을 성인으로 만들어주는가?

실제로 성인이 되는 것은 한순간의 사건이 아니라 개인의 독립이 점차 증가하는 성숙의 과정이라 할 수 있다. 이와 함께 부모와의 분리가 일어난다. 그렇다고 성인이 되면 부모와 깊은 애정 관계를 가질 수 없다는 얘기는 아니다. 결정적으로 부모 세대가 더 이상 생존에 중요한 존재가 아니라는 의미다.

나는 사회학을 근거로 성인으로 완성되는 발전 과정에 있는 다섯 가지 특징이 매우 설득력이 있다고 생각한다. 이 특징들은 마치 프로젝트의 이정표와 같이 '성인이 되어가는' 일이 어디까지 진척될 수 있는지를 보여준다. 그 표지들은 다음과 같다.

1. 교육 과정 완료: 청년은 더 이상 고등학생, 직업교육생, 대학생이 아니다. 이제 그는 배운 것을 활용할 수 있다. 이상적인 경우 이 단계는 첫 직업의 시작과 때를 같이한다.
2. 물질적 독립: 스스로 돈을 벌고 부모가 주는 용돈에 의존하지 않기 때문에 청년은 점점 더 많이 자신의 개인적인 관심사를 추구할 수 있다. 이를테면 이제 전적으로 자신의 의향에 따라 휴가를 보낼 수 있다.

3. 자신의 최초 주거지로 이사: 이사를 나감으로써 부모와 청년과의 공
   간적 분리도 이루어진다.

4. 결혼: 드디어 청년에게 온전한 자기만의 생활 영역이 생긴다.

5. 첫아이 출산: 이때 자신의 감정과 욕구, 다시 말해 자기 자신과의 최
   후통첩과 같은 만남이 이루어진다.


우리는 이 다섯 단계를 거치며 세상에서 자신의 자리를 획득한
다. 자신의 견해와 취향을 형성하고 침착해진다. 물질적 독립만이
아니라 감정적 독립 단계도 거친다. 이제는 친구들 사이에서 따돌
림을 당하는 게 두려워 집단의 압력에 굴복하는 일은 더 이상 하
지 않는다. 성인은 자식에 대한 책임감을 가짐으로써 진정으로 독
립된 인격체가 된다.

성인이 된다는 것은 사실 태어날 때부터 이미 시작된 과정이
다. 유년기와 청소년기는 준비 과정에 해당한다. 앞에서 언급한
다섯 단계는 성인이 되는 '본격적인' 단계다. 이때 학교를 졸업하
고 가정을 형성하기까지 몇 년이 거릴 수 있다. 독일연방 통계처
에서 발표한 자료에 따르면 1970년 당시 평균 결혼 연령은 서독
의 독신 남자의 경우 25.6세였다. 그리고 독신 여성의 결혼 연령은
평균 23세였다. 일 년이 지나면 첫아이가 생겼다. 즉 예전의 서독
어머니들은 첫아이를 평균 24.3세에 낳았다. 당시 동독은 그보다
더 빨라서 21.9세에 첫아이를 출산했다.

성인 생활로 들어가는 규정된 이 길은 당시 협의 사항이 아니었다. 30세가 된 사람이 여전히 부모의 집에서 살면서 '부모에게 돈을 타서' 쓰는 경우는 사회적으로 고려되지 않았다. 미혼자는 성인으로 간주되지 않았다. 그리고 결혼한 부부에게 아이가 없는 경우도 의도적인 결정이 아니라 불행이었다.

두 세대 이내에 이 패턴은 완전히 달라졌다. 인터넷포털 임모벨트의 조사를 보면 18~30세의 34퍼센트가 여전히 부모의 집에서 산다는 결과가 나왔다. 당신이 거리를 걸으며 마주치는 젊은 남녀 세 명 중 한 명이 아직도 부모의 집에서 사는 것이다. 다섯 명 중 네 명은 심지어 아직도 옛날 자신이 지내던 어린이 방에 '눌러앉아 있다.'

결혼과 가족 형성도 더 이상 자연히 밟아나가는 단계가 아니다. 다시 한 번 독일연방 통계처의 데이터를 보자. 2013년의 평균 결혼 연령이 남성 33.6세, 여성 30.9세다. 그리고 그들의 첫아이 출산 연령은 29.3세에 이른다. 2013년에 아이가 없는 40~44세의 여성이 22퍼센트에 달했으며 이들은 앞으로도 계속 아이가 없는 채로 살아갈 확률이 크다.

성인이 되어가는 과정이 마치 고무줄이 쭉 늘어나듯 몇 십 년으로 늘어날 가능성이 있다. 게다가 많은 경우에 완전히 정체상태로 머물기도 한다.

대체 왜 그럴까?

## 발전 정지 상태로의 발전

더 이상 일정한 틀에 억지로 들어가지 않게 되었다는 것은 일반적으로 큰 진보로 여겨진다. '학교 졸업 – 취업 – 분가 – 결혼 – 자녀 출산'이라는 일련의 단계가 오늘날에는 자연스러운 발전이라기보다 개인 형성의 여지를 협소하게 만드는, 인정하기 어려운 것으로 여겨진다. 물론 다른 형태로 살아도 된다.

그런데 현대사회는 성장하지 않는 상태를 오히려 두둔한다. 교육을 받고 싶지 않은 사람은 그냥 집에 있으면 된다. 다시 말해 악명 높은 무단 결석자와 배우기 싫어하는 실습생을 어떻게 할 도리가 없다는 거다. 부모의 집을 떠나고 싶은 충동도 없다. 알렌스바흐 여론조사기관이 2013년에 부모들을 대상으로 '14세에서 17세 사이의 자녀들에게 절대로 허용할 수 없는 일이 무엇인가'라는 설문조사를 실시했다. 그 결과 자녀의 이성 친구가 밖에서 같이 밤을 보내고 싶다고 집으로 내 아이를 데리러 왔을 때 단 7퍼센트의 부모만 허락하지 않는다고 했다. 상황이 이렇다 보니 예전에 젊은 층이 부모 집에서 나가 독자적으로 살려고 한 주요 동기가 없어진 것이다. 결혼도 더 이상 의무가 아니다. 부부 대신 생애의 일정 시기를 같이하는 파트너와 원 나이트 스탠드가 존재한다. 이 모든 것이 더 많은 자유와 더 적은 강요를 약속한다.

발달 단계가 너무 퇴행으로 이행되고 또한 단계 자체가 빠져버리는 현상에 대해 우려의 목소리를 내면 즉시 성년이 되지 않은 이들을 옹호하는 목소리가 맞선다. "그들이 어른이 될 수 없는 것은 지금의 상황 때문이 아닌가!" 청년들이 직장을 구하기가 예전보다 훨씬 더 어려워졌고, 집값이 너무 올라 청년들이 집을 구해 나갈 형편이 되지 못하며, 아이를 낳아 기르는 데 비용이 너무나 많이 든다는 것이다.

나는 청년들이 취직하고 가족을 구성하는 일이 실제로 더 어려워진 것인지, 아니면 때로는 청년들이 갖고 있는 놀랄 만큼 까다로운 기대에 혹시나 문제의 원인이 있는 것은 아닌지에 대해 토론하자는 게 아니다. 지금 내가 이야기하려는 주제는 그게 아니다. 한 가지 분명한 것은 정신과 의사의 관점에서 볼 때 이 같은 '발전 정지 상태로의 발전'은 완전히 절망적이다.

왜냐하면 성인이 되는 것은 인간 내면의 중대사이기 때문이다. 신체의 성장과 마찬가지로 정신과 감정의 성장도 자연적으로 예정되어 있다. 어린아이의 내면에서도 이미 세상을 발견하고 경험을 쌓고 싶어 하는 어마어마한 열망을 감지할 수 있다. 이런 원동력이 젖먹이 상태의 전적인 의존에서 벗어나 성인으로서, 말로만 자신의 발로 서는 것이 아니라 주체적인 의식을 가진 인격체로 살아가는 인생을 추구하게 만든다. 원시시대부터 성인으로의 발달은 생명을 좌지우지했다. 그것은 부모가 죽기 전에 자식들이 빨리 그리고 충분히 성숙해야 하는, 시간과 겨루는 경주였다. 부모가 제때 자식들이 생활을 잘해나갈 수 있게 해주지 못할 경우 자식들의 상황은 위태로웠다. 겨우 두 세대도 지나지 않은 지금, 나이가 들어서도 스스로 한계를 두고 좌절을 극복하는 법, 다시 말해 어른이 되는 법을 배우지 않으려 하고 배울 필요도 없다고 하는 것은 있을 수 없는 일이다. 그럼에도 불구하고 신체는 다 자랐으나 정신과 감정은 자라지 못한다. 그 결과 비록 만 18세의 성인이지만,

· 겉모습에 좌지우지되어 존재보다 현상을 더 중요시한다.
· 결정을 내리지 못하는 의지박약한 모습을 보인다.
· 자신의 주관이 없기 때문에 주류를 따르는 게 마음이 편하다.
· 남들에게 사랑받지 못하는 것을 힘들어한다.
· 때로 어려운 시기를 견디는 데 쓸 밑천이 부족하다.
· 다른 사람이 방향을 제시해주기를 바란다.
· 원하는 바를 단기적으로 충족하고 싶어 한다.
· 책임지려 하지 않고, 책임질 능력도 없다.

솔직히 말해서 이러한 태도는 모두 전형적인 아이의 태도이지 성인의 태도가 아니다. 내 생각에는 아이에서 성인으로의 발달이 실제로 더 이상 이루어지지 않는 것으로 보인다. 성숙을 방해하는 무언가가 존재하는 건 아닌가 하는 생각이 든다. 하지만 놀랍게도 그것은 빗나간 예상이다. 뭐라고? 이미 아이가 아닌 사람들이 성인답게 행동하지 않는다면 아이에서 성인으로 가는 발달에 어떤

장애 요소가 있었기 때문이 아닌가? 아니다. 성인이 되지 않는 이유의 대부분은 적어도 그러한 가정에 들어맞지 않는다. 또 하나의 큰 원인이 존재하기 때문이다.

나의 진단은 이렇다. 오늘날 40세에서 55세에 해당하는 성인들의 발달은 1990년대 초까지는 순조롭게 진행되었다. 현재 40대, 50대에 이른 사람들은 이미 한 번 성장했다. 하지만 이들은 많은 경우에 한 번 이후로는 더 이상 성장하지 않았다.

실제로 성인의 상태는 한번 다다르면 절대로 다시 떠나지 않는 고지가 아니다. 오래전에 극복하고 거쳐 지나온 시기로 도로 미끄러질 수 있다는 얘기다. 정신과에서는 이것을 퇴행이라 일컫는다.


## 유년기로의 퇴행

약 1960년대부터 우리의 상황은 나아졌다. 심지어 아주 좋아졌다. 과거 수십 년에 걸쳐 생활은 점점 더 편안해졌다. 자가용을 소유하는 것이 한때 사치의 상징이었다는 것을 지금은 상상하기 어렵다.

일도 더 쉬워졌다. "아무튼 내 일은 정말 너무 힘들어"라고 탄식하는 사람은 옛날에 농부들이 얼마나 힘들게 노동해야 했는지를 기억할 필요가 있다. 항구에서는 수작업과 짐수레로 배에서 짐을 내렸지, 버튼 하나로 몇 톤 무게의 컨테이너를 크레인으로 작동시키지는 않았다. 서독의 철강 산업은 1956년까지 주당 48시간 노동이 일반적이었다. 다시 말해 하루에 8시간 노동으로 일주일을 보냈다. 노동 시간은 여러 단계를 거쳐 (전적인 임금 균일화일 경우 부분적으로) 1995년까지 35시간으로 제한되었다. 2014년 초에 연방 가족부장관 슈베지히는 어린 자녀를 둔 부모에게 급료 삭감 없는 주당 32시간 업무제를 도입하자고 제안했다. 그리고 한층 더 진보적인 좌익은 주당 30시간을 계획하고 있다.

결국 생활은 예전과 비할 바 없이 편해진 것이다. 그러다 약 25년 전 디지털 혁명이 생활의 편리화 과정을 다시 한 번 드라마틱하게 가속화했다. 그때 버튼 하나로 일을 해결한다는 약속이 도래했다. 컴퓨터가 성가신 계산과 관리 업무를 도맡았다. 곧 마우스 클릭으로 피자가 문 앞에 배달되었다. "보고 싶다. 원한다. 그러면 얻는다." 이처럼 오늘날 인터넷은 어떤 욕구든 다 들어준다. 하지만 그것이 바로 매우 위험하다. 우리가 너무 빨리 단념하고, 기대할 생각을 가지지 않기 때문이다. 왜 그럴까? 모든 게 다 있기 때문이다! "나는 모든 것을 원한다. 그것도 당장"의 현실화에 우리가 빠르게 적응했다.

이제 인터넷은 퇴행을 부추기는 도구로 밝혀진다. 디지털 혁명 이전에 성장한 사람들은 사실상 어린아이에 해당하는 발달 단계로 후퇴한다.

아이가 성인이 되는 것만이 아니라 성인도 아이가 될 수 있다는 생각은 낯설다. 인정한다. 하지만 **그런** 일이 일어날 수 있음은 의심할 여지가 없다. 성인은 성숙한 인격체로서 자신의 인격을 형성하기 위해 거친 모든 발달 단계, 즉 구강기, 항문기, 환상기를 비롯한 숱한 단계를 내면에 간직한다. 한번 거쳐온 시기의 습성은 완전히 지나가버리는 것이 아니라 내면에 남아 있다. 수많은 어른들이 예전에 지나온 어느 한 단계에 깊이 뿌리박혀 있는 태도를 보인다. 어떤 단계가 얼마만큼 대표적으로 강하게 드러나는가는 개인에 따라 다르다.

여행을 갔던 친구가 돌아왔다고 가정하자. 아직도 구강기에 고착되어 있는 사람은 친구에게 이렇게 묻는다. "호텔 음식은 어땠어? 기내에서도 점심을 먹었니? 여행지에서 우리나라 식당에도 한번 가봤어?"

대신 "음식은 어땠어?" 이렇게 묻는다면 전혀 나쁠 게 없다. 하지만 어떤 사람이 아직도 머릿속에 오직 음식 생각만 하고 있다면 우선 정신적으로 건강하지 않은 것일 수 있다. 그런 사람은 예컨대 음식을 보상으로 여기게 된다. 또는 위안으로 삼는다. 그의 생각과 걱정은 온통 음식 섭취에 맴돈다. 내일 아침은 뭘 먹을까? 냉장고에 우유는 충분히 있나? 만일 여섯 명이 예고도 없이 집에 찾아온다면 먹을 게 충분히 있으려나?

한편 항문기의 통제 소망을 강하게 드러내는 사람은 다른 것에 관심을 보인다. 즉 "모든 게 잘 들어맞았어? 비행시간은 정확했고? 숙소는 깔끔하게 정돈이 잘 되어 있었어?" 또 여전히 환상기에 강하게 사로잡혀 있는 사람은 다음의 사항들을 궁금해한다. "여행 가서 뭘 경험했어? 어떤 인상을 받았니? 위험한 적은 없었어?" 환상기는 산타클로스와 부활절 토끼, 그리고 마녀와 괴물이 사는 어린이들의 세계이기 때문이다. 환상기로 다시 돌아간 성인에겐 과도한 환상과 공포라는 특징이 있다. 그런 그가 세상의 음모론에 푹 빠져 있는 것은 그리 놀라운 일도 아니다. 13일의 금요일에 집 밖으로 나가는 것을 엄청나게 싫어하는 사람이라면 이미 그럴 가능성이 있다.

앞서 말한 바와 같이 유년기는 우리의 일부다. 하지만 건강한 성인은 유년기가 인격의 본체를 이루지는 않는다. 발달 단계에서 뒤로 미끄러지는 사람인 경우에만 수많은 자아 기능이 퇴행 속에 매몰되어 유년기의 정신 상태가 다시금 우세해진다. 그러면서 거리를 두는 능력, 한계를 정하는 능력, 좌절을 극복하는 능력이 상실된다. 또한 사람을 주체적으로 만드는 것, 즉 기꺼이 노력하고자 하는 열의도 상실된다. 노력에 대한 열의가 있어야만 무언가를 성취해내고, 변화시키고, 개선할 수 있다. 퇴행 상태의 사람은 생각한 대로 일이 진행되지 않으면 즉시 무릎을 꿇는다. 성숙한 인격체는 일의 진행에 영향을 행사하며, 어린이다운 특징은 다만 부차적인 것으로 감정에 도움이 되는 정도로 유지할 수 있다.

40~50대에 이르러서도 성숙하지 못한 사람은 지극히 슬픈 사람이다. 그는 '큰 아이'로서 자신만의 세상을 배회하며 물질적·감정적·정신적으로 의존에 빠진다. 때로는 직장 생활에, 때로는 가정생활이나 인간관계에 의존한다. 더 나아가 그는 **모든** 인생 국면에서 자신의 인생에 의미를 부여할 기회를 놓칠 수도 있다.

자신의 인생만 나락으로 떨어지는 게 아니다. 성장하지 못한 사람들은 필연적으로 불행한 부모가 된다.


## 아이는 항상 행복해야 한다는 믿음

아이들 교육은 사실 어렵지 않다. 가르치는 사람이 어른이라면 말이다. 성인이 된 인격체는 자녀들에게 자신의 예를 통해 분명한 방향을 제시해준다. 그럴 때 성인은 달리 애쓸 필요가 없고, 긴장할 필요도 없다. 있는 그대로 있기만 하면 된다. 즉 성인은 세상에서 자신의 자리를 찾았고, 옳고 그름과 중요하고 중요하지 않은 것에 대한 자신의 의견을 가진 사람이다. 그들은 오늘의 시간과 감정을 자녀들에게 투자하고, 투자한 것이 10년, 20년이 지나야 눈에 보이게 되는 것을 참아낸다. 어른다운 부모는 자녀들에게서 사랑을 요구하려는 생각을 하지 않는다. 그리고 자녀들에게 성장을 위한 안전한 집을 제공하는 것을 전적으로 당연하다고 생각한다. 그럼으로써 자녀를 참고 받아들이는 관계, 그 때문에 또한 인생이 끝날 때까지 유지되는 관계를 형성해나가는 동시에 발전하고자 하는 자녀의 열의를 꺾지 않는다.

그런데 실제 교육 방법은 많이 달라 보인다. 그것을 나는 매일 진료실에서 관찰할 수 있다. 그리고 쇼핑할 때나 레스토랑, 여행지 등에서도 관찰할 수 있다. 당신도 일상생활에서 그에 상응하는 경험들을 찾아볼 수 있을 것이다.

**첫 번째 관찰**: 많은 부모들이 내적 안정성을 갖고 있지 못하다. 끊임없는 흥분 상태, 더 정확하게 말하면 모호한 불안 상태에서 대부분 단 한 가지만을 원한다. 즉 간섭하지 않고 그냥 내버려두려고만 한다. '안 돼'라고 말하는 대신 '그래'라고 말하기가 당장은 더 편하기 때문에 아이들은 거의 모든 것을 해도 되고, 가지고 싶은 것은 거의 다 얻는다. 이런 부모들은 가르침을 받을 의지를 가진 아이를 눈앞에 두고 있음을 더 이상 보지 않는다.

**두 번째 관찰**: 부모들이 드라마틱한 불안감으로 인해 투사 상태 또는 심지어 자녀들과 공생 관계에 빠진다. 그러면 부모들은 자녀에게 '좋은' 일을 모두 했고, 또한 자신들에게도 좋은 일을 했다는 기분을 가진다. 따라서 자녀들의 모든 소원도 충족된다. 어린 자녀가 닌텐도 게임기를 가지고 싶어 하면 곧바로 얻을 수 있다. 이는 아이의 발달을 위해 전혀 도움이 되지 않는다. 왜냐하면 아이의 소원이 즉시 이루어지면 더 이상 확장이 존재하지 않기 때문이다. 모든 게 입에서 말이 떨어지자마자 다 이루어지면 발전은

도대체 어디로 향하겠는가?

나는 진료실에서 아이들이 가는 길에 존재하는 모든 장애물을 치워주기 위해 전력을 기울이지 않는 어머니와 아버지들은 단 한 명도 보지 못했다. 그들은 아이들이 가능한 한 모든 것을 쉽게 이룰 수 있도록 최선을 다한다. 내 지인과 친지들 사이에서도 자식들에게 노력을 요구하지 않는 것이 보통이다. 그러다 예컨대 안 좋은 성적표의 형태로 예기치 않은 결과가 나오면 그것은 교사가 잘못한 것이다. 또는 학교 시스템 탓이다. 이런 부모는 안 좋은 성적표도 아이들에게 자신감이라는 긍정적인 경험을 줄 수 있다는 점을 보지 못한다. 자신감이란 이런 것이다. 나 스스로 무언가를 할 수 있고, 다룰 수 있고, 성취할 수 있다는 사실을 아는 것이다. 자기 자신을 한 번도 증명해 보일 필요가 없는 아이들은 이런 경험을 할 기회가 없다. 이런 아이들은 장래에 어떤 일을 할 자신이 없게 되고, 어려운 상황을 극복하는 능력인 회복탄력성이 결여된다.

'아이는 항상 행복해야 한다'라는 믿음은 정말 끔찍한 것이다. 미완성으로 끝나는 인생의 싹을 숨기고 있는 생각이다. 영원한 만족이라는 고정된 목표는 결코 도달할 수 없다. 행복은 실망과 상실과 같은 감정도 알아야만 비로소 느낄 수 있기 때문이다. 이전에 배고픔을 경험했어야 음식을 진정으로 즐길 수 있다. 하지만 오늘날 청소년들은 대부분 영원한 포만의 세계에서 산다. 말 그대로다. 나는 식욕을 느껴본 적이 없는 청소년들을 안다. 식욕은 다른 곳으로 밀려난다. 이들 청소년들은 '장 보기 – 음식 만들기 – 먹기'의 과정을 전혀 모른다. 그 과정은 그들에게 인내심을 지나치게 혹사하는 일이 될 것이다.

포만은 물질적 차원에서도 일어난다. 미성숙한 부모가 아이들을 기를 때 감정 영역의 포만은 심지어 더 음울해 보인다. 여기서 과잉 공급은 문제도 되지 않는다.


## 감정과 역할의 혼란 속에서

한 어머니가 다섯 살이 다 된 루이스를 데리고 내 진료실에 찾아온 것은 그리 오래되지 않았다. 문제는 루이스가 2년간은 유치원에서 바지에 오줌을 싸지 않더니 최근 들어 다시 그런다는 것이다. 그것도 매일 말이다. 유치원 교사들이 어머니에게 압박을 가했다. 계속 아이의 바지를 갈아입히는 게 너무 힘들었기 때문이다. 어머니 쪽에서는 유치원 교사들에게 발끈했는데, 교사들이 '직업상 해야 할 일'을 거부한다는 이유에서였다. 그리고 중간에는 어린 루이스가 끼어 있었다. 어머니는 내게 원하는 바가 확실했다. 즉 최근 루이스는 발달 과정에서 어려움을 겪고 있고, 이 상황에서 다섯 살이 채 안 된 아이가 다시 바지에 오줌을 싸는 것은 정상적이며 곧 지나가는 현상이라는 내용의 의사소견서를 써달라는 것이었다.

이는 아주 전형적인 이야기다. 항상 "아이가 좀 이상해요"라고 하면서도 아무도 책임을 느끼지 않는다. 그리고 정신과 의사가 할 일은, 아이에게 정신과 치료가 필요 없다든지, 아니면 이런저런 타과 전문의에게 치료를 넘긴다는 진단서만 끊어주면 된다는 식이다. 아들이 두 살짜리 아이처럼 다시 바지에 오줌을 싸는 원인이 어디에 있다고 생각하느냐는 나의 질문에 어머니는 이렇게 대답했다. "저도 잘 모르겠어요." 내가 계속 집요하게 물었더니 어머니의 머릿속에 퍼뜩 생각이 떠올랐다. "아이가 유치원에서 과도한 요구를 받고 있는 것 같아요."

이때 실제로 생활에서 과도한 요구를 받았던 사람은 어머니다. 어머니는 아들을 보살피는 것이 자신의 의무라는 생각도, 아들이 바지에 오줌을 싸는 행동의 원인이 바로 자신이 될 수 있다는 생각도 하지 않았다. 어머니는 더 이상 어깨에 부담을 지고 싶지 않다는 소망으로 다른 사람이 문제를 다루고 해결해줄 것이라 확신했다. "아들과 나를 좀 제발 가만히 내버려두세요. 아주 지긋지긋해 죽겠어요!" 이 상태에서 정서적으로 홀대받는 루이스가 오줌을 싸는 것은 조금도 이상할 게 없다. 루이스가 아이라는 것이 간과되었기 때문에 아이의 욕구도 간과되었다.

언뜻 비논리적으로 들리지만, 정서적으로 적절한 보살핌이 결핍된 아이들의 다수가 동시에 정서적으로 과도한 요구 상태에 놓이게 된다. 불안정하고 모호한 불안 상태에 빠져 있는 부모 세대들은 지푸라기라도 잡고 싶은 심정으로 어떤 지원이든 움켜잡는다. 그것이 어린아이에게서 나온 지원이라도 상관없다. 투사에서 공생이라는 단계를 밟는 비극적인 파트너십의 왜곡 속에서 부모는 점점 더 아이에게 의존하는 한편, 아이의 감정을 강탈한다. 부모의 결핍에 대한 보상으로 아이는 성인을 사랑해주고 분위기를 살려야 한다. 그 결과가 모든 감정과 역할의 혼돈이다.

이 모순적 조건 아래 아이의 감정 및 사회적 발달은 불가능하다. 감정적으로 학대당하고 물질적으로 준비가 되지 않을 때 아이들은 유아기의 단계에 그대로 고착된다. 쾌락 원칙에 따르며 더 이상 확장되지 않는 지점으로 옮겨가는 것이다(나는 이제 직언할 수밖에 없다). 그럼으로써 아이들은 생활에 무능력해진다. 이 점에서는 감정과 역할의 혼란 속에서 아이들과 부모는 오직 나이에 의해서만 서로 구분된다고 말할 수 있겠다.

그렇게 자란 아이들도 이제 나이가 찼다. 당신은 알아챘을 것이다. 그렇다, 성장한 게 아니다. "세상이 너를 기다린다"라는 말을 항상 듣는 그들은 '한 번뿐인 인생 즐겨라(Yolo, You Only Live Once)'라는 쾌락주의의 모토를 외친다. 그와 동시에 한눈에 다 파악할 수 없는 무수한 행위의 선택권이 그들을 괴롭힌다. 그리고 그들은 너무 많은 자유에 대해 잘못된 결정을 하면 어쩌나 하는 불안으로 응답한다. 실패에 대한 불안보다 타인이 어떻게 평가하느냐에 대한 불안이 앞선다. 항상 관찰 대상이었던 그들은 보호와

감독받는 일 외에 다른 것을 알지 못하기 때문이다.

오늘날 성인의 존재가 무엇인지 아는 사람들이 극히 적은 이유는 '성인이란 무엇인가를 보여줄 수 있는 진정한 성인이 별로 많지 않다'는 데 있다. 심리학자 프랭크 피트먼(Frank Pittman)의 이 언급은 이미 2001년에 정기간행물 〈오늘날의 심리학*Psychologie Heute*〉 제4권에서 인용되었다.

피트먼의 견해가 옳다. 우리는 퇴행 상태에서 성인이 되기를 잊어버린 40세에서 60세의 사람들로 구성된 사회에 있기 때문이다. 그리고 오늘날 20대와 30대에 해당하는 이들은 그들의 자녀들이다. 이 자녀들은 부모들이 감정의 자원을 남용하고 물질의 포화 상태를 만들어 준 탓에 성인이 될 기회를 한 번도 갖지 못한 세대다.

이것이 바로 치명적인 불행을 불러오는 문제다. 즉 성인이 되지 못한 부모들은 아이들에게 성장의 기회를 주지 못한다. 이 메커니즘을 돌파하지 않으면 곧 실제로 성인이 되는 모범을 보여줄 수 있는 성인들이 더 이상 존재하지 않게 된다. 디지털 혁명 이후 형성된, 미성숙한 두 번째 세대가 오늘날 이미 자녀들을 기르기 시작했다. 이는 삼 대째 아무도 직업이 없고 돈 버는 사람이 없는 가족 드라마에 나오는 가족과 같다. 이럴 때 아이들은 다른 방식으로도 살 수 있다는 것을 도대체 무슨 수로 알 수 있겠는가?

나는 단연코 이런 언급으로 그 누구도 모욕할 생각이 없다. 누구든지 뜻밖에 실직자가 되어 실업자 지원을 신청해야 하는 상황에 빠질 수 있다. 마찬가지로 누구든지 성인의 모범상이 결여된 가정의 자식으로 태어날 수 있다. 본질적으로 개인에게 문제가 있는 게 아니다. 한 가족 전체가 세대를 거쳐 인생을 책임지고 주도하기를 잊어버리도록 허용한 환경에 있다. 끊임없는 정보의 홍수 그리고 그에 관련된 과도한 요구가 사회의 대부분을 나이만 찬 미성숙한 사람들로 구성되게 만든 것이다.

여기서 우리는 '과도한 요구'를 더욱 강화하는 피드백 효과를 발견한다. 즉 과도한 요구는 우리를 아이의 단계로 퇴행시키고, 우리가 아이들을 성인으로 기르는 것을 방해한다. 하지만 주변 세상은 여전히 성인의 세계다. 비록 사회가 아이의 세계로 나아간다고 해도(그래서 놀이와 유희가 전면으로 부각되고 무책임이 만연하다) '진지하게' 해야 하는 일들이 아직은 훨씬 더 많다. 결정은 내려져야하고, 기업은 경영되어야 하며, 업무는 완수되어야 한다. 그리고 무엇보다 후손을 성장시켜야 한다. 하지만 어떻게 '아이'가 성인의 세계에서 아무 문제없이 잘 지낼 수 있겠는가? 아이는 과도한 요구의 부담에 한층 더 많이 짓눌릴 뿐이다.

과도한 요구가 세상에 만연하다는 것은 신화다. 이 시각은 바깥 세계가 우리에게 너무 가혹하다고 가정한다. 우리는 십수 가지 일을 동시에 처리해야 하고, 항상 연락 가능해야 하며, 항상 최신 상태로 업그레이드해야 한다……. 하지만 진정한 문제는, 우리가 원하는 대부분을 즉시 얻을 수 있기 때문에 우리가 더 나약해졌다는 것이다.

회사에 계속 지각하는 사람은 혹독한 결과를 예상할 수 있어야 한다. 비인간적인 주변 세계가 성취할 수 없는 일을 강요하는 게 아니라 그가 제 시간에 일어나지 못한 것이 문제다. 험한 직업 세계의 탓이 아니어야 우리의 문제가 조금이나마 느껴진다. 분명하게 말하면 과도한 요구를 하소연하는 것은 성장할 필요가 없으면 좋겠다는 소망의 위장에 지나지 않는다.

지금보다 일을 더 적게 하고 복지가 향상됨으로써 과도한 요구 현상이 해결될 수 있다고 생각한다면 오산이다. 그렇게 되면 우리는 심지어 한층 더 형편없이 일하게 된다. 자신에 대한 요구가 더 낮아지기 때문이다. 하지만 우리 내면에는 훨씬 더 많은 것이 내재되어 있다. 바로 지금이 우리가 실제 어떤 능력을 가지고 있는지 다시 숙고해야 할 절호의 때다. 아이들만 존재하는 사회는 제 기능을 할 수 없기 때문이다.


## 성인다운 태도란

지금 자전거 여행을 한다고 생각해보자. 80킬로미터의 산악지역을 통과하니 벌써부터 다리가 무겁다. 피곤해진 당신은 빨리 호텔에 도착하고 싶다. 이제 기로에 선다. 다음번 산등성이를 또 힘겹게 올라갈 것인가? 15킬로미터만 더 가면 목적지가 나온다. 하지만 산 아래 쪽으로 내려갈 수도 있다. 그러면 30킬로미터를 더 가야 목적지에 도달한다. 미성숙한 사람은 산 아래쪽으로 향한다. "또다시 산등성이를 올라가는 건 무리야. 더 이상 못해! 이제 좀 경치를 즐겨야지." 산등성이로 올라가기로 한 사람은 이미 호텔 레스토랑에 앉아 달콤한 팬케이크를 즐기는 한편, 미성숙한 사람은 길에 서서 탄식의 비명을 터뜨린다. 다시 오르막길을 앞에 두고 지금부터 산등성이를 타고 올라가야 하기 때문이다. 누가 이럴줄 예상했을까?

나중에 즐기기 위해 먼저 노력하고 절약하려는 사회 구성원들의 자세는 모든 사회의 토대다. 이때의 단념은 개인의 발전만이 아니라 사회 존속의 중요한 원동력이기도 하다. 학생, 대학생, 직업수련생들은 직장 생활에 발을 들이기 전에 먼저 학습 과정을 수료해야 한다. 교육 단계가 높아질수록 몇 년간 노력이 더 투입되는 과정을 거쳐야 한다. 어머니의 품에서 벗어나 독자적 인생으로 향하는 발전 과정은 원칙적으로 항상 같은 방식으로 진행된다. 즉 미래를 지배하기 위해 현재의 욕구를 즉시 충족시키는 것을 단념하는 것이다.

발전 없이는 학습의 진전이 없고, 학습 없이는 삶의 질이 향상되지 않는다. 이는 개인과 사회에 모두 해당한다. 때문에 당장 즐기고 보자는 사람들로 구성된 사회는 존속할 수 없다. 당장 즐기자는 사람들은 건설적이지 못하다. 그들은 오로지 소비만 일삼으며 자신들의 욕구에 골몰한다. 그들은 무엇이든 이용하려 들면서 지원을 받으려 하지만 반대로 남을 위해 무언가를 해줄 생각은 하지 않는다. 그 일이 장기적으로 불가능하다는 사실은 너무도 자명한 얘기다.

그 때문에 우리 자신에게 다시 부담을 지우는 것이 바로 생존을 좌우한다. 그래야만 비로소 발달이 시작되기 때문이다. 우리가 잘 살기 위해서는 자신과 아이들에게 너무 쉽게 사는 환경을 제공해주면 안 된다. 이해심이 없어야 한다는 뜻으로 하는 말이 아니다. 하지만 자신과 타인의 장애물을 제거해주는 것은 호의가 아니라 성장을 가로막는다는 일이라는 사실을 이제는 알아야 한다. 호의란 우리의 행위가 분명한 것, 예측 가능하고 일관성 있는 행동을 하는 것을 말한다. 자녀, 직원, 시민에게 방향성을 제시하지 않는 사람들이야말로 세상을 망치는 사람들이다.

나는 항상 사람들 각자의 발전력을 믿는다. 퇴행도 그칠 수 있다. 나이가 얼마나 많은가에 관계없이 사람은 모두 성장할 수 있다. 우리는 생각보다 부담을 감당해낼 능력을 많이 가지고 있다.

우리는 편한 것 대신 의미 있는 것을 선택할 수 있다. 그럴 때 우리는 다시 성인다운 태도를 갖게 된다. 그리고 아이들에게 성인이 되는 것이 어떤 것인지 보여줄 수 있다.

9장

역할의 혼란에 대하여

프라이부르크 슈바르츠발트 지역의 옛 축구장은 축구연맹의 규정보다 경기장의 길이가 4.5미터가 짧다. 게다가 이쪽 골문에서 저쪽 골문까지 1미터 구간이 경사지다. 그 때문에 선수들은 한 번은 오르막길로 한 번은 내리막길로 뛰면서 경기를 한다. SC 프라이부르크 분데스리가 축구팀은 수년 전부터 존재한 예외 승인에 의해서만 이 경기장에서 치르는 홈게임을 요청할 수 있다. 이제 축구장 문제를 근본적으로 해결할 때가 되었다.

2014년 11월, 갓 선출된 시의원이 3/4의 다수표로 도시 서부지역에 경기장을 신설한다고 발표했다. 물론 이 계획에 반대하는 사람도 있을 게 자명했다. 예컨대 경기장이 신설될 인근 지역 모스발트에 사는 많은 주민들은 교통체증과 소음 등을 이유로 경기장

건립을 반대했다. 그러자 시의원은 근사한 아이디어를 떠올렸다. 즉 16만 9000명의 프라이부르크 시민들이 다시 한 번 투표를 해서 모스발트 인근의 새 경기장 건설을 결정하자는 것이었다.

선거를 앞두고 한편에서는 경기장 건설을 반대하는 사람들을 '성난 시민'이자 우익 포퓰리즘에 빠진 사람들이라고 비방했다. 또 다른 한편에서는 자신들이 결탁과 파벌 경영의 피해자라고 주장했다. 2015년 2월 1일, 시민투표에 참여한 시민들의 58.2퍼센트가 모스발트 지역의 볼프스빙켈에 경기장을 짓는 데 찬성했다.

시장과 시의원들이 자신들의 임무를 투표로 대신했기 때문에, 이제 시민투표에 참여했으나 자신의 뜻이 관철되지 않은 41.8퍼센트의 시민들은 실패자의 기분이 들 수 있다. 경기장 신설 찬성자와 반대자 사이에 형성된 골은 깊이 새겨졌다.

나는 분명하게 진단한다. 정치인들은 자신이 어떤 역할을 해야 하는지 모르는 게 틀림없다. 시민들이 뽑은 여러 정치가들을 비롯해 시의원들은 결정을 내리기 위해 존재한다. 유권자들을 대신해 정세에 따른 최선책을 선택하는 것이 그들의 임무다. 그리고 정치인들의 임무에는 시민들의 불만스러운 반응을 완화시키는 것도 포함된다. 민주주의는 그런 식으로 기능을 발휘하는 것이다.

혹시 시의원들은 타인에게 의무를 지우면 자신들은 본연의 의무에서 자유로울 수 있다고 생각했을지도 모른다. 그러나 사실은 그 반대다. 자신의 의무를 수행하지 않는 사람은 자유롭지 않게 된다. 왜 그런지를 이 장에서 살펴보려고 한다.


## 나의 역할은 무엇인가

지난 며칠 전으로 기억을 한번 되돌려보라. 당신은 직장에서 업무만 빼고 다른 일은 다 하는 사람들을 얼마나 자주 만났는가? 가령 고객을 신경 쓰기보다 다른 직원과 수다 떨기를 더 좋아하는 백화점의 판매원은 중간 사이즈 재킷이 있는지 묻는 고객에게 이렇게 말한다. "네, 잠깐만요. 곧 갈게요!" 그렇다, 괜찮다. 하지만 제발 선택에 도움이 필요한 고객이 없을 때만 대화를 나누라.

또는 지리를 잘 모르는 승객에게 내려야 할 정거장을 알려주지 않는 버스 운전기사도 있을 수 있다. 운전기사는 말한다. "그건 엄밀히 내 일이 아니죠. 손님이 내릴 때마다 여기가 무슨 정거장이라고 다 일러줄 수는 없잖아요! 내 일은 버스를 운전하는 겁니다." 그렇지 않다. 버스 운전기사는 승객을 A정거장에서 B정거장까지 안전하고 정확하게 데려다줄 책임이 있다. 그러기 위해 물론 버스도 몰아야 하지만 승객을 기꺼이 도울 자세도 갖추어야 한다. 도움을 청하는 말을 듣지 못한 이유로 도움을 주지 못한 경우는 제외하고 말이다.

사람들이 자신의 임무를 수행하지 않으면 불편한 상황이 벌어진다. 진짜 문제는 버스 운전기사가 지난 화요일에 도시에 처음

온 마이어 부인에게 불친절했다는 사실이 아니라, 자신의 역할이 뭔지 정확하게 알지 못한다는 사실이다. 또는 자신이 어떤 역할을 해야 하는지조차 모른다는 사실이다. 나는 이제 역할과 임무의 차이를 설명하려 한다.

역할을 한다는 것은 단순히 주어진 임무를 완수하는 것보다 훨씬 더 큰 의미가 있다. 역할은 예를 들어 가정이나 직장에서의 특정한 관계에서 요구되는 기능을 발휘한다는 의미다. 역할을 맡은 사람은 책임을 가지고 행동한다. 그는 무엇이 중요하고 중요하지 않은지 결정하는 데 자유롭다. 그래서 역할을 **다한다**는 표현을 쓰기도 하는데, 그러자면 그 사람 전체를 필요로 한다. 더 정확하게 말해 인격이 요구된다고 하겠다. 반면에 임무 수행은 기계도 충분히 할 수 있다.

버스 운전기사가 그날 안 좋은 일이 있었거나 기분이 언짢았을 경우, 그가 잠시 역할에서 벗어나 마이어 부인이 항의를 하는 일도 일어날 수 있다. 어쩌면 운전기사는 저녁에 그 상황을 다시 한번 가만히 생각해보면서 부끄러워질 수도 있다. 때문에 이렇게 말할 수도 있을 것이다. "앞으로는 내 할 일을 충실히 해야겠어."

하지만 버스 운전기사가 처음 도시를 방문한 사람에게 내릴 정거장을 정확하게 알려주는 일도 자신의 역할이라는 사실을 아예 모르는 것이라면 그의 태도는 달라지지 않는다. 그렇게 되면 그는 항상 자신의 직무를 제대로 수행하지 않게 된다. 자신의 일에 속하는 일을 모르고 있다는 아주 간단한 이유 때문이다.

따라서 모든 사람들이 자신이 역할을 가지고 있다는 것, 그리고 그 역할이 정확히 무엇인지를 아는 게 매우 중요하다. 부모는 아이들에게 옷을 입히고, 음식을 해 먹이고, 숙제를 할 수 있는 공간을 제공해주고, 나가서 놀라고 밖에 내보내는 일을 하기 위해 존재한다. 공장의 사장은 수련생을 가르치고, 작업장이 잘 돌아가도록 관리하고, 계약을 체결하고, 일 년에 한 번 직원 야유회를 마련해주기 위해 존재한다. 모든 역할은 여러 가지 임무로 구성된다. 그 임무는 때로 조금밖에 없고, 산더미같이 많을 때도 있다.

작업 진행이 어디선가 막힐 때, 약속 시간에 맞춰 아이를 학교에서 데리고 오지 못할 때, 수신인에게 우편물이 오지 않을 때, 사장과 직원, 부모와 자식, 트레이너와 선수 간에 싸움이 날 때는 누군가가 자신의 역할을 다하지 않았기 때문이다.

몇몇 이들이 자신의 역할을 다하지 않는 현상의 쌍둥이 형제가 존재한다. 다시 말해 본인에게 묻지도 않고 대신해 돕고, 책임을 공공연히 자기의 것으로 가져가는 사람도 있다는 말이다. 예를 들어 상관은 일이 최적으로 진행되지 않는다고 생각되면 직원들이 진행하는 업무에 불쑥 끼어들 때가 부지기수다. 프로젝트의 팀장이 월요일 아침에 출근했더니 주말에 사장이 팀장의 의사와는 상관없이 납품업자와 의논하고 중요한 결정을 내려버린 일이 일어날 수 있다. 이제 직원은 이런 의문이 드는 게 당연하다. '내가 지금 프로젝트 팀장인가, 아닌가?' 직원이 자신의 역할을 확실하게 느낄 수 없다면 업무 수행에 악영향을 미친다. 그러면 사장은 어떨까? 사장의 입장을 설명하면 실제로 이렇다. 사장은 늘 구조대원의 역할을 하는 사람인가? 또는 사장도 원래의 역할에 집중하고, 직원들이 일을 하게 놔두는 법을 배우는 게 더 좋은가?

여기서의 문제도 역할이 분명치 않다는 것이다. 모든 사람들이 자신의 직위와 임무가 무엇인지 제대로 안다면 오해, 침해, 비방과 같은 일이 전혀 발생하지 않을 수 있다.

몇 분 동안 조용히 앉아서 '내 역할은 정확히 무엇인가?'를 숙고하는 일은 조금도 복잡해 보이지 않는다. 역할을 잘 모르겠으면 배우자와 대화를 하는 게 도움이 된다. 또는 자신의 직무에 대한 설명서를 한번 들여다볼 수도 있다. 긍정적인 기본 태도로 인생에서 자신의 역할을 정의하고 그것을 다하는 일은 어렵지 않다. 하지만 그것 말고 한층 더 어려운 일이 더 있다.

## 역할의 명료성

누구에게든 **한 가지** 역할이 아니라 다수의 역할이 있다. 예를 들어 자영업을 하는 A라는 여성은 86세 아버지의 딸이자 여덟 살 딸과 한 살 된 아들의 어머니이며 친구, 자원봉사자, 이웃, 고용주, 정원사, 요리사, 가정주부다. 또 B라는 이는 가장이자 집주인, 상인, 합창단원, 축구단 회원, 개 소유자, 친구, 남편, 대표, 직원일 수 있다. 두 사람 다 항상 적절한 순간에 역할들을 전부 수행하기 위해 곡예를 해야 한다. 뚜렷한 의식을 가지고 다양한 역할을 다 같이 유지하는 데는 고도의 기술이 필요하다. 역할들이 뒤엉켜 엉망이 될 때마다 항상 갈등이 예고된다.

자영업을 하며 두 아이를 둔 여성은 저녁에 집에 돌아오면 100퍼센트 엄마와 0퍼센트 사장이 되는 게 이상적이다. 그녀가 어린 아들에게 밥을 먹일 때는 엄마로서 행동해야지 여사장으로서 행동하면 안 된다. 이런 역할의 명료성에 언행일치가 속한다. 즉 그녀는 아이에게 집중해야 하고, 틈틈이 메일을 체크한다거나 직원과 통화를 해선 안 된다. 반대의 경우도 분명해야 한다. 그녀가 사업가일 때는 숙제를 도와달라며 징징대는 아들의 목소리가 휴대전화에서 새어 나오게 해서는 안 된다.

역할이 뚜렷하게 분리되지 않은 바로 그 상황에서 과도한 요구는 즉시 가해진다. 어머니와 사장의 역할이 어중간한 상태에 있을 때를 보자. 집중력의 절반은 무슨 일로 전화했는지 들어줘야 하는 아들에게 가 있지만 당장은 시간이 없다. 그리고 나머지 절반의 집중력은 진행 중인 회의에 쏠려 있어서 그녀는 신경질적인 손짓으로 직원들에게 신호를 보낸다. "잠깐이면 돼! 여러 가지 역할을 한다는 게 얼마나 스트레스인지 다들 알잖아." 결과적으로 그녀는 두 가지 역할을 다 소화해내지 못한다. 상황은 관계된 모든 사람들, 사업가인 여성 자신과 직원들 그리고 아들에게도 불만족스럽다. 어떤 결과도 얻지 못한 채 모든 사람들의 스트레스 수위가 상승한다. 모터는 고속으로 공회전한다.

물론 어머니이자 사장이기도 한 그녀는 고용주로서 직원들에게 이렇게 말할 수 있다. "미안합니다. 회의를 잠시 미뤄야겠어요. 지금은 나에게 아들이 더 중요한 순간이군요." 그리고 의식적으로 사업가 역할에서 나와 역시 의식적으로 어머니 역할로 들어갈 수 있다. 그런 것은 누구나 이해할 수 있다. 그녀가 상황에 지배당하는 게 아니라 상황을 노련하게 다루게 되는 효과도 있다.

역할의 명료성이란, 자신의 역할에 충실하고 대외적으로 분명한 역할로 나선다는 뜻이다. 그것은 역할들이 분명하게 각 관계 상황으로 편입되어야 가능하다. 즉 아버지 - 가족, 직원 - 회사, 친구 - 여가 시간, 골키퍼 - 축구장 등등. 그래야만 역할로 인한 갈등이 생기지 않는다. 예를 들어 그릇된 기대가 전혀 발생하지 않는다. 역할의 경계를 모르는 사람은 패자의 자리에 선다.

내가 사생활을 누리는 한 사람으로서의 미하엘 빈터호프와 정신과 의사로서의 미하엘 빈터호프의 역할을 엄격하게 구분하는 이유가 바로 그 때문이다. 집에서 나는 원칙적으로 직업상의 관심사를 행하지 않고, 진료실에는 가족의 일을 끌어들이지 않으려 한다. 나도 진료실에서 가운을 입었으면 좋겠다. 의사로서의 강한 인상을 보이고 싶어서가 아니라 역할의 분리를 시각적으로도 강화하고 싶기 때문이다. 하지만 소아청소년 정신과 의사는 흰 가운을 입지 않는다. 때문에 나는 콤비 상의와 정식 신사복을 작업복과 사생활의 의복으로 엄격하게 분리한다. 외부의 사람들은 전혀 그 차이를 의식하지 못한다 해도 나 자신에게는 집에 갈 때 '작업복'을 벗는 행위를 의식적으로 행하는 데 큰 도움이 된다.

우리가 인생에서 받아들이는 갖가지 역할들이 실제로 서로 엄격하게 분리되어 있을까? 그렇지 않다. 역할들은 '그 사람 자체'라는 공통분모를 가지기 때문이다. 잭 웰치(Jack Welch)는 20년 동안 제너럴일렉트릭의 대표로 있었다. 대표로 있던 시절에 그는 허약해진 기업을 세계적인 기업으로 성장시켰다. 한번은 한 직원이 어떻게 독실한 가톨릭 신자인 동시에 훌륭한 기업가로 살 수 있느냐고 묻자 그는 이렇게 대답했다고 한다.

"항상 자기 자신의 완전무결함을 지켜내면 가능합니다. 좋은 시절이든 나쁜 시절이든 나는 이 원칙을 벗어난 적이 없지요. 다른 사람의 의견이 나와 다를 때 종종 일어나는 일이지만, 상대방이 자신의 의견을 철회하는 경우는 있어도 나는 언제나 공정한 객관성을 유지하고자 합니다."

완전무결함의 의미는 그의 가치판단과 행위가 최대한 일치한다는 것이다. 자신의 역할들을 모순적으로 배치하지 않는 사람만이 완전무결할 수 있다. 잭 웰치에게 '가톨릭 신자'의 역할이 의미하는 바는 무엇보다 특히 공정함을 유지하는 것, 단순히 권력을 가지고 있다고 해서 상대방을 끝장내지 않는다는 뜻이다. 만일 웰치가 기업가로서 가톨릭 신자의 역할과 모순되는 방식으로 사람들을 다루었다면 그 자신이 진실하지 못한 사람이 되었을 것이다. 하지만 기업가와 가톨릭 신자의 역할, 그 밖의 다른 많은 역할들이 잭 웰치에게로 통합될 수 있었으므로 그는 그것을 **하나로** 일치시킬 수 있었다. 그의 역할들은 상충되지 않았다. 그래서 잭 웰치는 완전무결할 수 있었다. 달리 말해 웰치는 자신에게 진실한 사람으로 존재할 수 있었다.

역할의 명료성은 인생을 이끌어주는 나침반과 같다. 특히 비판적인 상황에서 나침반이 중요하다. 나는 응급의사로 일했던 시절보다 더 강렬한 경험을 한 때가 없었다. 응급의사는 사고 발생지에서 어떤 부상자를 제일 먼저 치료하고 어떤 처치 방식을 쓸지 결정하는 사람이다. 이때 "당신들의 의견은 어때? 이제 우리 무엇을 해야 하지?" 이런 식의 민주주의 투표는 존재하지 않는다. 응급의사는 우연히 사고 발생지에 있게 되더라도 규칙을 무시하고 처치를 하지 못하게 되어 있다. 그리고 구조 헬리콥터에 의해 다른 응급의사가 현장에 도착하면 역할을 넘긴다. 또한 치료가 더 시급한 환자를 실은 헬리콥터가 응급차보다 앞서 출발한다. 이 순서는 엄격한 규칙으로 정해져 있다. 사고 상황에서 권한에 대한 다툼이 일면 그야말로 비극적인 결과가 발생하기 때문이다.

자신의 역할 이해와 특히 분리될 수 없는 한 가지가 있다. 즉 타인의 역할도 인정할 줄 알아야 한다는 것이다. 이 부분이 많은 이들에게 자신의 역할을 발견하기보다 더 어려운 일로 느껴지는 것 같다.

## 상대방의 역할에 대한 경시

부모들이 학교에 끼어들어 조종하고("내 아들은 벌을 받아서는 안 됩니다. 내 아들은 아무 잘못도 하지 않았잖아요!") 교사는 가정에 끼어들어 조종한다("따님은 살을 빼야 해요!"). 그리고 부모와 교사는 정신과 의사의 일에 다 같이 끼어드는데, 이에 대한 예는 수없이 들 수 있다. 일례로 교사들의 지시로 부모가 아이를 데리고 정신과 의사를 찾아간다. 아이가 주의력결핍 과잉행동장애(ADHD) 증상을 보인다는 게 교사들의 확신이기 때문이다. 그런데 의사가 완전히 다른 진단을 내리면 이런 말이 나온다. "진단이 틀렸어요! 그건 틀림없이 ADHD라고요!"

여기에서 일어나는 일이 바로 상대방의 역할을 인정하지 않는 것이다. 이 경시의 태도는 가장 내밀한 사생활 영역에까지 뻗쳐 있다. 친한 친구가 저녁 식사 초대를 받은 후에 불평한다. "넌 어떻게 그렇게 보잘것없는 사람을 초대한 거야? 그 사람 정말 끔찍한 떠버리더라!"

역할이란 사람이 신발을 신는 것과 같이 단순한 게 아니다. 역할은 외부의 공감을 얻을 수 있을 때 비로소 효과가 있게 된다. 나 자신을 예로 들면, 나를 찾는 환자가 있어야 내가 정신과 의사일 수 있다. 내가 진료실에 앉아 있는데 아무도 진료를 받지 않으려 한다면 내가 국가시험을 보고 박사학위를 딴 것이 전혀 쓸모가 없게 된다. 다시 한 번 강조하자면, 역할은 그 사람의 것이라고 인정될 때만 그가 역할을 가질 수 있다. 역할이 부정되면 사람도 부정된다. 그리고 그것은 사람에게 일어날 수 있는 최악의 일이다.

그럼에도 불구하고 주변 사람들에 대한 경시의 행태가 만연해 있다. 이것은 내 일이고 저 일은 다른 사람의 책임이다. 이처럼 예전에는 경계가 뚜렷했던 영역이 지금은 어디에도 없다. 오늘날에는 어디서든 역할 경계가 침해된다. 모든 이들이 한마디씩 하지만 아무도 책임은 지지 않는다. 물 컵에 잉크 한 방울을 떨어뜨려보라. 잉크가 풀어지는 모양이 환상적으로 나타난다. 하지만 숟가락으로 물을 저으면 곧 완전히 회색빛으로 균질해진다. 이 모습에서 오늘날 도처에서 관찰할 수 있는 현상, 역할 혼동에 대한 좋은 예를 볼 수 있다.

결국 역할의 명료성을 다시 구축하는 일이 개인과 사회의 과제다. 우선 무엇을 유의해야 하는지 알면 개인이 자신의 역할과 타인의 역할을 자각하기는 어렵지 않다. 그런데 우리는 역할을 불분명하게 만들고, 역할의 명료성 파괴를 목표로 삼는 것 같은 환경에서 살고 있다.

## 누가 아이에게 결정권을 주었나

여섯 살, 아홉 살 정도 되는 아이들이 호텔 데스크에 서 있는 지배인에게 뛰어가 목청껏 소리를 지른다. "오늘 저녁 6시에 해지는 광경을 예약하려고 해요." "바다로 넘어가는 해를 부탁해요!" 호텔 지배인은 빙그레 웃으며 알아서 모시겠다는 뜻으로 연신 고개를 끄덕인다.

당신은 다양한 휴가를 제안하는 TV 광고에서 아이들이 자의식이 강한 사령관의 모습으로 등장하는 것에 놀라워할 필요가 없다. 광고를 만든 회사들은 이미 오래전에 가정에서 다음번 휴가를 어디로 갈지 결정하는 사람들이 어른들만이 아니라는 사실을 잘 알고 있다. 소비자연구협회는 2000가구를 대상으로 '국가교통정보센터(ITS) 가족 휴가 체크 2012'라는 설문조사를 실시했다. 그 결과에 따르면 부모의 수입, 학력, 직업과 관계없이 자녀들의 의견이 놀라울 정도로 큰 영향을 미친다. 자녀들의 46퍼센트가 휴가지 선택에 참여했다.

자동차를 살 때 아이들의 의견은 심지어 더 강해진다. 뉘른베르크 시장조사기관은 2010년 10~16세의 자녀를 둔 자동차 구매자 1000명에게 물었다. 설문 결과를 보니 부모의 51퍼센트가 자녀들에게 공동 결정권을 주었다. 30세 미만의 젊은 부모의 경우, 결정권에서 자녀들의 몫이 82퍼센트에 달했다. 이게 무슨 뜻인가?

몇 만 유로가 넘는 지출 결정이 어린아이들의 손에 달려 있는 게 아주 당연한 일이 되었다는 것이다. 예를 들어 여덟 살짜리 니클라스가 뒷좌석에 설치된 TV를 원하고, 열세 살짜리 나디네가 일본제 자동차는 너무 볼품없다고 하면 부모는 시각적으로 더 근사해 보이는 차를 사기 위해 몇 만 유로가 더 비싼 차를 선택한다. 어쩌면 니클라스와 나디네는 곧 부모가 어느 회사를 다닐지 결정하는 일에도 같이 관여하게 될 것이다. 그러면 아이들이 선택하는 부모의 직장은 아무튼 지루한 보험회사 본점 따위는 절대 아니어야 하고 맥도날드나 그 밖에 대세로 떠오른 신설 회사일 것이다.

아이들이 같이 참여하는 결정의 한계는 저 꼭대기까지 열려 있다. 즉 어떤 요구르트를 먹을까? 어디로 휴가를 떠날까? 어떤 자동차를 살까? 아빠와 엄마 중에 누구와 같이 살래? 그와 동시에 결정하는 역할로 빠져드는 아이들의 나이는 점점 더 어려진다. 학생이 아니라 지금은 유치원생도 결정에 참여한다.

내 고향 도시 본에 있는 시립유치원의 교사는 아이가 기저귀를 바꾸어달라고 요청할 때만 새 기저귀를 채워준다. 그렇게 하게 된 배경에는 교사가 아이들을 '마음대로 다루면' 안 되고 파트너로서 눈높이를 맞추어야 한다는 주장이 존재한다.

우리가 여기서 이야기하는 대상은, 몇 분도 채 안 되는 휴식 시간에 기저귀에 대한 책임의 내용을 알림장에 띄엄띄엄 베껴 써야 하는, 겨우 두 살에서 네 살짜리 아이들이다. 아직 유치원에 다니기에도 나이가 충분치 않은 어린아이들이 '축축한 엉덩이 – 오줌에 흠뻑 젖은 기저귀 – 뮐러 선생님이 다시 새 기저귀로 갈아준다 – 그러면 나는 다시 쾌적해진다'라는 맥락을 이해하고 인지해야 한다. 어린아이는 절대로 그럴 수 없다. 절대로 불가능하다! 그 사실을 더 잘 알 수밖에 없는 유치원 교사들이 왜 그 일을 반대하지 않는가? 예를 들어 어린 렌나르트가 몇 시간 내내 젖은 기저귀 또는 그보다 더 심한 기저귀를 차고 앉아 징징 울고 있는 것을 두고 볼 수 없어서 유치원 교사들이 먼저 나서서 아이에게 물어보지 않고 그냥 젖은 기저귀를 갈아줄 수는 없는가? 더 큰 낭패를 보기 전에 말이다.

이미 실행된, 아이에게 어른 행세를 하게 만들려는 시도의 범위를 보면 참으로 그로테스크하다. 더욱이 이 같은 감정의 오용이 이성적 조치로 둔갑할 수 있는 것 또한 얼마나 악의적인가. 예컨대 열 살짜리 아이에게 노란색 조끼를 입혀 운동장으로 내보내는 것이 요즘 학교에서 유행이 되었다. 휴식 시간에 같은 학급생들의 싸움을 중재하도록 감독하는 역할을 맡기는 것이다. 이런 전시용 아이들을 두고 자랑스러워하지 않는 초등학교가 없다. 이벤뷔레너초등학교의 웹사이트에는 이런 글이 있다.

"선발된 어린이 네 명이 학교의 휴식 시간에 학급생들을 지원하기 위해 운동장으로 나간다. 선발된 어린이들은 싸움을 중재하고, 학생들이 휴식시간의 규칙을 지키는지 관리하고, 사회성이 모자라 같이 어울리지 못하는 아이들을 보살핀다. 감독 교사와 더불어 이들 운동장 학생 안내원들은 모든 학생들에게 크고 작은 문제가 생겼을 때 신뢰할 수 있는 상담자들이다."

아이들의 입장에서는 자신이 이미 모든 것을 할 수 있음을 과시하고 싶어 그 임무에 뛰어든다 한들, 그 나이의 아이들에게 중재인의 역할은 과도한 요구일 수밖에 없다. 성인들에게도 중간에 서서 양측이 다 공정한 평가를 받았다고 느낄 수 있게 만드는 중재인은 가장 어려운 역할 중의 하나다.

이런 모든 경우에 역할 혼란이 발생한다. 성인이 결정자의 역할을 벗어나, 아직 정신이 성숙하지 못해 수행이 불가능한 역할에 아이들을 대신 끼워 넣는 것을 볼 때 나는 절망해야 할지 분노해야 할지 알 수가 없다. 어른들은 스스로를 어린아이로 만들고, 어린아이들은 과도한 요구를 당한다.

## 역할과 자유

확정된 범위에서 정치적으로 의도된 역할의 해체가 남성과 여성의 역할에도 닥친다. 이제 남성과 여성의 역할이 비슷해지기가 더 이상 구분할 수 없을 정도에 이르렀다. 오늘날의 남성들은 유모차를 밀고 다녀도 거리의 시선을 한 몸에 받지 않는데, 이는 의심할 바 없는 진보다. 하지만 해체 경향은 절대로 사회적인 연습으로 익힐 수 없는 성 차이에도 밀어닥친다. 이 성 차이는 여성이 아이를 임신할 때 볼 수 있다.

오해하지 말라. 나는 결코 '여성은 집에서 애나 키워야 하는 부엌데기'라고 주장하는 사람이 아니다. 내 생각에는 부모가 몇 개월 안 된 아기를 떼어낼 수 있느냐, 떼어내야 하느냐 아니냐에 대해 보편타당한 답은 존재하지 않는다. 나는 감정이 잔뜩 개입된 토론에 참여할 생각은 절대로 없다. 아무튼 나는 다음의 두 가지가 매우 안타깝다.

첫째, 고정된 관계자가 항시 존재하는 소규모 단체에서 아이들을 적합하게 보살피고, 우수한 교육을 받은 교육자가 조기 교육을 담당하도록 하는 일을 국가가 소홀히 한다. 둘째, 젠더(gender, 생물학적 성에 비중을 두는 것이 아니라 사회문화적으로 형성된 성을 뜻한다—옮긴이) 광기가 너무 심하게 뻗친 나머지, 인간이 **과연** 자연적으로 남자와 여자로 구별된 게 사실인지가 의심스러울 지경이다. 이런 식으로 나가면 마치 아예 성 구별이 존재하지 않았던 것처럼 되고, 또한 가능한 한 빨리 다시 직장으로 복귀하려는 어머니들을 위한 만족스러운 해결책도 찾지 못하게 될 것이다.

몇몇 이론가들은 인간의 성이 단 두 가지가 아니라 무수한 종류가 있다고 주장한다. 페이스북에서는 60가지 성별을 제시하고 있는데, 그중 한 가지를 이용자가 자신의 성으로 선택할 수 있다. 그렇다. 말 그대로 성별이 60가지다! 그 종류는 '팬젠더(pangender, 자신을 모든 젠더에 속한다고 자각하는 정체성—옮긴이)'에서부터 '두 개의 정신을 가진 제3의 성'을 넘어 '젠더 돌연변이'에 이른다. 나는 이 개념들이 각기 무엇을 의미하는지 전혀 감도 잡히지 않지만 아무튼 이제 이루어지지 않는 소망은 거의 없다는 생각이 든다. 이처럼 과잉 제공된 성 역할에 의해 성 역할은 자체적으로 해체된다. 역할의 해체 작용은 화폐의 경우에서 일어나는 것과 같다. 국가 재정을 전복시키는 가장 확실한 수단은 위조지폐가 넘쳐나게 만드는 것이다. 그러면 아무도 진짜 지폐와 가짜 지폐를 구분할 수 없게 돼 모든 지폐가 똑같이 가치를 상실하게 된다.

이 같은 기형들은 모두 조야한 이데올로기로 은폐된다. 즉 경계와 구분이 존재해서는 안 된다고 주장한다. 그러므로 성인 세계와 아이 세계의 구분, 또한 남성과 여성의 구분도 더 이상 존재해서는 안 된다는 것이다. 어른과 아이가 동등한 권리를 가진 파트너로서 같은 눈높이에서 의사소통을 해야 하고, 남성과 여성이 살아가는 방식에서 더 이상 구별되지 않는다고 말하는 이들에게 생물학적, 정신적 현실은 의미가 없다.

어른의 역할, 아이들의 역할, 남성과 여성의 역할, 어머니와 아버지의 역할. 이 모든 역할이 멸종될 위기에 있다. 그러면 이제 큰 자유를 얻게 되는 걸까? 어떤 이들은 고정된 역할이 없는 사람이 훨씬 더 자유롭게 결정할 수 있다는 약속을 내세워 획일화를 내세운다. 드디어 강요는 없다! 아이는 숙제를 할지 말지 결정하고, 직원은 업무 이행을 완수할지 말지 결정하고, 여성은 남녀 화장실 중에 어느 곳에 갈지 결정한다.

이 모든 것은 끔찍한 오해다. 하고 싶은 일을 당장 다 할 수 있는 것으로 이해되는 자유는 절대로 존재하지 않는다. 그런 식의 자유는 사회에서는 존재하지 않는다. 오직 로빈슨 크루소나 그러한 정의의 자유에 따라 살 수 있을 것이다. 왜냐하면 한 개인의 자유는 다른 사람의 자유가 시작되는 바로 그곳에서 의문시되기 때문이다. 너무도 지당한 이야기다.

우리가 사회적으로 조화를 이루길 원하고, 동시에 규범을 해치지 않는 한도에서 개인이 결정을 자유롭게 내리기를 원한다면 역할이 필요하다. 역할은 우리가 행동할 수 있는 여지를 제공하는 발판이다. 그리고 역할은 항상 책임과도 연결되어 있기에 평등화도 착수할 수 있다. 책임이 없이는 자유가 존재할 수 없다.

이 맥락에서 이미 존 슈트어트 밀(John Stuart Mill)은 1859년에 내놓은 에세이 《자유론On Liberty》에서 말했다. "자유는 이웃에 대해 일정 수준의 책임을 떠맡을 때 보장될 수 있다." 이 말은 150년 전과 똑같이 오늘날에도 그대로 적용된다.

그러면 어떤 대가를 치르더라도 케케묵은 역할을 꽉 붙들고 있어야 할까? 물론 아니다! 자유는 무엇보다 우리가 스스로 역할을 선택할 수 있다는 데 있다. 다만 선택이 이성적으로 이루어져야 한다. 여성의 활동 영역이 더 이상 교회, 부엌, 아이들 방에 제한되지 않는다는 것은 100퍼센트 환영할 만한 일이다. 하지만 기업 대표자, 어머니, 자영업자, 아내 등의 역할 자체를 내려놓게 되면 완곡하게 말해 '비생산적'이 된다. 생물학적 사실, 예컨대 여성이 아이를 임신한다는 사실이 폐기되거나, 또는 아이가 어른의 파트너가 되어야 한다는 모토에 의해 교육이 이뤄지는 즉시 인생의 행복은 사라진다.

## 신발 끈을 매는 법

조그마한 손가락이 구두끈을 묶으려고 애써 시도하고 또 시도한다. 집중력을 최대로 동원해보지만 구두끈은 또다시 느슨하게 풀어지고 만다. 아이가 포기하려 할 때마다 아버지가 자꾸 다시 한 번 해보라고 용기를 북돋아준다. 어지간히 모양새가 잡힌 매듭이 만들어지자 아이의 얼굴이 활짝 펴진다.

구두끈을 맬 줄 아는 것은 나에게는 어른이 되어 독립하는 기술이었다. 일을 편하게 만들어주고 응석받이로 길러서는 아이가 성인이 될 수 없다. 어른이 아이에게 포기하지 말고 힘써 노력하도록, 열심히 하도록 이끌어주어야 성인이 될 수 있다. 아이들은 자라길 **원하고**, 뭔가 해내길 **원한다**. 그러기 위해 아이들에게 그런 경험을 스스로 하도록 허용하는 어른이 필요하다. 아이를 편하게 해줄 생각으로 찍찍이로 붙이는 신발을 사주기 위해 신발 가게로 달려가는 어른이 필요한 게 아니다.

당신이 유치원이나 초등학교에 다니는 아이를 가졌다면, 현관에 가서 끈으로 묶는 아동용 신발이 몇 켤레나 있는지 한번 가서 보라. 나는 한 켤레도 없다고 예상한다. 요즘에는 끈을 묶는 아동용 신발이 나오지 않기 때문이다.

성인 사이즈 신발 코너에도 대부분 찍찍이 밴드 신발, 지퍼 달린 신발만 있고, 아니면 아예 잠글 필요가 없는 신발도 있다. 끈으로 묶는 신발의 마지막 피난처는 스포츠와 사업가들의 세계다. 스포츠세계에서 끈 달린 신발이 살아남은 이유는 골을 향해 공을 찰 때 신발이 벗겨져 공과 함께 날아가는 것을 방지하기 위해서다. 사업가 세계에서 끈 달린 신발은 이른바 경영자의 책임을 가진 사람들 사이에서 어려운 시기도 견뎌낼 수 있는 능력을 인정하는 상징으로 통한다.

하루에도 수십만 명이 십자말풀이를 푼다. 알츠하이머에 걸리거나 정신이 흐려지는 것이 두렵기 때문이다. 정신이 흐려지면 성인의 역할이 다시 아이의 단계로 떨어질 위험이 어마어마하게 커진다. 이 위험에 대처하기 위해 숫자퍼즐 게임을 하기보다는 자신의 역할에 충실하고 타인의 역할을 인정하려는 노력을 하는 편이 낫다.

우리를 발전하게 만드는 것이 무엇인지 선언문처럼 한번 만들어보았다.


· 우리는 찍찍이 신발이 필요 없다.

· 우리는 저항이 가장 적은 길을 자동적으로 선택하는 대신 스스로를 독려하려 한다.

· 우리는 뚜렷한 역할 이해와 역할의 명료성이 필요하다. 그럼으로써 직장 동료들과 친밀하게 지내면서 직무에 충실하라고 독려할 수 있다.

· 우리는 맡은 역할에 대해 의심의 눈초리를 보내는 게 아니라 인정받고자 한다.

· 우리는 부하 직원에게 일의 발전을 요구하는 상관, 그리고 휴일 밤을 즐기려고 일할 힘을 아껴두지 않는 직원, 기업의 발전에 열의를 가진 직원을 원한다.

· 우리는 규정과 법의 홍수로 시민을 제지하는 것이 아니라 시민의 생활을 지원하는 정치가 필요하다.

· 우리는 어떤 사람이 자신의 역할을 힘껏 다하지 않을 때 그것을 바람직하지 않다고 받아들인다.

· 우리는 자신의 역할에서 빠져나옴으로써 일을 어렵게 만드는 사람들을 참아줄 생각이 없다.

· 우리는 주변의 이웃에게 자신의 역할을 다할 것을 요구한다. 왜냐하면 그들이 역할을 다하지 않으면 모두의 자유가 줄어들기 때문이다.

· 우리는 부모들이 부모의 역할을 진지하게 행하고 아이들에게 성장을
  위해 안전한 공간을 제공하기를 원한다.

· 우리는 회색으로 덮인 무수한 그림자 대신 흑과 백 그리고 선명한 색
  을 원한다.

# 10장

# 나를 다그치는 삶에서
# 벗어나기

"내 인생의 가장 행복한 순간에 나는 있지 않았다." 핀란드식의 겸손한 어법으로 페트리 루카이넨(Petri Luukkainen) 영화감독은 말했다. 애인이 그를 버리고 떠났고 그는 외로움을 느꼈다. 인생이 의미가 없는 것 같았다. 집 안에는 너무 많은 물건이 쌓여 있었다. 그래서 그는 큰 변화를 원했다. 다른 사람이라면 그런 상황에서 아마 직장을 그만두고 여행을 떠났을지 모른다. 아니면 몸을 혹사하는 운동을 시작할 수도 있다. 하지만 루카이넨은 자신의 인생을 전면적으로 새로이 구성하기 위해 다른 방식을 택했다. 그는 자신의 집을 비웠다.

루카이넨은 가구, 옷가지, 500개의 레코드판을 비롯해 모든 물건을 집에서 들고 나왔다. 남은 것은 텅 빈 벽뿐이었다. 그 자신도 완전히 발가벗었다. 그것은 다시 한 번 무(無)에서 시작하기 위한 가장 철저한 방식이었다. 루카이넨은 집에서 매일 물건 하나씩을 들고 나오려는 생각을 했다. 식료품 외에 다른 물건을 사는 것은 금기였다. 그의 계산은 분명했다. '내가 이렇게 일 년을 버티면 정말로 필요한 물건만으로 살아갈 수 있을 것이다.'

루카이넨은 물질적 과잉에 의한 과도한 요구를 받는다는 느낌이 들었고, 출구를 모색했다. 그의 영화 〈내 물건 *My Stuff*〉은 2015년 4월에 유럽 전역의 영화관에서 상영되었고, 나는 그 영화에 매료되었다. 물론 그가 집 안에 물건을 산더미로 쌓아놓고 사는 유일한 사람은 아니다. 층층이 쌓아놓은 물건들이 머리 위로 우르르 떨어질 것 같은 기분은 많은 사람이 느끼고 있다. 그렇다면 쓸데없는 잡동사니는 전부 치우고 소량만 남겨야 한다. 온갖 잡동사니들을 쓰레기통에 버리거나 남에게 줘서 없애고 나면 해방의 순간을 맞이한 듯한 효과가 있다. 하지만 나를 포함해 아무도 루카이넨과 같이 단호한 생각을 실행하지는 않는다.

루카이넨은 행복의 공식을 찾았을까? 어쩌면 우리도 모든 과도한 요구의 저편에서 마침내 행복하고 만족스럽게 살기 위해 인생의 잡동사니를 과감히 치워버려야 할지도 모른다. 물론 많은 물건들을 모으지 않는 편이 더 낫겠다. 거의 필요가 없는 물건을 너무 많이 소유하는 것은 병적인 징조다. 그런데 진짜 문제는 우리가 숨 막히는 과잉으로부터 벗어나지 못한다는 사실이다. 물건으로 행복이 채워지지 않더라도 인간은 원래 수집하고, 축재하고, 단단히 붙들어두는 습성이 있다.

우리들 대부분은 생활에서 필요한 것이 무엇인지 잘 모른다. 그리고 마치 그 상태가 아직은 그리 심각하게 나쁜 것은 아니라는 듯 속수무책으로 우리 자신을 한층 더 조종당하게 내버려둔다.

## 정말로 필요한 것은 무엇인가

전 경제 분야가 소비자에게 반드시 사고 싶은 물건처럼 보이게 만드는 제품 광고로 수입을 올린다. 립스틱이 케이스에서 아주 우아하게 올라오게 영상을 만들기까지 수백 시간의 작업이 숨어 있을 수 있다. 광고는 사람들에게 온갖 물건을 제공한다. 모든 것이 가능하다. 세계 여행에서부터 칵테일을 저을 때 쓰는 휴대용 거품기까지, 없는 게 없다.

광고가 타깃을 정확하게 분류할수록 효과는 더 커진다. 그 때문에 특별한 소비자 그룹의 습관과 선호에 대한 구체적인 정보를 주는 자료가 수집된다. 예컨대 세 자녀 이상이 있는 가족, 실수입이 4000유로 이상인 여성들, 애완동물을 기르는 노령자 등 인터넷 광고는 더욱더 해당 타깃에 맞춰 집중적으로 발송된다. 비행기로 로마에 한 번 다녀온 적이 있는 사람은 그다음 주부터 끊임없이 항공편에 대한 광고가 화면에 뜨는 것을 보게 된다. 아날로그 세상에서도 여러 가지가 작용한다. 상점마다 아름다운 향기로 손님을 맞이하고, 음악을 틀고, 화려한 조명으로 유혹한다. 이 모든 요소들이 조화를 이루어 구매욕은 높아진다.

어쩌면 오히려 의심이 들 수도 있다. 이 모든 게 은밀한 트릭은 아니다. 우리는 조종당한다는 사실을 이미 알고 있다. 많은 이들은 어떤 식으로 조종이 이루어지는지도 알고 있다. 그런데도 우리 인간은 광고의 영향에서 벗어나는 게 불가능하다. 마케팅 전문가들이 우리 정신의 어떤 위치에 자극을 주어야 하는지를 꿰뚫고 있기 때문이다. 예를 들어 "파격 세일, 지금 당장 서두르세요! 오늘이 지나면 이런 기회는 없습니다!" 이처럼 무언가를 놓치게 된다는 불안을 일깨운다. 또한 더 매력적으로 보일 수 있다거나 굉장한 경험을 얻게 된다는 약속도 타깃을 제대로 찾아낸다. 그러면 판매는 거의 반사적으로 일어난다.

잠시 여기서 일어나는 일을 짚어보자. 욕구가 암시된다. 그리고 우리는 "모든 걸 가져야 해"라고 넌지시 대사를 일러주는 것을 허용한다. 삶을 스스로 결정하는 대신 우리는 거의 리모컨으로 조종되는 소비자와 다름없이 전락한다.

그래도 타인의 결정에 따르기를 거부할 수 있는 가능성은 있다. 실제 구매 결정은 언제나 우리에게 있다. 즉 전혀 필요하지 않으면서도 값이 싸다는 이유로 스웨터를 사려고 계산대에 서는 사람은 바로 우리 자신이다. 인터넷 주문을 하는 마우스 클릭에 앞서 아주 잠시, 현재의 행동에 대해 의식적으로 한번 생각해볼 수 있는 순간이 존재한다. 이런 차단 기능의 체크가 없으면 '와, 이 물건 좋다 - 이건 내가 가져야 해 - 클릭'이라는 일련의 순서가 거의 자동적으로 진행된다. 이때는 소유할 물건을 우리가 결정하는 게 아니라 타인이 결정해주는 것이다.

우리는 광고의 영향을 받지 않도록 정신을 보호할 능력은 없다. 하지만 정신을 강화할 수는 있다. '나는 그 물건을 **가질 수** 있다. 하지만 정말로 **필요한가?**'라는 생각을 연습하기만 하면 된다. 우리가 더 이상 지배권을 빼앗기지만 않으면 자주적으로 행동할 수 있다.

나는 여기서 잡동사니를 집에 가득 쌓아두지 않고 사는 법을 알려주려는 게 아니다. 그것은 내 역할이 아니다. 나는 자신에게 필요한 물건을 스스로 결정하는 사람만이 자신 있게 행동할 수 있다는 사실을 분명하게 밝히고 싶다. 그것이 바로 성인답게 물건을 다루는 태도다. 다시 말해 나에게 좋고 나쁜 것을 타인에게 설득당하지 않는 것이다. 물건의 가치를 정하는 사람은 나 자신이다.

그러나 종종 완전히 그와 반대로 되는 게 안타깝다. '고품격 자동차와 롤렉스시계가 있어야 비로소 중요한 사람이다.' 이런 생각을 하는 이들은 미성숙한 사람이다. 그들이 인생에서 갖추어야 한다고 믿는 것들은 사실 모두 산적한 쓰레기더미들이고, 그 쓰레기더미에 의해 자존심뿐만 아니라 조망능력마저 상실하고 만다. 모든 소망을 즉시 충족하려는 유혹에 저항조차 할 수 없다. 그리고 대가를 지불해야 한다는 사실을 잊는다. 예를 들어 큰 빚이라는 대가 또는 더 나쁘게는 좋은 인생을 위해서 **실제로** 필요한 것을 망각하는 대가다.

"정말로 필요한 것은 무엇인가?" 이 질문의 대답이 각자 개인에게만 해당하는 이유는 물질에 대해 뚜렷한 의식을 가진 주권적 태도는 절대적으로 개인적인 문제이기 때문이다. 물론 소유를 완전히 거부하는 사람은 타인에게 단 한 가지만 의존한다. 그것은 바로 페트리 루카이넨이 스스로 한 실험에서 얻은 경험이다.


## 물질에 대한 자기 결정

이 핀란드 영화감독은 실험 끝에 365가지 물건을 남겼다. 이후에는 어떻게 되었을까? 그는 드디어 실험이 끝나서 기뻤다. 그해에 그는 자신에 대해 완전히 새로운 태도와 물건의 참된 가치를 발견했지만 그토록 과격한 방식은 그를 행복하게 해주지는 않았다. 소유물을 극단적으로 제한하는 것도 이전에 아무 생각 없이 잡동사니를 쌓아둔 생활과 마찬가지로 그를 부자유스럽게 했다.

'내일 무엇을 가져와야 하지? 접시와 스푼 중에 어느 게 더 중요한가? 티셔츠 하나로 4주 동안 입을 수 있을까?' 루카이넨은 반년도 채 지나지 않아 그런 것을 끊임없이 생각해야 하는 게 불편해졌다. 그에게 그런 식의 인생 설계는 너무나도 많은 시간을 잡아먹었다. 루카이넨은 스스로 정한 기한이 종료되어 드디어 결정의 자유를 되찾고 필요한 물건을 마련할 수 있게 되자 무척이나 기뻤다. 루카이넨은 실험을 하는 기간에 "이 물건이 지금 정말로 필요한가?"라는 질문과 대답을 하는 달인이 되었다. 하지만 실험이 끝나고 나서 다시 제한을 두지 않고 물건을 구입할 수 있게 되자 비로소 그는 물질적인 부분에서 진정으로 스스로 결정을 할 수 있게 되었다.

물질에 대한 자기 결정이란 '네'도 '아니요'도 말할 수 있다는 뜻이다. '아니요'라고 한다는 의미는, 필요한 물건에 대해 타인의 설득에 넘어가지 않는다는 뜻이다. 여기에는 구매 충동이 일어날 때마다 곰곰이 생각해보는 태도도 속한다. '네'라고 한다는 의미는, 자신의 능력으로 필요한 물품을 마련한다는 뜻이다. 만일 루카이넨이 칫솔이 필요하면서도 그것을 살 능력이 없다면 이 역시 결정에 자유롭지 못한 것이기 때문이다. 마찬가지로 부모에게 경제적으로 의존해 있는 사람들도 자유롭지 못하다. 그는 스스로 물건을 조달할 능력이 없기에 타인이 그를 위해 결정해주는 것을 받아들여야 한다. 큰 빚을 지고 부모에게 얹혀사는 서른 살의 아들에게 어머니가 말한다. "얘야, 이것 좀 봐라. 내가 재고 정리하는 가게에서 너를 위해 이렇게 멋있는 체크무늬 잠옷을 찾아냈단다. 게다가 침대 시트도 세 개나 장만했잖니."

내 생각에 물질적으로 독립한다는 것은 눈에 띄는 물건을 모두 살 수 있다는 의미가 아니다. 자신에게 필요한 물건이 무엇인지 알고, 그것을 스스로 마련할 수 있다는 뜻이다.

자신의 인생을 살기 위해 이 정도의 물질적 독립이면 충분하지 않을까?


## 인생의 목표

루카이넨은 자신의 실험을 통해 본질적인 것에 대한 시각을 다시 자유롭게 형성하려 했다. 주변에 있는 물건을 엄격하게 제한함으로써 명료성을 향한 중요한 걸음을 내디뎠다. 하지만 그는 가장 중요한 것을 계산에 넣지 못했다. 2015년 3월, 루카이넨은 〈슈피겔Der Spiegel〉 인터뷰에서 이렇게 말했다.

"만일 내가 현명하고 강인했더라면, 나 자신에게 솔직하게 이렇게 말했을 겁니다. '넌 그냥 사랑이 좀 필요한 외로운 싱글이야.'"

사람들에게 인생의 목표가 무엇이냐고 물으면 물질적인 것은 저만치 뒤로 밀려난다. "당신이 개인적으로 인생에서 특별히 중요하고 추구할 가치가 있다고 여기는 것은 무엇인가요?" 이에 대해 2014년에 야콥스 연구팀에서 14세 이상의 독일인을 대상으로 설문조사를 실시한 결과 다음의 대답이 1위에서 3위를 차지했다.

· 좋은 친구가 있는 것, 타인과의 친밀한 관계 – 84.9%

· 가족과 함께하기, 가족을 위해 헌신하기 – 78.4%

· 행복한 파트너 관계 – 74.3%

결과를 보면 높은 순위에는 예외 없이 인간관계가 관련되어 있다. 4위로는 '자신의 인생을 스스로 결정할 수 있는 독립'이 67퍼센트를 차지했다. 그러면 물질과 관련된 것을 꼽은 응답은 어디쯤에 있을까? 16위에 가서야 비로소 나타난다. 응답자의 34.9퍼센트가 '많은 수입, 물질적인 행복'이 인생의 목표라고 확신한다. 즉 세 명 중 단 한 명만 물질적 행복을 추구할 가치가 있는 목표로 꼽는다. 돈을 비롯한 기타 물질이 순위에 올라오기 전에 15가지나 되는 인생 목표는 물질에 관한 것이 아니라 '잘 가꾼 외모' 또는 '자식을 얻는 것' 등이다.

몇몇 이들은 이 설문조사 결과에 놀라움을 금치 못하면서 돈과 물질이 첫 번째 순위에 올라야 하지 않느냐고 의심을 할지도 모른다. 정신과 의사인 나는 그런 생각이 참으로 놀랍기만 하다. 왜냐하면 사람들은 소속감을 원하기 때문이다. 사람들은 경험을 서로 나누고 자신이 쓸모 있다는 느낌을 갖고 싶어 한다. 만나면 좋아하고 기뻐하는 이들을 가까이에 두고 싶어 하는 것은 사치가 아니라 인간의 기본 욕구다.

결국 사람들 대부분이 원하는 것은 돈이 아니라 인간관계와 자기 규정에 의한 가치 있고 충만한 인생이다. "내 인생에 어떤 물건이 필요한가?"라는 질문에 대한 대답과 마찬가지로 "내 인생은 무엇을 통해 의미와 가치를 갖는가?"라는 질문의 대답도 자기 자신이 결정해야 한다. 인생의 목표도 오롯이 개인의 중대사기 때문이다.

성인다운 사람은 자신에게 필요한 것을 타인이 규정하게 하지 않는다. 그들은 스스로 안다. 그리고 생활에 필요한 것은 모두 스스로 구할 수 있다.

그래도 인생 설계를 계획대로 이루자면 미래를 생각할 줄 아는 능력이 필요하다. 내 경험에 의하면 오늘날 '나이가 꽉 찬 아이들'은 성숙이 좀 더 이루어져야만 미래를 생각할 수 있다. 그들은 힘들어지는 즉시 포기한다. 예컨대 미성숙한 사람은 의사가 되고 싶다는 소망이 생기더라도 목표를 실현하기 위해선 고등학교 성적이 우수해야 하고 의대에 들어가야 한다는 생각은 하지 못한다. 무엇보다 강력한 방해꾼인 좌절감이 점점 커지면서 시선을 다른 데로 돌리기 때문에 그의 목표는 남들이 이렇게 말하는 것으로 끝이 난다. "피곤하게 살지 말고 그냥 되는 대로 살아. 의사는 무슨……."

미성숙한 사람들이 목표 실현을 위해 세운 계획을 실천하는 경우가 드문 것처럼 그들은 인내를 요하는 장기적인 인간관계를 맺을 능력도 부족하다. 그러니 그들이 인생에 어떤 의미를 부여할 수 있겠는가? 미성숙한 사람들도 대부분의 사람들과 마찬가지로 인생의 의미를 부여하고 싶어 한다. 하지만 해내지 못한다. 그들은 **할 수 없다**. 다른 사람들이 미성숙한 사람들을 계속 성숙하지 못하게 만들거나, 미성숙한 사람들이 모호한 혼란에 너무 강하게 사로잡혀 퇴행으로 들어가거나 둘 중 하나다. 한쪽은 인생 목표 설정이 아예 불가능하고, 다른 한쪽은 인생 목표가 무엇이었는지를 더 이상 기억할 수 없다.

하지만 모든 사람들의 내면에는 발전하고 싶다는 바람이 들어 있다. 사람은 발전하고, 독립하고, 영향력을 행사하고, 인생의 의미를 발견하려는 의지를 갖고 있다. 각 발전 단계는 인격체로 향하는 걸음이다. 스스로 삶을 결정하며 살고자 하는 인생의 보편적 의미를 잃는다면, 그것은 그야말로 비극이다.

문제는 이것이다. 우리가 모호한 불안으로부터 자신의 정신을 보호하면서, 자의식을 가지고 (물질적 그리고 특히 감정적으로) 인생의 목표를 실현하려면 어떻게 해야 하는가?


## 일상에 휴식 시간 끼워 넣기

남부 독일에서 강연을 끝낸 나는 기차를 타고 본 근처의 지그부르크로 돌아오는 길이다. 네 시간이 소요되는 기차여행 내내 편하게 쉴 수 없었다. 내가 귀를 반쯤 열고 옆 사람들이 나누는 대화를 들고 있었기 때문이다. 몇 분 연착한 후 드디어 지그부르크에 도착한 나는 피곤하지만 동시에 바짝 긴장이 되기도 한다. 마음 같아서는 곧장 집으로 향하고 싶지만 회의가 하나 남아 있다. 보통 나는 일정을 그리 빠듯하게 잡지 않는다. 하지만 오늘만큼은 제 시간에 약속 장소에 가기 위해 한순간도 지체할 수 없다.

나는 지그부르크 역에서 차를 주차해두었던 주차장으로 서둘러 간다. 여행을 떠나면서 주차장 타워의 맨 꼭대기 층에 주차할 수밖에 없었던 상황을 떠올리니 한숨이 절로 난다. 위로 올라가려면 금쪽같은 몇 분을 더 소비해야 한다. 계단을 뛰어올라간다. 차에 도착하기 20미터 전에 벌써 무선 키를 눌러 차 문을 연다. 삐익! 문득 측면에서 비치는 빛 때문에 눈이 부시다. 뭐지? 나는 고개를 돌려 도시 위로 쏟아지는 태양 빛이 유리 지붕에 반사된 광경을 본다. 호기심이 들어 주차장 데크의 난간 쪽으로 가본다. 이제야 나는 이 높은 곳에서 내려다보는 도시의 광경이 얼마나 아름다운지 알게 된다.

가방을 내려놓고 눈앞에 펼쳐진 파노라마를 바라본다. 도시의 하늘에서 펼쳐지는 햇빛의 유희와 몰려가는 구름을 보며 기분이 좋아진다. 저 아래 시끄러운 소음이 이 위에서는 아련하게 들려 편안하다. 나는 족히 10분쯤 시간을 낸다. 주차 빌딩 지붕에 서 있는 10분 동안 나 자신을 돌아볼 수 있다. 큰 성과가 있었지만 긴장도 되었던 어제 하루를 다시 한 번 마음속에 그려본다. 성공적인 여행, 강연이 끝난 후 활기찬 질문들에 마음이 흡족하다. 이제 내가 얼마나 차분해지고 긴장이 풀어지는지 느낄 수 있다. 여기 위에 그냥 서 있는 것만으로도 휴식 그 자체다.

약속 장소로 향하면서 일부러 차를 천천히 몬다. 차분한 기분을 더 오래 느끼고 싶어서다. 지금 서둘기 시작하면 일을 그르친다. 조금 늦게 도착하리라는 것을 알지만 그래도 일탈을 후회하지는 않는다. 짧게나마 휴식을 취한 게 좋았기 때문이다. 이제 나는 회의에서 더 또렷한 의식을 가지고 더 효율적으로 말하게 될 것이다.

일상에 휴식 시간을 끼워 넣는다는 의미는, 일을 멈추고 적어도 잠깐이나마 새로운 정보로부터 자신을 차단한다는 뜻이다. 그래야 정신이 확인하는 시간을 얻는다. 아주 차분한 상태여야 정신은 과거 시간들을 다시 한 번 검사하고, 경험을 평가하고, 잔잔해질 수 있다. 그 상태가 정신에 좋은 영향을 끼친다. 그리고 사람에게는 온전한 삶의 질을 선사한다.

많은 사람들이 긴장이완 상태가 무엇인지 모른다. 매일이 분주하기만 하다. 직장에서 미팅과 통화 예약과 서류 제출 일정이 차례차례 빈틈없이 이어진다. 가정에서는 식료품을 사서 음식을 만들어야 하고, 아이들을 데려오고, 또 운동하는 곳에 보내야 한다. 주중이나 주말이나 전혀 구분이 없다. 아침에 일어나 밤에 잠들 때까지 일정이 빡빡해서 단 몇 분도 낭비해선 안 된다. 그리고 일단 제한된 시간에서 조금만 틈이 나도 오래전부터 처리를 요하는 일들이 죄어들 듯 급하게 밀려온다. 어쨌든 분주한 매 순간마다 삶의 질은 급격하게 떨어진다.

사람들 대부분은 정신없는 일정으로 인한 압박을 그냥 느끼기만 한다. 과연 누가 정원의 잔디를 항상 5센티미터로 잘라주어야 한다고 말하는가? 미팅이란 원래 한 시간은 걸려야 하는 거라고 누가 그러는가? 그러나 우리는 모호한 불안 상태에서 자신이 시간의 주인이라는 사실을 잊어버린다.

긴장을 풀고 원기를 회복하는 일이 일상의 외부에만 존재하는 별도의 프로그램이 아니라는 사실은 우리가 기본적으로 알고 있다. 몰디브로 2주간 여행을 가는 것도, 슈바르츠발트에서 편안한 주말을 보내는 것도 우리를 모호한 불안에서 장기적으로 벗어날 수 있게 하지 못한다. 따라서 **일상**에서 우리가 스스로를 보살펴야 한다. 그러기 위해선 우리에게 필요한 것이 무엇인지를 언제든 알 수 있을 만큼 우리가 충분히 성숙해야 한다. 정말로 필요한 것은 주차장 지붕에서 하는 몇 분간의 명상일 수도 있고, 비록 할 일이 있지만 딸을 데리고 수영을 한 시간 하는 것이 될 수도 있으며, 몇 시간 동안 휴대전화를 꺼놓는 일이 될 수도 있다. 정신의 건강을 유지하는 일보다 더 다급한 일은 세상에 어떤 것도 있을 수 없다.

휴식 없이는 의식을 가지고 인생을 형성할 수 없다. 오직 평온에서 의미가 나온다. 우리는 멈춤, 숙고, 구체화를 통해서만 인생 목표에 다가갈 수 있다. 성숙한 사람은 바쁘게 쫓기는 대신 일상의 풍부함을 고마워한다. 물론 그에게도 하루가 긴장의 연속이자 스트레스 쌓이는 상황으로 다가올 수 있다. 하지만 성숙한 사람은 그런 상황이 계속될 때 뭔가 거꾸로 가고 있음을 항상 의식한다.

나는 약속 시간에 10분 늦게 도착했다. 그래서 큰일이 일어났을까? 물론 아니다. 조금의 언짢음도 생기지 않았다. 내가 제시간에 도착하지 못한 이유를 설명하자 상대방은 기분이 상한 태도로 응대하지 않았다. 오히려 전적으로 이해해주었다. 은근히 부러움도 내비쳤다. 그가 말했다. "나도 한번 그렇게 해봐야겠군요." 좋은 생각이다.

아무튼 그런 일은 진정으로 성숙한 사람들 사이에서만 일어난다. 불안이 야기하는 긴장으로 인해 이미 초기 발달 단계로 퇴행하고 자기 자신과의 관계를 상실한 사람들에게는 좀 더 많은 것이 필요하다.


## 어떻게 하면 제정신을 차릴 수 있을까

기억을 되살려보자. 우리는 대단한 능력을 가졌지만 '정신줄을 놓은' 세대와 함께하고 있다. 그들은 지도자, 노동자, 직원, 수공업자, 어머니, 아버지들이다. 모두 대략 40대에서 60대 사이에 있는 그들은 자신들을 둘러싼 풍족함으로 인해 현실성을 잃은 사람들이다. 그들은 디지털 세대의 멀티미디어 혁명과 정보 과잉에 시달린다. 그리고 모호한 불안이 그들의 정신을 점점 더 장악한다. 그들의 생각은 줄곧 맴돌기만 하고 모든 것이 어렵게 느껴진다. "아니, 또 이런 것도 있네!" 이것이 그들의 기본 감정이다. 약 25년 전부터 생활이 제공해온 가능성들에 매혹되어 눈먼 그들은 더 이상 제정신이 아니다. 그들은 올바른 척도를 찾지 못한다. **그들은 과도한 요구를 당하는 게 아니라 스스로에게 과도한 요구를 한다.**

해당자들은 아직 현재 상황에 있으면서도 벌써 다음번 상황을 생각한다. 차를 가지고 스포츠 수업을 받는 아이를 데리러 간 엄마는 아들에게 집중하지 않고, 아들과 오늘 있었던 일에 대해 이야기를 나누지 않는다. 대신 그녀는 잔뜩 찌푸린 얼굴로 핸들을 꽉 붙들고 여동생의 생일 선물을 사러 가야 하고 세탁소에 셔츠를 맡겨야 한다는 생각에 빠져 있다. 이는 엄마가 아들을 데리고 오는 게 아니라 가방을 뒷좌석에 싣고 옮기는 것과 조금도 다를 게 없다.

이 사람들이 어떻게 다시 제정신을 차릴 수 있을까. 어떻게 하면 그들의 정신이 과도한 요구의 악몽에서 벗어날 수 있을까. 자아를 되찾아야만 자신에게 좋고 나쁨을 결정할 수 있다.

정신에는 환상적인 면이 있다. 즉 정신은 한번 쓰기만 하면 아주 짧은 시간 내에 다시 쓰임새를 찾아낼 수 있다. 정신 속에는 아직 모든 것이 건재하다. 공동체, 의미, 충족된 생활에 대한 동경은 다만 매몰되어 있을 뿐이다. 만일 내일 갑자기 불행이 닥치면 퇴행 상태에 있는 모든 사람들이 곧바로 다시 성인이 될 것이다.

본에서는 규칙적으로 라인 강이 범람한다. 2011년에도 범람 위기가 닥쳤다. 그러자 위급 상황에서 사람들이 실제로 어떻게 움직이는지 드러났다. '극단적 나르시시스트'가 하룻밤 사이에 도움을 줄 의욕으로 넘치고, 현재 자신이 무엇을 해야 하는지 정확히 파악해 목적을 위해 움직이는 이웃이 된 것이다. 그 상황에서 단기적 욕구 충족, 역할의 불분명함은 더 이상 찾아볼 수 없으며 오직 선량한 이웃만 있다. 비록 집은 물에 잠겼지만 사람들은 생기를 되찾았다.

좋은 소식이 있다. 우리가 정신을 가다듬고 다시 본모습으로 돌아오기 위해 불행이 오기를 기다릴 필요는 없다. 더 간단하게도 가능하다.

내 진료실에 찾아와서 앉아 있는 많은 부모들을 보면 그들이 얼마나 과도한 요구에 짓눌려 있는지가 보인다. 바로 '잘하려는' 긴장 **때문에** 지속적 흥분 상태에서 헤어나지 못하는 것이다. 그런 경우 나는 그들에게 휴대전화를 집에 두고 홀로 다섯 시간 동안 산책을 하라는 숙제를 내준다. 나는 그들을 숲으로 보낸다. 들판을 걸어서는 그리 많은 것을 얻을 수 없다. 탁 트인 저 먼 곳을 향하는 시선이 방향을 잃기 때문이다. 반면에 숲에서는 시야에서 나무들이 하나씩 천천히 지나가는 움직임에 따라 정신이 안정을 찾을 수 있다.

이게 대체 무슨 소린가? 교외의 숲을 조금 걷는 것만으로 모든 것이 다시 제자리로 돌아온다고?

## 내가 그들을 숲으로 보내는 이유

나를 찾아오는 부모들이 대부분 전혀 알지 못하는 게 있다. 나는 소아청소년 정신과 의사지만 어린이와 청소년을 치료하는 경우는 극히 드물다는 사실이다. 나는 부모들을 치료한다. 아이들에게 아버지와 어머니의 역할을 더 이상 하지 못하는 사람들은 다름 아닌 부모들이기 때문이다. 아이들의 발전을 위해서는 바로 부모의 역할이 절박하게 필요하다. 부모들이 다시 제자리를 찾을 수 있어야만 부부 및 자녀들과의 관계가 저절로 다시 건강해진다.

내가 숲에 가서 한동안 산책을 해야 문제가 해결된다고 말하면 부모들은 우선 어리둥절한 반응을 보인다. 그리고 실망의 빛도 역력하다. '네? 아이에 대한 진단과 처방을 원한 건데 그냥 신선한 공기를 쐬라고요?' 수백 번이 넘는 경험을 통해 알게 된 사실이 있다. 내가 일단 숲속 산책을 부모에게 확신시킬 수 있으면 내 치료는 이미 성공한 것이다.

6주나 8주 후에 부모는 다시 나를 찾아온다. 나는 그들이 약속을 지켰는지 아닌지를 바로 안다. 아이들만 봐도 알 수 있다. 부모가 만성 흥분 상태에서 벗어나는 즉시 아이들도 거기에서 벗어나기 때문이다. 이는 아이들의 놀이에서 뚜렷하게 나타난다. 예를 들어 이전 상태에서 아이들은 인형과 인형의 집을 기능적으로만 이용한다. 다시 말해 인형을 집에 넣고, 집에서 꺼내고, 계속 인형을 집어넣고 꺼내는 동작을 반복하는 것이다. 반면에 아이들이 안정된 상태에서 하는 인형 놀이는 정신과 의사의 인형도 같이 끌어들이는 상호 놀이로 발전한다. 무표정하고 불만스럽고 피곤에 지쳐 보이던 아이들이 단기간에 마음을 활짝 열어 대화 능력을 발휘하는 아이가 된다.

한편 부모가 숲에 들어갔을 때 어떤 일이 일어났는지, 그들의 경험을 이야기할 때면 항상 같은 요점으로 집약된다. 즉 혼자 있는 것을 견디는 게 얼마나 어려운지를 깨닫고 놀랐다는 것이다. 그리고 곧이어 어떤 힘에 의해 생각이 저절로 제 기능을 찾는 것도 놀라웠다고 한다.

· "4주가 지난 후에야 비로소 숲에 갔어요. 선생님의 제안이 너무 이상하다고 생각했기 때문이죠. 하지만 일단 시도를 해보았어요. 그런데 어느 순간 나를 짓누르던 압박이 일시에 떨어져 나가더라고요. 스스로도 정말 깜짝 놀랐어요. 그리고 훨씬 더 명료하게 생각할 수 있었어요. 갑자기 생각이 분명해지더라고요. 이제 사장이 주말에도 일을 시키면 못 한다고 말해야겠다고요."

· "드디어 다시 나 자신을 보살피게 되었습니다. 이제 완전히 의식적으

로 휴식을 취할 수 있어요. 이제 내 인생의 주도권을 잡았다는 기분이 들어요. 내가 긴장하지 않고 마음이 편하니 아이들에게 다시 더 좋은 엄마가 될 수 있을 것 같아요."

· "이제 더 자주 숲에 가게 돼요. 그러면 긴장의 연속이었던 업무 주간이 지나고 다시 나를 되찾을 수 있어요. 또다시 일에 정신이 빠져 있는 일상에서는 그런 생각을 전혀 하지 못하지만, 일단 숲에 들어오면 당장 내 상태를 알아차립니다."

당신도 해보라. 처음에는 당신의 정신이 마치 약물중독자의 금단현상과 같은 태도를 보이게 된다. "대체 이게 뭐야? 완전 헛소리지! 당장 집에 갈 거야. 지금 할 일이 산더미 같은데. 여기서 시간을 허비하는 건 바보짓이지. 너무 지루하잖아. 계속 보이는 거라곤 나무밖에 없고 말이야." 이런 불평이 이어진다. 그 상태를 참고 견뎌보라. 다섯 시간이 목표다! 이제 두 시간, 세 시간이 지나면 당신은 자신이 그사이에 얼마나 느긋해지는지 알게 된다. 그제야 비로소 당신은 그동안 잔뜩 긴장해 있었다는 사실을 깨닫는다. 좁은 시야가 넓어진다. 그리고 갑자기 훨씬 더 많은 것이 눈에 들어온다. 주변에 있는 사물이 아니라 최근에 마음을 조이게 한 모든 일을 말하는 것이다. 아들이 가지고 온 형편없는 수학 점수를 보고 꼭 그런 식으로 반응해야 했나? 얼마 전에 동료와 열을 내며 싸웠던 게 좀 유치하지 않았던가? 그토록 사소한 일을 두고 논쟁까지 벌일 필요는 없지 않았나?

지금 당신에게 일어나는 일은 심리적으로 간단하게 설명할 수 있다. 정신이 밖으로 돌지 않으면 당신은 자기 자신과 대면한다. 비교적 얼마 지나지 않아 당신의 정신은 자기 자신에게 집중하는 일 외에는 달리 할 수 있는 일이 없다. 드디어 정신은 더 이상 외부를 향하지 않고 자신을 들여다보게 된다. **이것이** 나인가? 이 불안스럽고 황망한 내가? 뒤이어 다음과 같은 인식이 생겨난다. '나는 문제에 빠져 허우적대지 않는다. 내 인생을 일구는 일은 내 손에 달려 있다.'

네 시간, 다섯 시간이 되면 당신은 차분한 관점을 가지고 수많은 매듭을 풀 수 있다. 다섯 시간이 지나고 집으로 돌아올 때면 마음이 한결 가벼워져 있다. 삶을 어렵게 하고 당신을 긴장하게 만드는 많은 문제들이 허상이었음이 드러난다. 이제 당신은 목표지향적인 행동을 할 수 있는 관점에서 다른 것이 눈에 들어온다.

처음으로 숲에 갈 때만 네 시간에서 다섯 시간이 반드시 필요하다. 당신이 기본적인 경험을 했으면 그다음부터는 산책을 두세 시간으로 줄여도 된다. 점점 더 안정을 얻게 되면 14일마다 두 시간의 산책만으로도 충분하다.

나도 매주 숲에 간다. 나는 아마 엄청난 위급 상황이 일어나야만 '숲에 가는 일정'을 취소하게 될 것이다. 왜냐하면 한 주 중에 산책 시간에서 내가 정신과 의사, 한 가정의 아버지, 남편으로서의 역할을 침착하게 잘해나갈 수 있는 힘을 얻기 때문이다.

숲 산책의 대안도 있다. 교회에 갈 수도 있다. 하루에 반 시간이면 충분하다. 내 말은 교회에 가서 예배를 보거나 기도를 드려야 한다는 뜻이 아니다. 물론 그래도 되지만 그냥 교회에 앉아 있는 것으로도 충분하다. 왜 그와 같은 작용이 일어나는지는 모르겠다. 아무튼 효과는 2~3주 후면 어김없이 나타난다. 아마 교회가 매우 특별한 공간이라서 그런지도 모르겠다. 당신은 침착함을 발산한다. 그리고 명료한 의식을 얻는다. 하지만 당신의 여가를 위해 반드시 쾰른 대성당을 선택할 필요는 없다. 숲에 가는 것과 같이 혼자 그리고 외부의 방해로 정신을 팔게 되지 않아야 한다는 게 중요하다. 당신이 긴장을 풀게 되면 2주마다 30분 정도 시간을 내는 것으로도 충분하다.

요가도 효과가 있다. 그런데 요가를 통해 실제로 완전한 긴장이완 상태에 이르기 위해서는 약 2년이 걸린다. 숲으로 산책을 나가 다섯 시간 후 단번에 효과를 얻는 편이 불안스러운 긴장에서 헤어 나오는 데 더 효과적이다.

그렇다. 사람들이 수년간 자신의 머리가 어느 곳에 가 있는지 더 이상 알 수 없었던 상태에서 단숨에 다시 성인이 되는 일은 실은 아주 간단하다. 하지만 동시에 너무나 어려운 일이기도 하다.

왜냐하면 인간의 정신은 뭔가 변하는 것을 능숙하게 피하는 법을 알기 때문이다. 이렇게 가정해보자. 당신이 모호한 불안에 사로잡혀 쫓기는 생활을 하는 사람이라고 말이다. 이제 당신은 이 책에서 이번 일요일에 가까운 숲에 가야 한다는 글을 읽는다. 다섯 시간 만에 인생을 다시 얻을 수 있다고? 참으로 좋은 소득인 것 같다. 그래서 당신은 말한다. "그래. 그렇게 해야겠다. 읽어보니 좋은 소리야. 게다가 거저먹는 식이네. 이 저자가 과장된 약속을 한 것일지라도 숲에 간다고 해서 정신적으로 해가 되는 건 아닐 테니까. 다섯 시간 동안 그냥 신선한 공기를 쐬는 것도 나쁘지 않겠지."

그리고 당신은 알게 된다. 다가오는 일요일에 당신에겐 '더 중요한 일'이 생긴다. 친구가 전화해서 잠깐 들를 수 있냐고 묻는다. 그러면 당신은 대답한다. "그래! 좋아!" 숲에 간다는 계획은 당장 잊어버린다. 왜 그럴까. 당신의 정신은 현재 상태에서 뭔가 변하려고 하는 것을 온갖 수단을 동원해 저지하는 법을 알고 있기 때문이다. 예를 들어 당신은 오후에 작은 동네가게에 가는 쪽을 선택할 수 있다. 그 가게에 가본 지가 아무튼 2년이 넘었고, 설탕가루를 잔뜩 뿌린 쿠키를 사면서 가게 아주머니의 자식과 조카에 대한 한없는 하소연을 들으며 시간을 낭비하기 위해서 말이다. 아니면 당신은 당신의 인생에 다시 의미와 삶의 즐거움을 심을 수 있는 일을 택할 수 있다. 하지만 나는 당신이 작은 동네가게를 선택한다는 쪽에 내기를 걸겠다.

왜 이런 현상이 일어날까? 이유는 정신이 결정적인 두 가지 '구조적 오류'를 가지고 있기 때문이다. 첫째, 정신은 과도한 요구의 고통을 느끼지 않는다. "신선한 생선이 아니면 절대로 안 돼!" 이처럼 한번 탈이 난 적이 있는 위처럼 정신이 반응한다면 과도한 요구에 그토록 시달리지 않을 것이다. 하지만 정신은 자기 자신과 거리를 취할 수 없기에 "앗, 너무 많은 정보가 마구 밀려 들어온다! 내가 막아야 해!"라고 말하지 못한다. 그래서 저항을 받지 않고 몰려드는 과도한 요구는 혼란 상태가 될 때까지 치닫는다.

둘째, 당신의 정신은 현재의 상태를 그대로 유지하기 위해 전력을 다한다. 비록 현재의 생활이 정신을 병들게 하더라도 말이다. 고통을 모르는 정신은 항상 모든 것이 최상이라고 확신한다. 이미 이곳저곳에서 불이 나는 상황이 되고, 당신이 번아웃 직전에 있다 해도 정신은 그러한 상황에서 벗어날 수 있는 모든 처방에 맞서 저항한다.

하지만 내가 내담자를 숲으로 보내는 것에 성공하면 다음의 일은 저절로 이루어진다. 다음번에 진료실에 찾아와 내 앞에 앉은 사람들은 분명히 달라져 있다. 레버는 다시 정상 가동의 위치에 놓이고, 밀려오는 정보를 분류하는 필터는 기능을 회복한다. 그들은 더 이상 촉박한 기한의 덫에 걸린 채 비틀거리지 않으며 자신의 역할을 곰곰이 생각한다. 자녀에게 일관성 있는 태도를 보임으로써 그들의 가정은 한숨만 새어 나오게 만드는 에너지를 빨아먹는 곳이 아닌, 에너지의 원천이 된다. 그들은 직장에서도 생활을 원활하게 할 수 있는 능력을 되찾는다.

"10가지/20가지/50가지 항목을 실천하면 충만한 생활을 누릴 수 있습니다."

당신은 내가 이런 구체적인 실천 사항을 내놓지 않는 게 이상하다고 생각할지도 모르겠다. 그렇게 하지 않는 이유가 있다. 즉 개인이 각자 가진 자원을 잘 쓸 수 있을 뿐만 아니라, 과도한 요구에 휘말려들지 않기 위한 고정된 프로그램 같은 것은 **존재하지 않기** 때문이다. 사람은 저마다 너무나도 다르기 마련이므로 무엇이 필요하다고 귀띔해줄 수 없다. 개인적으로 완수해야 할 목록 같은 것도 존재하지 않는다. 50가지 계획이 아닌 단 한 가지 능력만 있으면 되기 때문이다. 자신에게 필요한 것을 스스로 알아내는 능력이다.

11장

# 미성숙한 사람들과
# 함께 지내는 법

독일상공회의소 의장 에릭 슈바이처가 2014년 8월 베를린에서 '2013년 독일상공회의소가 주관하는 양성교육 관련 설문조사'에 대해 설명했다. 소규모 제조업 공장부터 수천 명의 직원을 거느린 대기업에 이르기까지 약 1만 3000개에 이르는 독일 기업을 대상으로 회사에서 진행되는 양성교육에 관한 경험을 묻는 설문조사였다. 그 결과는 앞으로의 재앙을 예고한다. 기업의 82퍼센트에서 수많은 졸업생들의 교육 완성도가 결여되어 있다는 견해를 보였다. 다시 말해 기업 다섯 군데 중 네 곳의 교육 담당자들의 경험에 의하면, 자기소개서를 들고 온 졸업생 대부분이 기업 교육이나 수련을 시키기에 실제로 적합하지 않다는 것이다. 즉 기업의 54퍼센트가 청년들이 성취동기와 의욕이 턱없이 부족하다고 평가했고,

46퍼센트는 청년들에게 참고 견디는 능력 내지 끈기가 충분하지 않다고 답했으며, 39퍼센트는 청년들의 예의범절을 지적했다.

에릭 슈바이처는 설명 중에 이런 언급도 했다. 교육에 반드시 필요한 일반 업무를 보는 몇 년간의 중요한 과정들을 불필요하게 여기는 이들이 늘고 있다고 한다. 다시 말해 청년들에게 창의적 욕구가 더 많다는 주장이다. 내가 생각하기엔 젊은이들은 귀찮은 임무로 짜인 하루 여덟 시간 근무라는 평범한 일에는 별 관심이 없는 것 같다. 금속공장의 수습생들은 자기가 용접해 이은 자리가 삐딱하게 기울었어도 빗자루로 공장을 쓰는 일보다 까다로운 특수제작 용접을 하겠다고 나선다.

국어와 수학 지식의 경우도 상황은 매우 유사해 보인다. 기업의 48~56퍼센트가 입사를 지원하는 졸업생들의 성취 능력과 구술 및 서술 능력에 대해 고개를 가로젓는다. 우리는 지난 20년간 한 세대를 길렀는데, 그 세대는 사회에 자신의 일부를 기여할 수 있는 능력이 매우 제한되어 있는 것 같다. "어린 한스가 배우지 못한 것은 어른이 된 한스가 결코 배우지 못한다"라는 옛말이 있다. 청년들의 입장에서는 기차가 이미 떠났으니 너무 늦은 것으로 보인다. 그렇다면 사회는 청년들이 그 쓸모없는 기차를 어디에 주차시키는지 한번 지켜봐야 한다.

결국 남은 것은 체념밖에 없을까? 그렇지 않다. 인간의 정신에 절대로 너무 늦은 일은 없기 때문이다. 정신은 언제나 학습 능력이 있다. 유년기와 청소년기에 소홀히 한 것은 만회할 수 있다. 하지만 미성숙한 어른들에게 "이제 좀 바짝 열심히 해봐!"라고 외치는 것만으로는 부족하다. 왜 그런 것인지 그 이유를 이 장에서 이야기하려고 한다. 그리고 무엇보다 특정 발달 단계에 그대로 머물러 있는 사람들이 성인이 되기 위해선 그들의 정신에 무엇이 필요한지 알려주고 싶다. 그것을 알아야 우리는 발달이 덜된 졸업생들도 기업에서 수용할 수 있기 때문이다. 뿐만 아니라 더 나아가 책임을 지는 법을 제대로 배운 적이 없고 오직 받는 것만 알고 세상이 자신을 위해 존재한다고 믿는 미성숙한 사람들과 무리 없이 지낼 수 있는 능력도 우리에게 생겨난다.

올바른 대답을 발견하기 위해 미성숙한 이들이 정체되어 있는 발달 단계에서 그들의 유년기와 청소년기에 유독 결여된 부분을 찾아 정확하게 들여다보아야 한다. 우리가 필요한 '비타민'이 무엇인지 알아내면 미성숙한 이들에게 주어야 할 것, 그리고 필요한 경우에는 우리 자신에게도 주어야 할 것이 무엇인지 알 수 있다. 그럼으로써 소홀히 했던 것을 만회할 수 있다.

## 감정의 팔레트를 완성할 수 있도록

어린아이들도 슬프고 화가 나고 기쁠 수 있다. 그리고 시간이 흐를수록 어린아이들은 자신의 기분을 점점 더 차별화해서 인지하고, 느낀 감정을 평가하고 정리하는 법을 배운다. 예컨대 배 안에서 가볍게 간질간질하는 느낌은 나를 깡충깡충 뛰게 만든다. 기분이 좋다. 또는 내가 장난감 차로 친구를 때렸다. 이제 내 안에서는 어떤 느낌이 일어날까? 아이는 새로운 감정을 겪을 때마다 감정에 대해 잘 알게 되고 시간이 흐르면서 훨씬 더 풍부하고 차별화된 감정의 팔레트가 발달하게 된다.

하지만 그것은 실제 경험에서 가능한 일이다. 머릿속에서 정글짐의 꼭대기에 올라가는 걸 성공했을 때의 희열감을 느낄 수 있는 사람은 아무도 없다. 실망과 고통을 대처하는 법은 책으로도 배울 수 없다. 감정들을 레퍼토리 속에 받아들일 수 있으려면 그것을 직접 겪어야 한다. 예를 들어 아이가 혼자 학교에서 집으로 돌아오는 길에 땅바닥에 말라비틀어져 죽은 지렁이를 발견하고 슬퍼하며 동정심을 갖는다. 크레인이 도로를 파헤치는 광경은 신나고 들뜬 기분으로 지켜본다. 그리고 전에 한 번 용돈을 빼앗아간 형을 보게 되면 무서움에 몇 발자국 물러나 몸을 숨긴다.

경험과 감정을 수집할 수 있는 상황으로 아이를 적절하게 끌어들이는 것은 일차적으로 부모의 책임이다. 부모는 직관으로 아이에게 얼마나 많은 여지를 주어도 되는지 알고 있다. 문제는 많은 부모들이 더 이상 자신들의 직감 능력을 미더워하지 않는 것이다. 모호한 불안에 의한 긴장 속에서 부모는 성인답게 행동하지 않는다. 부모는 심각한 실수를 저지르기 시작한다.

이 부분에 대한 부모의 포기를 보여주는 첫 번째 예가 다음의 조사 결과다. 보험회사의 위탁으로 여론조사기관인 포르사가 2014년에 실시한 설문조사 결과를 발표했다. 1000명의 아버지와 어머니를 대상으로 12~17세 사이의 자녀들이 매체를 사용하는 태도에 대해 물었다. 이때 부모의 50퍼센트가 자녀들이 인터넷을 너무 많이 사용한다는 의견을 보였다. 23퍼센트의 부모는 이렇게 말했다. "내 아이가 인터넷에서 무엇을 그토록 하는지 사실 잘 모르겠다." 한편 25퍼센트의 부모는 솔직하게 인정했다. "내가 아이의 인터넷 사용을 더 자주 관리했어야 했다." 이 모든 대답들은 파산선고나 다름없다. 부모들은 막연하게 뭔가 해야 한다는 생각은 하지만 그냥 내버려두는 것이다. 매체에 지나치게 빠져 있는 자녀 관리에 손을 뗀 채로 있다.

그리고 부모들이 실제로 만회할 수 없고, 전면적으로 포기하고 마는 두 번째 예가 있다. 아이가 감정을 구분할 수 있기 위해서는 외부에서 오는 반영이 필요하다. 자녀의 감정 표현에 대해 부모가 확실한 반응을 보일수록 아이는 자신의 감정을 이해하는 법을 더 잘 배울 수 있다. 아이들은 우선 타인의 반응을 통해 어떤 상황에 어떤 감정이 적합한지 인식할 수 있기 때문이다.

성인과 아이 사이에 이루어지는 이 상호 행동 역시 보통 직관적으로 진행된다. 모두가 아는 사실을 예를 들어보자. 어린아이가 넘어졌다. 아이는 약간 아픈 데다 놀라기도 했다. 아이는 이 감정을 어떻게 해야 할까? 아이는 우선 부모를 한번 쳐다보고 반응을 살핀다. 부모가 화들짝 놀라서 아이에게 뛰어가면 아이는 울기 시작한다. 하지만 부모가 침착하게 서서 "괜찮아! 별것 아냐!"라고 외치면 아이는 흥분할 이유가 없음을 배운다. 아이는 다시 일어나 계속 논다.

반영이 의미가 있으려면 상황에 따른 직관을 믿을 수 있는 부모가 필요하다. 즉 아이가 아파하니 위로를 해주어야 할까? 아니면 사소한 일에 너무 큰 관심을 보여서는 안 되는 걸까? 부모가 상황을 잘못 판단하면 당장 위로가 필요한 아이를 혼자 내버려두거나, 아이가 이유 없이 울어도 관심으로 보상받는다는 것을 가르치는 셈이 된다. 그러면 아이는 실제 동기가 없어도 울음을 터뜨리는 게 좋다고 배우게 된다. 부모와 성인들의 반영이 없으면 아이는 엄습한 감정들에 속수무책으로 방치된다. 그런 아이가 자라면 가벼운 코감기만 걸려도 자신의 세상을 무너뜨리기에 족하다.

틀림없이 당신도 건설적인 비판을 받아들이는 능력이 전혀 없는 동료를 보고 깜짝 놀란 적이 있을 것이다. 그들은 건설적 비판을 몰상식한 일로 이해한다. 이제 당신은 그 원인을 안다. 그들은 과도한 요구에 눌려 직관을 쓸 수 없기에 항상 "정말 잘했네! 훌륭해! 계속 이렇게 해!"라는 반영만 준 부모의 손에서 자란 사람들이다. 그러니 어떻게 이들이 성인답게 비판을 받아들일 수 있겠는가.

그리고 부모의 또 하나의 책임도 이 자리에서 밝히려 한다. 우리는 나이에 적합하게 아이들을 현실에 직면시켜야 한다. 하지만 직관의 결여와 왜곡된 사랑 때문에 부모는 예컨대 슬픔, 피로 또는 기타 부정적인 감정들이 나타날 수 있는 현실 상황에서 아이들을 최대한 멀리 떼어놓으려 한다. 기르던 기니피그가 죽으면 부모들은 이렇게 말한다. "그냥 잠자는 거야!" 그러고는 얼른 새 기니피그를 사다놓고 아이가 눈치 채지 못하기를 바란다. 또 아이가 친구들 앞에서 짧은 글을 낭독하는 학교 과제 때문에 신경이 잔뜩 곤두서 있으면 부모는 아이가 아파서 수업에 들어가지 못한다고 학교에 편지를 써 보낸다.

부모들은 아이에게 '아름다운 유년기'를 제공하고 싶어 한다. 하지만 시련과 갈등과 후퇴가 없는 유년기는 반쪽짜리 유년기에 지나지 않는다. 삶에는 불만족, 낙담, 슬픔, 실망 등도 속하기 때문이다. 감정의 팔레트에 이런 부정적 감정이 빠지면 기쁨과 기대와 애착과 같은 감정들이 긍정적으로 인지되지 않고 중성적으로 무덤덤하게 인지된다. 전체적인 선택의 폭이 있어야만 인생의 모든 국면을 메울 수 있다.

이 모든 내용을 간단하게 요약하면 이렇다. 우리 사회는 미성숙한 어른들과 미성숙한 청년들을 같이 끌고 갈 수밖에 없다. 그에 대한 일차적인 이유는 미성숙한 이들은 필요한 감정 세계도 경험 세계도 스스로 다룰 수 없기 때문이다. 부모의 직관이 매몰된 탓에 자녀에게 인생을 위한 '장비'를 마련해주지 못한 것이다.

디지털 시대에 사회화된 많은 아이들은 오로지 부모의 자가용 뒷좌석에 앉아 세상을 배웠다. 이 아이들은 하루 종일 TV나 휴대전화에 매달려 있다. 그들에게 이런 상황은 모든 게 다 갖추어진 호텔에 장기 투숙을 예약한 것과 같기 때문에 깜짝 놀라거나 지치거나 목이 마를 때가 거의 없다. 또는 흥분하고 호기심이 들고 기대에 찬 상황도 겪지 않는다. 그럼으로써 그들에게는 인생의 쓰고 단맛을 느끼게 해줄 믿음직한 감정의 팔레트가 허용되지 않는다. 편향된 정신을 가진 사람은 성인이 아니라 나이가 꽉 차기만 한 사람, 인생의 현실을 믿지 않는 사람이 된다.

자신의 흥미가 끌리지 않는 일을 강요당하면 바로 무릎을 꿇는 젊은이들이 늘고 있다. 후퇴를 참아본 적도 없거니와 시작한 일을 끝까지 해내야 한다고 가르침을 받은 적도 없는 젊은이가 어디서 좌절에 대한 저항력을 얻을 수 있겠는가? 그들은 말 그대로 '만사가 귀찮다.' 그들의 감정의 방은 너무 작아서 학교도 들어가기 전에 이미 꽉 차서 넘친다. 수습생, 실습생들의 사정도 마찬가지리라. 사실 수련이나 수업을 받을 만큼 성숙하지도 못했다. 게다가 이미 10년, 20년 정도 나이가 더 많아서 어느 정도 잘살 수 있는 자리를 차지한 사람들 또한 마찬가지다. 그들이 어떻게 이 사회에 자리를 차지할 수 있었는지는 조금 이따 설명하겠다.

그렇다면 어찌됐든 미성숙한 이들에게 감정의 팔레트를 완성하도록 북돋우면 되지 않을까? 그럼 우리는 그들을 정상적인 일상에 편입시키고 과제를 완수하도록 보살피기만 하면 될 것이다. 하지만 유감스럽게도 그것은 그리 간단하지 않다.

나는 앞에서 양면 복사를 하지 못한 여비서의 예를 언급했다. 그녀의 손에 복사지를 한 무더기 쥐여주면서 "잘할 수 있을 때까지 충분히 연습하세요"라고 말해봤자 큰 의미가 없다. 왜냐하면 제한된 감정 세계는 자신에게 요구되는 바를 **이해할** 수 있는 능력을 없애기 때문이다.

## 제한된 인지능력

즐거운 사람들이 모여 있는 사진을 보면 기분이 좋아진다. 또 방송에서 엄청 불행한 사건 소식을 듣게 되면 깜짝 놀라거나 슬픈 반응을 보인다. 우리는 인지에 의해 기분이 좌우되는 것을 매일 경험한다. 하지만 감정과 인지 간의 관계가 다른 방향으로도 작용한다는 것을 아는 사람들은 극소수다. 바로 감정 세계에 의해 인지능력이 좌우된다는 사실이다.

저 앞의 내용에서 1986년에 내가 사랑에 빠진 관계로 엄청난 환경 재앙을 전혀 인지하지 못했다는 이야기를 했다. 사랑에 빠진 기분이 연민과 불안 등의 감정을 덮어버렸기 때문에 체르노빌 사건은 내 세계의 일부가 되지 않았다. 이는 아주 보편적인 현상이다. 즉 제한된 감정의 팔레트를 가진 사람은 인지하는 것도 적다.

어린아이가 주변에서 일어나는 일을 아직 많이 이해하지 못하는 것은 정상이다. 아이들은 감정의 대부분을 여전히 배워야 한다. 그에 상응해 주변 세계를 인지하는 정도가 낮다. 어린 아기가 어머니의 얼굴만 인지할 수 있다는 사실은 익히 알려져 있다. 그런데 아이가 일반적으로 여섯 살 정도가 되어야 비로소 자신이 은행, 우체국, 빵집에 있다는 것을 인식할 수 있는 상태에 이른다는 것을 생각해보았는가? 그 전에는 아이는 그 차이를 모른다. 다시 말해 아이의 인지 속에는 그냥 엄마와 같이 밖에 나갔다는 것밖에 없다. 여기에 오면 우표가 있고, 저기에 가면 아줌마가 빵을 준다는 사실은 서서히 알게 된다. 현실 세계를 나타내는 모자이크 조각이 하나씩 모이면서 점점 더 뚜렷한 모양의 그림이 드러나게 된다.

그러면 감정 세계가 발달하지 않으면 어떻게 될까? 나는 눈을 가린 채 똑딱거리는 시계를 찾는 놀이를 하던 한 소년이 떠오른다. 소년에게는 가만히 서서 귀를 기울여야겠다는 생각이 전혀 떠오르지 않았다. 처음부터 정신없이 방 안을 뛰어다니며 우연히 시계가 덜컥 손에 잡히기를 바라며 두 팔을 완전히 제멋대로 휘젓고 있었다. 그 소년은 나이가 네 살쯤 된 게 아니라 무려 열세 살이었다! 그런 모습을 봐야 하는 것은 정말 가슴이 죄어드는 일이다.

어린이와 청소년의 제한된 인지능력은 그들을 항상 한계에 부딪히게 만든다. 때로 그들은 단어를 곧이곧대로 이해하려고 한다.

예컨대 며칠 전에 아홉 살 아이가 달려와 나를 넘어뜨리고 나더니 도리어 호통을 친다. "조심해!" 그런 행동은 청소년기에 자주 관찰된다. 어쨌든 있을 수도 없는 이 태도의 책임을 아이들에게서 찾는다면 완전히 잘못된 일일 것이다. 아이들은 악의로 그러는 게 아니다. '다만' 인지의 문제를 가지고 있을 뿐이다. 그들은 타인의 신체에 대해서도, 자신의 신체에 대해서도 충분하게 생각하지 못한다. 한 살짜리 아이가 손으로 엄마의 뺨을 때리면서 엄마와 자기를 구분하지 못하는 것과 똑같다. 그리고 자신은 아이이고, 어른을 상대로 이야기하고 있다는 사실도 파악하지 못한다. 왜냐하면 아주 작은 단면 속에서만 주변을 봐왔기 때문에 아이들에게는 유리창에 달라붙은 큰 쇠파리를 쳐내는 것과 다를 게 없다.

어린 시절 내내 숟가락으로 떠먹여주는 아침을 먹고, 어떤 요구도 없는 환경에서 자극 없이 성장할 수밖에 없었던 왕자와 공주들은 모두 커서 무엇이 될까? 그들은 로베르트처럼 나이가 꽉 찼지만 어른이 아닌 사람들이 된다.

### 로베르트가 배우지 못한 것

로베르트는 아동보육시설에 고용된 스물네 살의 교사인데, 물론 실명은 아니다. 운동에 재능을 타고난 그는 아이들에게 인기가 아주 많다. 유감스럽게도 로베르트는 딱 한 가지 면에서 아주 철저했다. 즉 그는 갈등이 생기는 것을 질색했다. 로베르트에게는 그냥 편안하게 지나가는 하루가 이상적인 하루였다. 이때 자기 자신만 생각한 것은 아니고 아이들에게도 되도록 좋은 하루를 마련해주고 싶었다. 로베르트는 자신이 맡은 아이들에게 이렇게 외치곤 했다. "축구하고 싶은 사람은 누구?" 그러면 곧이어 아이들은 어린이용 축구장에서 공을 찼고, 모두가 즐거웠다.

로베르트는 유년기와 청소년기에 부모에게서 편향되고 비현실적인 반영을 경험했다. 예를 들어 한 번도 야단을 맞은 적이 없었다. 그것이 바로 그가 현재 자신의 실적에 대해 현실적인 등급을 매길 수 없는 이유고, 또한 자신을 비롯해 다른 직원들이 가끔 시설을 관리해야 하는 임무를 '있을 수 없는 요구'로 받아들인 이유였다. 로베르트는 인생이 한편으로는 지루한 일로 이루어져 있다는 사실은 알고 싶어 하지 않았다. 즉 서류 작성이나 아이들의 방이 깨끗하게 정돈되었는지 살피는 일 따위는 그에게 전혀 가치가 없었다. 그는 사실 자신이 중심이 아니라 어린이들이 중심이라는 것을 파악하지 않았고, **파악할 수도 없었다.** 로베르트는 교육을 받는 동안 어린이들의 모범이 된다는 것이 얼마나 막중한 일인지 이해하지 못했던 것이다.

로베르트의 생각 속에는 아이들의 역할도 교육자의 역할도 존재하지 않고 오직 '우리 같이 재미있게 역할 놀이하자'밖에 없었다. 그가 근무 중일 때 아이들은 숙제를 하지 않았다. 감시와 관리가 그에게 너무 피곤한 일이었을 것이다. 아이들은 당연히 그것을 좋아했다.

로베르트가 아이들에게서 불쾌한 모든 것을 분리시킨 것은 아이들의 발전을 차단하는 결과가 되었다. 그런 식으로 그의 '온전한 세상이라는 이상'을 바탕으로 한 교육은 계속되었다. 로베르트가 아이였을 때 현실에 접근하지 못했기 때문에 그도 자신의 피보호자인 아이들에게 현실을 가르쳐줄 수 없었다.

원칙적으로 그의 동료와 시설의 원장도 미성숙한 청년들을 교육시켜야 하는 기업의 수많은 대표들과 똑같은 상황이었다. 즉 최대한 손실을 적게 내면서 최대한 성과를 많이 거두는 방향의 인력 배치를 숙고하는 것이다.

로베르트의 동료는 뼈저린 경험을 통해 로베르트와는 극히 드문 경우에만 정면 대결할 수 있다는 사실을 알게 되었다. 한 동료가 로베르트에게 책임이 막중한 업무를 맡기려 하자 그는 예민하게 반응했다. 한번은 그가 유난히 강한 압박을 받는다고 느끼자 곧 한 주간의 휴식 진단서를 제출했다. 진단서 발급의 메시지는 이랬다. "당신들이 나를 가만히 내버려두지 않으면 당신들은 완전히 나를 포기해야 할 것이다."

결국 로베르트는 계속 아이들과 축구를 했고, 밤 산책을 나가고, 아이들의 잠자리에서 동화를 들려주었다. 기타 모든 잡일은 동료들의 몫이었다. 동료들도 기꺼이 한 번쯤은 축구를 하고 싶었지만 어느새 늘어난 서류더미를 처리해야 했다. 게다가 동료들은 아이들에게 방 청소를 시키고 숙제를 하게 만드는 '나쁜 사람'이었다.

관청, 기업, 병원, 가족, 이웃에 존재하는 로베르트와 같은 사람들은 어린 시절 부모에게서 태도가 분명한 상대자의 모습을 보지 못하고 자랐다. 그래서 그들은 방향을 잡지 못하고 감정적·사회적으로 발달할 수 없었다. 그들은 일관성이 부족하고 전력을 다하려 하지 않는다. 인지가 제한된 까닭에 실제로 주변 사람들을 이해하지 못한다. 또한 자신들이 서열에서 어느 위치에 있는지도 알지 못한다. 모든 인생 영역이 닫힌 채로 있다는 사실을 인식하지도 못할 뿐더러 또 그것을 결핍이라고 인지하지도 않는다.

축구경기장 건설의 결정권과 시민에 대한 책임을 거부한 프라이부르크의 시의원은 자신의 역할을 포기했다는 사실을 알지 못했다. 복사를 하지 못하는 여비서는 그것이 자신의 임무이고 그 임무를 정확하게 처리해야 한다는 사실을 인식하지 못했다. 그리고 그녀가 첫 번째 시도에서 포기하고 말았을 때 어떤 말이 돌아올지도 알지 못했다. 로베르트는 자신이 동료를 곤경에 처하게 만들고 아이들에게 나쁜 본보기가 되었다는 것을 인식하지 못했다.

어떤 이는 이렇게 생각할지도 모른다. 성인 세계에서는 사람을 늘 강제적으로 대결하게 만든다고 말이다. 놀랍게도 로베르트는 자신이 늘 하던 대로 해도 되는 틈새를 발견하고 숨는 일이 가능했다. 어떻게 가능했을까?

다른 사람들이 일을 대신 처리해주었기 때문이다. 가족, 친구, 동료, 사장 중에 자신을 낮추고 일을 못하는 사람을 부드럽게 감싸주는 이들이 꼭 있다. 그들은 구할 수 있는 것은 구해야 한다는 희망으로 돌파구를 만들고, 일을 대신 떠맡고, 뒤를 봐주면서 응석받이가 조금이라도 성과를 올리면 매우 기뻐한다.

그들 중 어떤 이는 그렇게 **행동해야 한다**고 믿기에 그 일을 한다. 바로 로베르트의 동료와 같은 사람들이다. 또 다른 이들은 자신이 **원해서** 그렇게 한다. 그들은 조력자증후군(자신의 처지를 생각하지 않고 지나치게 남 돕는 일에 열중하는 것—옮긴이)과 비슷한 심적 상태에 시달리는 사람들이다.

### 가끔은 '아니요'라고 해도 된다

당신은 지금 30분 내에 은행에 가야 할 일이 있다. 이미 현관에 선 당신이 집 열쇠와 자동차 열쇠를 집어 드는데 이웃집 남자가 문 앞에 떡하니 서 있다. 이웃은 진심 어린 눈빛으로 당신을 쳐다보며 말한다. "한 시간 후에 난방용 기름 배달 차가 오거든요. 우리 집 앞에 차를 세울 자리를 만들어야 하는데 잠시만 좀 도와줄래요?" 이웃은 3주 전에 정원 포장석을 배달시켜 잔뜩 쌓아놓고는 아직도 정원 뒤편으로 옮겨놓지 않은 터였다. 이제 이 이웃집 남자는 급하게 되었다. 주문한 난방용 기름 차량이 기름통을 옮겨놓을 수 있을 만큼 집 앞에 바짝 차를 댈 수 없는 상태였기 때문이다.

이때 많은 사람들은 길게 생각할 것도 없이 은행과의 약속을 단념하고 이웃을 도울 것이다. 바쁘다는데! 한 45분쯤이면 충분할 것이다. 그러면 이웃은 고마워할 것이고 당신은 자신이 이웃의 신뢰를 받는 사람이라는 생각에 기분이 좋을 것이다. 하지만 절대로 그렇지 않다. 이때 약속을 잡아놓은 은행상담원이 자신을 기다린다는 사실은 잊히고 만다. 이웃이 바로 문 앞에 서 있고 은행상담원은 멀리 떨어져 있다는 이유에서다. 그리고 우리는 **지금 여기에**서 좋은 사람이 되고 싶어 한다.

다른 사람이 나를 좋아한다는 좋은 기분은 거의 모든 사람들이 느끼고 싶어 한다. 상사는 부하 직원에게 응당한 비판을 하지 않고, 직원은 주말에도 묵묵히 일을 떠맡고, 교사는 좋은 점수를 남발하고, 부모는 자녀에게 '아름다운 유년기'를 제공해주고, 손님은 자신의 머리를 꼴사나운 모양으로 만든 미용사에게 "네, 마음에 들어요"라고 말한다. 예는 끝도 없다.

이 모든 사람들이 공통의 문제를 가지고 있다. 즉 그들은 '아니요'라는 말을 잘 하지 못한다. 타인에게 쓸모 있는 좋은 사람이 되기 위해 자신의 욕구와 소망을 소홀히 한다. 이 태도의 극단적인 경우가 바로 조력자증후군이다. 남이 좋아하길 바라는 사람들이 모두 그 증후군에 시달리는 것은 아니다. 진짜 조력자증후군 환자는 비교적 드물다. 하지만 이와 유사한 증상을 보이는 경우가 점점 더 자주 관찰된다. 거기에는 타인의 감정에 자신의 책임이 있다고 여기는 생각의 오류도 속한다. 그 때문에 평소에 '아니요'를 말할 수 없는 사람들은, 타인은 오직 자신의 욕구 충족에 쓰이기 위해 존재한다는 믿음으로 성장한 사람들을 위한 완벽한 도구가 된다.

따라서 집 진입로에 제때 주차 공간을 마련하지 못한 이웃의 무리한 요구에 대한 바람직한 반응은 이것이다. "미안합니다. 내가 지금 은행에 가는 길이라 안 되겠네요. 어제 말씀해주셨더라면 오늘 일정을 미룰 수 있었을 텐데요. 지금은 안 되겠어요. 도와줄 수가 없군요."

그렇다, 가끔 타인을 실망시켜도 된다. 다시 말해 '아니요'라고 해도 된다. 전체를 내다보고 잠깐의 좋은 기분만 생각하지 않는 사람은 누구나 다 안다. 이제 당신이 극복해야 하는 일이 있다. 내가 타인의 마음에 들고, 타인이 나를 좋아하고 사랑해주기를 바라는 소망, 뒤에 서서 남을 도와주려는 소망을 극복해야 한다. 그리고 상대방에 대한 그릇된 동정심을 가져서는 안 된다.

나의 경우를 예를 들면 이렇다. 부모들이 찾아와 종종 자녀의 상태를 기술한 진단서의 사본을 달라고 요청한다. 진단서의 내용을 알려는 것은 부모들의 당연한 권리다. 그들이 원한다면 내 진단서를 읽을 수 있다. 하지만 나는 진단서를 복사해서 주는 것은 거절한다. 몇몇 부모들은 그러한 나의 방침을 있을 수 없는 일로 생각하면서 다른 의사들은 진단서를 수월하게 내준다고 항의한다. 하지만 진짜 중요한 건 그게 아니다. 다른 의사가 그러든 말든 나는 상관없다. 진단서를 진료실 밖으로 내보내지 않으려는 내 소망은 상대방이 나를 좋아해주기를 바라는 소망보다 훨씬 더 강하다. 그리고 충분한 이유도 있다. 나는 아이가 집에서 어쩌다 서랍을 열고 정신과 의사의 진단서를 발견하는 일이 일어나기를 원치 않기 때문이다. 또한 30년이 흐른 후에 작고한 부모의 짐을 정리하다가 그런 일이 일어나는 것도 원치 않는다.

나는 내 생각이 옳다고 확신하기 때문에 부모들을 실망시키는 일이 어렵지 않다. 나 자신을 위해서가 아니라 **아이들을** 위해, 그리고 **부모들을** 위해 그렇게 하는 것이다. 나는 분명한 태도와 확고한 입장을 가지고 있으므로 어쩌다 "뭐 굳이 원하시면 진단서를 가져가세요. 지금 그 일을 가지고 당신과 싸울 기분이 아닙니다"라고 말할 위험도 없다.

우리는 반사적으로 타인의 바람을 들어주기 위해, 그리고 일이 처리되지 않을 때 돌파구를 만들기 위해 애쓰는 대신 '아니요'라고 **말할 수** 있다.

그런데 미성숙한 사람들을 상대하는 경우엔 어떻게 해야 할까?

## 아이 단계에서 데리고 나오기

과거에 이미 한 번 성장했지만 모호한 불안으로 인해 퇴행에 이른 성인들은 다섯 시간 동안 숲을 거닐다 보면 다시 성인이 되어 숲을 나올 수 있다. 하지만 아동보육시설의 교사 로베르트, 그리고 회사에서 사회적 성숙도가 부족하다는 평가를 받은 청년들은 하루 종일 숲을 돌아다녀도 아무 변화가 일어나지 않을 수 있다. 한눈팔 수 없는 환경에서 자기 자신에게 몰두하게 되면, 그리고 한때 감정, 책임, 경험들이 있었다면 일어날 수 있는 일은 단 한 가지밖에 없다. 하지만 젊은 세대는 늘 어린아이 상태로 계속 머물러 있었다. 그들은 주변 세계를 매우 제한적으로만 인지한다. 그럴 수밖에 없기 때문이다.

그 때문에 이런 일이 생길 수 있다. 당신은 발달이 제대로 이루어지지 않은 열여섯 살 소년에게 빗자루를 손에 쥐여주며 부탁한다. "세탁실 좀 깨끗이 쓸어주렴." 그러면 소년은 어떻게 해야 할지 모르고 비를 들고 멀뚱히 서 있기만 한다. 그 나이가 되어 비질을 할 줄 모른다는 것이 믿기지 않는 소리로 들릴지 모르지만 바로 이 문제가 현재 수많은 교육 담당자들이 당면한 문제다. 교육 담당자들이 실습생들에게 지시한다. "여기 서류철의 서류를 알파벳 순서로 정리해주세요." 그런데 실습생들은 지시대로 하지 못한다. 일을 거부해서가 아니라 지시를 이해하지 못하기 때문이다. 차라리 안경을 쓴 사람에게 안경을 벗고 글을 읽기를 바라는 편이 나을 것이다.

또 다른 예로는, 제발 지각하지 말고 정시에 출근하라는 소리를 자주 듣는 스물네 살의 청년이 있다. '정확'이라는 개념에 대한 그의 인지로는 아무것도 시작할 수 없기 때문에 청년은 늘 그 개념을 잊어버린다. 그 일은 마치 누군가가 당신에게 이렇게 말하는 것에 비유할 수 있다. "슈퍼마켓 계산대에 서면 돈을 내기 전에 반드시 절을 세 번해야 합니다." 이런 요구는 당신에게 전혀 의미가 없다. 그런 행동은 당신의 정신세계에 포함되지 않기 때문에 그 요구는 무시된다.

전혀 해낼 수 없는 어떤 일을 하라고 요구하거나 책임을 전가하는 것은 의미가 없다. 로베르트와 같은 젊은 사람들은 자신의 교육 능력 및 성취 능력이 너무 저조한 것에 대해 할 수 있는 일이 적다. 이는 그들의 전 세대가 망쳐놓은 일이다. 하지만 책임 전가로는 양측의 좌절만 더 커질 뿐이다.

우리가 이 상황에서 벗어나려면 제일 먼저, 아직은 존재하는 성인들이 다음의 사실을 받아들여야 한다. 즉 미성숙한 사람들을 지금 그들이 있는 곳, 바로 아이 단계에서 데리고 나와야 한다. 부모, 교육자, 사회가 지금까지 소홀했던 바를 현재 상사, 동료, 가족들이 만회해야 한다. 단순하게 '아니요'라고 말하는 것으로는 충분하지 않다. 성인들이 미성숙한 젊은이들을 존중하고 북돋우는 태도로 받아들임으로써 뒤늦게나마 발달을 기대할 수 있다.

이때 엄격함이 아니라 분명함이 필요하다. 미성숙한 직원이 꼼꼼히 청결하게 치우는 임무를 해결할 수 없다면 그 일을 끝까지 '밀고 나가야' 한다. 즉 상사는 직원에게 이렇게 말한다. "다시 한 번 해봐. 다시 해도 안 되면 내가 너와 같이 일한다. 업무가 끝난 후에 말이야."

직원이 임무를 하면서 한 단계씩 계속 발전하기를 바라는 소망은 사욕이 아니다. 직원에게는 세계가 넓혀진다. 마침내 그는 성취하는 것, 중요한 사람이 되는 것, 완수해내는 것이 무엇인지 경험할 수 있게 된다. 하지만 가장 큰 효과는, 발달이 정체된 사람에서 성공에 기여하는 사람이 되는 것이다. 우리 모두가 서로 가치를 인정하고 장려하며 지내면 모두가 서로 성장할 수 있게 된다. 그것이 개인과 사회에 이익이다.

실제 로베르트의 경우, 나는 그의 동료와 상사에게 현실을 받아들이라고 조언했다. 젊은 교육가 스스로는 보육시설의 일상에 요구되는 일을 파악할 수 있는 상태가 아니라는 사실을 말이다. 원장과 동료들은 24세의 청년에게 더 많은 일을 할당하기로 결정했다. 이후 로베르트는 매일 임무에 대한 목록을 받았다. 임무 중에는 그가 전에는 하지 않던 일도 포함되었다. 동료들은 로베르트가 새로운 경험을 쌓을 수 있게 도움을 주었다. 그로 인해 로베르트는 주변을 더 많이 인지하게 되고, 성인의 역할에 점차 적응하게 되었다.

로베르트는 시설 측 방침을 긍정적으로 받아들였다. 그도 물론 자신의 일을 잘 수행하려는 의지가 있었기 때문이다. 더 나아가 팀의 분위기가 훨씬 더 좋아지니 마음도 한결 가벼워졌다. 여유로워진 분위기는 자연히 아이들에게도 전해졌다. "가서 놀아. 성가신 임무는 우리가 대신 해줄게"라며 연신 고개만 끄덕이던 동료들이 의식적으로 "아니요"라고 한 이후부터 보육원 교사팀의 효율성이 눈에 띄게 좋아졌다. 그리고 직원과 아이들은 더욱 여유로워졌다.

기업들도 바람직한 길에 들어섰다. 아무튼 기업에 일정 인원이 계속 채워져 있으려면 학습능력이 떨어지는 수습생에게도 더 많은 기회를 주어야 했기 때문에 기업 측에서 생각을 수정했다. 앞에서 이미 언급한 2014년 독일상공회의소의 조사 결과에서 나온 수치를 다시 한 번 보자. 기업의 31퍼센트가 수습생들에게 정서법, 셈, 예의범절 등에 대한 보충수업을 제공했다. 기업의 26퍼센트는 수습생과 인턴들을 업무 대행 기관이 실시하는 교육 수업에 보냈고, 7퍼센트는 젊은이들을 일에 투입할 수 있는 인력으로 만들기 위해 명예교사들을 영입했다.

그 모든 일에 투입되는 비용은 적지 않다. 인내도 필요하다. 하지만 그럴 만한 가치가 있다. 훌륭한 이유가 있는 '아니요'는 더 나은 상호관계와 성과를 얻기 위한 '네'이기 때문이다.

12장

# 자신을 믿어야
# 타인도 믿을 수 있다

나는 협곡의 화강암 바위에 앉아 있다. 아득한 심연에 가까이 있을 때마다 나는 항상 위경련이 일어난다. 아래쪽 어디에선가 요란한 물소리가 나지만 흐르는 물이 보이지는 않는다. 몸을 앞으로 더 숙여보아도 암벽의 끄트머리가 시선을 가로막는다. 계곡물이 다시 모습을 드러내는 저쪽 왼편에서는 약 10미터 아래에서 물이 소용돌이를 일으킨다. 하지만 바로 아래 낙하지점의 상황이 어떤지는 확실하지 않다. 물살이 빠른지 완만하게 흐르는지 알 수 없다. 혹시 바닥에 깊은 물웅덩이가 있는지도 모른다. 어쩌면 마모되어 둥그레진 바위가 물 위로 비쭉 솟아 있을지도 모른다. 내 옆에서 남자가 "뛰어!"를 외치자, 내 몸에서 아드레날린이 확 솟구치는 게 느껴진다.

아이들은 맹목적으로 신뢰한다. 그럴 수밖에 없다. 아이들은 떠먹여지는 숟가락에 담긴 죽이 뜨겁지 않을 것이라고 **믿어야만** 한다.

아이들의 맹목적 신뢰는 세상이 선하다는 확신에서 생겨난다. 그것이 당신이 여섯 살짜리 아이에게 "조심해, 길에서는 뛰지 마라"라고 수백 번 같은 말을 할 수 있는 이유다. 그래도 아이는 길에서 막 뛰어다닐지도 모른다. 아이는 자신에게 닥칠 위험을 확실하게 인식할 수 있는 경험의 자원도 없고, 필수적인 예상 능력도 없기 때문이다. 길에서 신나게 자전거를 타고 비탈진 경사를 내려가다가 눈 깜짝할 사이에 차 밑에 깔릴 수도 있다는 상상은 아이에게는 말 그대로 연결 불가능한 이야기다. 아이가 길에 멈춰 서 있다면 그건 아이 자신의 뜻이 아니라 엄마의 말을 따랐기 때문이다.

성찰되지 않은 맹목적 신뢰는 일반적으로 약 11~13세 아이들의 '자아의 불가침성' 속으로 사라진다. 그제야 비로소 인간의 정신은 스스로 미래를 생각하고 위험을 올바르게 판단할 수 있을 정도로 형성된다. 어쩌면 여기서 당신은 의아한 생각이 들 수도 있다. 이 얘기가 당신의 관찰과 일치하지 않는 것 같기 때문이다. 하지만 높은 데를 기어오르다 떨어져 팔이 부러졌거나, 항상 끼고 다니던 인형을 형이 망가뜨린 경험 등으로 이미 상처를 견뎌야 했던 아이라 할지라도 일반적인 발달 과정에서는 세상에 대한 원칙적 신뢰는 오랫동안 깨지지 않은 채로 유지된다.

나는 한동안 소아과 병원에서 일한 적이 있다. 그곳에서 약을 제때 먹지 않아서 생긴 급성 천식 발작으로 병원에 실려 온 청소년들을 여러 번 보았다. 질식은 가장 심한 고통으로 숨이 막힐 때마다 지독한 죽음의 공포가 엄습한다. 그럼에도 불구하고 13세까지의 어린 천식 환자들은 무서운 생존의 경험을 겪은 뒤 며칠 지나지 않아 또 약 먹는 것을 잊어버리는 경우가 있다. 이는 무엇을 의미할까? 아이들이 갖고 있는 자아의 불가침성에 대한 맹목적 믿음이 거의 죽을 뻔했던 경험보다 실제로 더 강하다는 얘기다.

14세, 15세쯤부터 비로소 천식 환자들은 **자기 스스로** 의사를 찾아가 이렇게 말한다. "천식 발작을 다시는 겪지 않으려면 제가 어떻게 해야 하나요?" 천식 발작에 대해 생각한다는 사실은 아이가 모든 것을 자기 마음대로 할 수 있다고 여기는, 선한 세상에 대한 맹목적 믿음을 잃었다는 것을 드러낸다. 그제야 비로소 그의 경험이 '들어오는' 것이다.

맹목적 믿음의 소멸은 아이의 발달에서 성인으로 향하는 중요한 진전이다. 그것은 세상에 날카로운 모서리와 구석이 있다는 것을 파악하고 명심했다는 확실한 표시다. 인간은 그 경험을 바탕으로 비로소 진정한 신뢰를 줄 수 있는 상태가 된다. 거절당하고 버림받고 이용당하고 기만당하고 속임을 당하게 된다는 불안감에도 **불구하고** 신뢰할 줄 안다. 왜냐하면 성인의 세계가 원래 그런 것이기 때문이다. 다시 말해 신뢰하는 사람은 정신적·신체적으로 다칠 위험도 항상 무릅쓴다.

자신이 준 신뢰가 실제로 깨지게 되면 심한 충격을 받고 정신은 불확실해진다. 그리고 상황을 잘못 판단했음을 깨닫는다. 큰 실망이 극복되고 정신이 다시 균형을 찾을 때까지는 시간이 필요하다.

진정한 신뢰는, 신뢰하지 **않는다**는 대안이 있을 때 비로소 생길 수 있다. 이것은 중요한 인식이다. 우리가 불안에 사로잡힌 인생을 살지 않으려면 아무튼 신뢰하는 수밖에 달리 방법이 없다. 왜 신뢰가 우리에게 그토록 상처를 주면서도 또한 우리를 과도한 요구에서 벗어나게 하고 인생에 안전함을 가져다주는 중요한 공구인지, 그 이유를 이제 설명하겠다.

## 신뢰하는 법을 잊다

많은 사람들이 위험이 가득한 곳으로 인식하는 세상에서 무엇을 신뢰한다는 것은 좋은 생각이 아닌 것 같다. 대중 매체는 우리가 늘 이용당하고 기만당한다는 느낌을 강화한다. 우리는 사기꾼, 아동성추행자, 정신병자들을 상대로 살아가는 것만 같다. 그런데 범죄는 실제로 증가했을까? 우리는 실제로 도처에서 끊임없이 속임을 당할 위험에 처해 있을까?

모호한 불안에 사로잡힌 사람은 주변을 이성적으로 관찰하지 못한다. 그에게는 자신이 모은 경험의 자산에 기댈 수 있는 '거리 두기'가 결여되어 있다. 아마 그가 모은 경험의 재산은 일상이 던지는 공포의 경종보다는 더 긍정적인 색으로 칠해져 있을 것이다. 불안에 사로잡힌 사람이 불안으로 인지하는 사건들은 거대한 불확실함을 생산한다. 이 불확실함의 직접적인 결과가 바로 불신이다.

시민과 국가, 회사와 고객, 상사와 직원, 가족 구성원 모두 저마다 다른 사람들이 제 역할을 제대로 해내지 못할 것이라고 서로 의심한다. 아내는 남편이 아이에게 기저귀를 잘 채워주었는지 검사하고, 환자는 의사를 찾기 전에 약삭빠르게 인터넷을 뒤진다. 기업은 직원들의 업무 시간을 분 단위까지 정확하게 파악한다. 그리고 시민의 대다수가 국민투표가 연방 차원에 도입되기를 원한다(2015년 1월 〈슈테른〉의 설문조사 결과에 따르면 72퍼센트 찬성, 23퍼센트 반대).

그러면 불신은 실제로 사회적 현상일까? 2012년 시장조사기관 TNS 인프라테스트의 설문조사에서 18세 이상의 설문 대상자 3480명에게서 나온 결과를 보자. "사람들 대부분을 신뢰한다" 또는 "다른 사람을 대할 때 항상 조심해야 한다" 등의 질문에 대해 20퍼센트에 못 미치는 응답자들이 타인에 대한 신뢰감을 가진 것으로 나타났다. 겨우 다섯 명 중에 한 명 꼴이다. 반면에 약 40퍼센트의 응답자들은 사람을 대할 때 항상 조심해야 한다고 대답했다. 말하자면 신뢰감을 가진 사람들보다 타인을 불신하는 사람들이 두 배나 더 많다. 나머지 응답자인 39퍼센트는 결정하지 못했다. 그들은 "경우에 따라 다르다"라는 의견을 보였다. 나로서는 이들이 유난히 불신이 큰 사람들로 생각된다. 즉 이들은 자신들이 너무 불확실해서 아직 인생에 대한 견해도 가져볼 생각을 해보지 못한 사람들이다. 이들에게 "나는 사람들을 대부분 믿는다" 또는 "나는 매우 불신한다" 중에 하나를 택한다는 것은 너무 피곤한 일이다!

그런데 불신이 힘을 가장 많이 갉아먹는다. 불신하는 사람은 다음과 같은 자신의 논리에 따라 살기 때문이다. "내가 신뢰하면 상처받는다. 그러므로 나는 신뢰감을 가지고 인간관계에 임할 수 없고 항상 조심해야 한다. 내가 업무를 넘겨주어도 분명 실망하게 될 것이다. 그러므로 업무가 잘 처리된다고 해도 내가 직접 살펴봐야 한다." 그래서 불신자는 잘못 기입된 가격을 찾아 모든 전표를 세심하게 검사하고, 함석공이 틈을 빈틈없이 제대로 메우는지 감시하고, 식품의 유해물질에 대한 자신의 지식을 매일매일 최신 상태로 업그레이드한다.

불신자의 문제는 배신 행위를 너무 두려워한다는 것이다. 그에게는 어떤 실망이든 그것이 자신을 존재의 위기에 빠지게 만들 것 같은 기분이 든다. 대체 왜 그럴까? 그는 한 번이라도 좌절하면 다시 일어설 자신이 없다. 그러니 불신자가 업무를 위임하지 않으려는 것은 자신에 대한 주도권과 건강한 자신감이 없다는 표시다. 그의 모호한 불안과 부족한 자신감에서 비롯되는 결과다.

여기서 벌어지는 드라마는, 불신자는 타인에게 확신을 더 많이 줄 수 없다는 것이다. 실은 완전히 반대인 셈이다. 불신하는 사람은 계속해서 과도한 요구로만 빠져들게 된다. 어떤 사람도 인생의 모든 영역에서 다른 사람보다 더 나은 사람일 수 없기 때문이다. 더 나은 교사, 더 나은 기술자, 더 나은 의사, 더 나은 정치가, 더 나은 치즈 판매원, 더 나은 식품공학자 등등. 다른 사람이 하는 역할을 신뢰할 수 없기에 자신이 모든 역할을 다 잘할 수 있다고 믿는 사람은 필연적으로 실패할 수밖에 없다.

불신자는 자기 자신에게만 많은 것을 기대하는 게 아니다. 동료, 부하 직원, 상사, 가족, 이웃, 서비스업자에게도 많은 것을 기대한다. 당신이 주말에 영수증더미를 뒤지며 빵집에서 쓴 3.60유로 아침식사 영수증을 찾는다면, 이는 당신 회사에 존재하는 불신자 덕분이다. 대체 언제 보고서가 완성되느냐며 당신에게 하루에도 몇 번이나 압박을 가하는 상사는 당신이 일의 긴급성을 인지하고 있음을 믿지 않는다. 신호등이 녹색으로 바뀐 지 0.5초도 지나지 않아 당신 뒤에서 빵빵 경적을 울리는 운전자는 당신의 능력을 불신한다. 다시 말해 그는 자신이 도와주지 않으면 당신이 출발해야 하는 때를 알지 못한다고 생각한다.

불신은 말하자면 모든 사람이 망하는 장사다. 그러면 우리를 과도한 요구로 점점 더 빠져들게 만드는 이 불신에서 다시 빠져나오는 방법은 무엇일까? "이제 나는 더 이상 불신하지 않아"라고 말하는 것만으로는 이루어지지 않는다. 감정은 명령에 의해 변하는 게 아니다. 우리가 더 이상 불신자와 같이 **행동하지** 않을 때 비로소 불신을 떨쳐낼 수 있다. 이제 질문은 이것이다. 우리가 불신하고 있을 때 우리는 어떤 **행동을 하는가?** 불신자의 행동에 존재하는 공통분모를 알아내면 어디서부터 시작해야 하는지 알 수 있다. 그러면 첫걸음을 뗄 수 있다. 과도한 요구에서 벗어나 신뢰의 문화로 향하는 첫걸음을 말이다.

## 관리 감독의 광기

27개국의 중앙은행과 금융감독원 직원들이 모여 결성한 바젤 은행감독위원회는 모든 국가의 금융감독원이 따라야 하는 수행 기준을 개정했다. 예를 들어 규정집 바젤 협정 I, II, III은 유럽은행들이 자산을 얼마나 써야 하는가를 규정한다. 1988년에 발행된 규정집 '바젤 I'은 24쪽으로 이루어졌고, 2004년에 250쪽짜리 '바젤 II'로 대체되었다. 아직 작업 중인 '바젤 III'의 규모는 족히 2500쪽에서 3000쪽에 이를 것이라고 한다.

이 바젤 규정집들은 필요할 때 조금 뒤적여보는 단순한 편람이 아니다. 뒤셀도르프 슈파카세 은행장 아르트 할만은 2014년

5월 경제신문 〈비어트샤프츠블라트*Wirtschaftsblatt*〉와의 인터뷰에서 '바젤' 규정들이 대폭적으로 늘어났다고 설명하면서 불만을 토로했다. "각각의 규정마다 모두 큰 비용이 발생합니다." 뒤셀도르프 슈파카세 은행만 해도 사정은 이렇다. 2013년에 이 은행은 그 한 해에만 적용된 새 규정 및 160가지의 법을 실행하기 위해 400만 유로 이상의 비용을 들여야 했다.

과도한 요구로 인해 신뢰하는 법을 잊어버린 우리는 관리 감독의 광기에 빠진 사회에서 살고 있다. 그리고 바로 이것이 내가 던진 "불신자는 어떤 **행동**을 하는가?"라는 질문에 대한 대답이다. 불신자는 관리하고 감독한다. 그리고 감독은 '올바른 시행 방법'이 전제되어, 일이 **이런 식**으로 이뤄져야 하며 다른 방식으로 흘러가서는 안 된다. 즉 개인의 책임에 의한 별도 행위는 시스템을 위험에 빠뜨린다고 간주된다. 모두가 규칙을 잘 지키는지 의심의 눈으로 지켜보게 된다. 불신하는 사람은 조절 기능을 갖춘 죄수 구속용 가죽 조끼를 입어야 안전한 느낌을 받는다.

거의 모든 기업이 작업 과정을 세부 단계로 나누어 기술해놓은 지침서를 가지고 있다. 그것을 품질관리라 일컫는데, 독일 공업규격(DIN‐), 유럽통합 규격(EN‐), 국제표준화기구 규격(ISO‐) 등 수백 가지의 기준으로 직원들을 엄격한 가이드라인에 따라 작업하게 한다. 가이드라인은 대략 다음과 같이 구성된다.

〈고객과의 통화〉

1. 연필과 종이를 미리 놓아둔다.

2. 수화기를 든다.

3. 자신의 이름을 소개한다.

4. 회사 이름을 댄다.

(……)


모든 것이 완벽하게 계획되고, 마치 궤도에서 달리는 것과 같다. 생각할 수 있는 모든 우발성이 글로 다듬어져 구체적으로 표현된다. 그것은 동시에 이런 의미이기도 하다. 즉 직원은 오직 카탈로그의 내용을 완수하면 된다. 개인적 수행은 관철되기 어렵다. 경우에 따라 심지어 처벌되기도 한다. 예를 들어 친절한 콜센터 직원은 손님과 조금의 수다도 허용치 않는 동료에 비해 평균 1분도 안 되는 정도만 통화가 지체되어도 처벌 대상이 되는 것이다.

물론 이렇게 말할 수도 있겠다. 비용 부담이 너무 커지고 작업 과정이 복잡해졌기 때문에 품질 보증을 위해 규정을 **도입해야만** 한다고 말이다. 그럴 수도 있다. 나는 여기서 공업의 작업 과정이 어떻게 구성되어 있는지를 평하려는 게 아니다. 하지만 의학 분야의 작업 과정이 어떤 식으로 이루어지는지에 대해서는 몇 마디 하고 싶다. 의료계의 공정은 의심할 여지없이 가장 비용이 많이 들고 복잡하기로 유명하다. 내 확신은, 당신이 어떤 직업에 종사하든 모든 것을 지나치게 관리하는 상위 메커니즘을 재인식하게 되리라는 것이다.

의사들은 진료 현장에서 세계보건기구(WHO)에서 발행한 ICD 목록의 방침을 따르라는 강요를 받는다. ICD 목록은 우리에게 알려진 모든 질병에 번호를 매겨놓은 것이다. ICD는 '국제질병사인분류(International Statistical Classification of Diseases and Related Health Problems)'의 약자다. 예컨대 F40.01으로 진단된 환자는 공황발작과 결합된 공포장애에 시달린다. 진단을 내린 의사들은 비록 개별 환자에게 반드시 필요하지 않은 검사라 생각되어도 '속해 있는' 검사들을 다 실시할 것을 지시한다. 그리고 의사가 자신의 처방이 옳다고 생각해도 ICD 목록에 나와 있지 않은 약품이나 처치를 처방해서는 안 된다. 의사가 준수해야 하는 지침은 이런 식이다. "당신이 이 진단을 내렸을 경우, 규정된 다음의 과정을 따르시오." 그런데 내 생각에는 불신이 의사의 진료 능력을 아예 발휘하지 못하게 만드는 것 같다.

그러면 지침서에 따른 진료 방법이 적어도 환자에게는 이득이 될까? 절대로 그렇지 않다. ICD 목록에 따라 진료할 경우, 환자 A의 코감기가 환자 B의 코감기와 같다는 가정 하에서만 치료가 이루어진다. 참으로 그로테스크한 생각이다. 지침서에는 인간의 상호작용이라는 구성 요소도 결코 기술될 수 없다. 그것은 의사 개인의 능력이기 때문이다. 즉 의사는 자신의 지식과 인지와 직관의 상호작용을 통해 환자 개인에게 필요한 바를 볼 수 있다.

나는 이것 한 가지에 대해서는 확고하다. 즉 복합적 맥락은 규정에 의해 억제되지 않아야 한다는 것이다. 모든 것에 규정이 존재하면 필연적으로 결과를 해친다. 지침서에 따른 작업은 숫자에 따라 그림을 그리는 것과 마찬가지기 때문이다. 그 결과 모든 것을 제대로 했다 해도 기껏해야 항상 평균치만 나오게 된다.

이 외에도 규정은 신뢰가 생겨날 여지를 주지 않는다. 신뢰는 자유롭게 행동하는 사람들 사이에서만 생겨날 수 있는 것이지, 자발적 행동의 여지가 없는 '실무자' 사이에서는 생겨날 수 없는 것이기 때문이다. '업무 절차 간소화'는 사라진다. 게다가 신뢰가 부재하는 직장 생활은 점점 더 비인간적으로 변한다. 성과를 올리자는 동료 사이의 독려도 사라지고 인생의 즐거움도 사라진다. 그것은 비인간적이다. 불신으로 감독하는 직장 문화에는 인간의 본질을 형성하는 책임과 창조성이 제외되기 때문이다.

그리고 지나친 감독이 우리에게 가하는 것이 또 한 가지 있다. 지나친 감독은 결코 존재하지 않는 안전성을 감언이설로 믿게 만든다. 불신과 지나친 감독이 만연하면 심지어 생명을 위협할 수도 있다. 만일의 경우를 대비한 모든 안전장치가 되어 있다고 믿는 순간이 바로 운명이 우리를 덮치는 때다.

그 사실은 독일 비행기가 프랑스의 알프스산맥으로 추락한 끔찍한 사건으로 확인되었다. 2001년 9월 테러사건이 발생한 후로 전 세계적으로 비행기 조종실 문에 대한 안전 관리가 대폭 강화되었다. 권한이 없는 사람은 조종실 안으로 출입을 할 수 없고 아무나 쉽게 들어갈 수 없도록 조치가 취해졌다. 이로써 아이가 조종실에 들어와 조종사에게 어떤 질문을 하거나 기기들을 신기한 눈으로 바라볼 수 있는 아름다운 미덕은 사라지게 되었다. 안전성을 확보하기 위해 희생해야 할 부분이 생기는 건 얼마든지 있을 수 있는 일이다. 이 조치가 도입되자 2015년 3월 말, 저먼윙스 여객기(4U9525편) 기장은 조종실로 다시 들어갈 수 없었다. 부기장이 안에서 조종실 문을 잠가버렸기 때문에 비행기는 제어받지 않은 채 산맥에 곤두박아 산산조각으로 부서졌다. 비행기를 납치하려는 테러리스트를 조종실에 들어오지 못하게 할 목적으로 취한 조치가 부기장이 계획한 끔찍한 일을 기장이 막을 수 있는 기회를 없애버린 것이다. 150명의 사망자들에겐 참으로 억울한 일이었다. 저 앞의 조종실에서도 큰 위험이 발생할 수 있다는 사실을 아무도 알지 못했기 때문이다.


## 신뢰하는 사람은 무엇이 다른가

아무리 많은 사람들이 원치 않는다 해도 세상은 불확실한 곳이다. 하지만 세상을 불신으로 반응해서는 우리가 원하는 결과는 나오지 않는다. 불신은 상처를 입지 않기 위해 몸을 몇 톤 무게의 장

비로 무장할 때와 같은 작용을 한다. 결국은 몸을 움직이지 못하게 돼 더 큰 상처를 입게 된다. 세상을 의심하는 생각은 움직일 공간을 좁게 만들고, 불안이 지배하는 분위기를 더욱 강화한다.

우리는 의식적으로 감독하기를 거부함으로써 불신의 태도에서 벗어나 신뢰의 분위기를 불러들일 수 있다. 신뢰는 우리 주변의 불확실성을 긍정적으로 다룰 수 있는 유일한 가능성이기 때문이다. 신뢰가 긍정의 여지를 열고 자유로운 결정을 가능하게 한다.

신뢰는 감독의 소멸을 지향한다. 더 좋게 말해서 우리가 결코 한 적이 없었던 감독의 포기다. 신뢰란 완전한 의식 하에서 일이 잘못될 수도 있다는 사실을 시인함을 의미한다. 이는 애정 관계와 마찬가지로 업무 관계에도 해당된다. 조건적인 참여는 겉으로만 유지될 수 있다. "어차피 다 오래갈 수는 없는 거니까. 나는 여기서 일하든 어디 다른 데서 일하든 상관없어." 이렇게 말하는 사람은 자신의 일에 전력을 다하지 않는다. 그런 태도는 해고될 때의 고통은 완화시켜주겠지만 만족스러운 직장 생활과는 거리가 멀다.

신뢰하는 사람은 자신감과 자의식을 강화한다. 실망도 끝이 난다는 것을 경험해야만 다음에도 신뢰를 감행할 자세가 되기 때문이다. 이때 긍정적인 피드백 효과가 있다. 즉 감독을 포기할수록 신뢰가 실망으로 드러나더라도 그것을 극복한다는 확신이 내면에서 더욱 강해진다. 그리고 자신에 대한 신뢰가 클수록 주변 세계에 신뢰를 더 많이 줄 수 있다. 위로 올라가는 소용돌이를 타고 불신과 과도한 요구의 늪을 빠져나오기 위해선 내면에 자신감이 조금만 있어도 충분하다.

그런데 과도한 요구에 이미 완전히 잠식된 사람에게는 상황이 더 나쁘게 보인다. 신뢰하는 사람은 자신의 장단점을 평가할 수 있고, 타인의 역할과 능력을 인정하고, 놓아줄 줄 아는 능력을 소유하고, 타인에게 중요한 것을 넘겨줄 능력을 가져야 하기 때문이다. "나는 **정확히 누구를** 신뢰할 수 있는가?"라는 질문에 대답할 수 있는 직관이 필요하다. 직관은 인생 경험을 통해 상대방의 목소리, 표정, 몸짓과 같은 아주 사소한 뉘앙스도 인지한다.

모호한 불안에 완전히 사로잡힌 사람은 이 모든 능력을 쓰지 못한다. 모든 능력이 그의 내면에서 매몰되었기 때문이다. 이 현상에 대해서는 이미 앞에서 설명했다. '위로 올라가는 소용돌이'가 회전할 토대가 없는 과도한 요구에 눌린 사람은 감히 신뢰로 향한 첫발을 내딛지 못한다.

하지만 우리는 세상에 혼자 사는 게 아니다. 협소한 곳에서 탁 트인 곳으로 이끌어줄 도움의 손길이 있다. 그 도움의 손길이 어떤 것인지 경제 분야에서 첫 번째 단초를 살펴볼 수 있다.

## 정신 위생을 위하여

디지털 혁명이 직업 세계의 유연성, 그리고 직장과 가정의 일치 가능성을 크게 부여했다. 문제는 많은 사람들이 일과 사생활이 더 이상 뚜렷하게 분리되지 않은 상태에 적응하지 못한다는 것이다. 경계를 없앤 결과, 사람들은 충전을 위한 휴식을 거의 취하지 못한다. 결국 업무의 유동성이란 양날의 검이다.

기업의 많은 책임자들은 지속적인 업무 대기 상태가 질병을 야기한다는 인식을 하고 마침내 결론을 내린다. 그들은 직원들이 항상 업무 상태로 있으면 그로 인해 수개월간 번아웃과 우울증에 이르는 스트레스 증상에 빠질 위험도 커지는 게 문제임을 깨닫기 시작했다. 그런 식으로는 계속할 수 없는 일이기에 몇몇 자동차 회사들은 해결책을 찾아 고심했다.

2011년, 폭스바겐은 업무용 스마트폰 서버를 18:17시부터 7:00시까지 철저하게 다운시킨다는 결정을 내렸다. 주말이나 휴일에는 더 이상 메일을 보내거나 받지 않아도 된다. 2013년 말, 3500명 직원이 이 규정으로 덕을 보았다. 하지만 관리자급은 이 규정의 적용 대상에서 제외되었다.

잠깐 동안의 해방은 이제 기한이 지났다. 왜냐하면 직원들이 스스로 건강을 관리해도 되고, 주말에 업무용 휴대전화를 꺼두라는 당부만으로는 만족스러운 결과가 **나올 수 없었기 때문이다.** 이미 과도한 요구의 늪에 빠진 사람들은 자신이 처한 상황을 볼 수 없다. 그들은 새로운 규정에 의해 다시 제 자신으로 돌아오기 위해 당장 필요한 보호처를 얻는다. 그런데 물론 그것이 지속 상태가 되어서는 안 될 것이다. 왜냐하면 그 조처로 직원들은 아이의 위치에 머물기 때문이다. 아무튼 우선은 그들에게 최선의 위치다. 그러다 보면 언젠가는 직원들이 다시 스스로를 보살필 수 있는 상태에 올라서게 되어 근무 후에 전화나 메일을 쓰는 것을 기술적으로 불가능하게 하는 조치가 더 이상 필요하지 않은 날이 오게 될 것이다.

잉골슈타트에 있는 BMW는 다른 방법을 택했다. 폭스바겐이 "우리는 당신들을 보살핀다"라는 노선을 대표했다면 BMW는 "우리는 당신들이 스스로 자신을 보살필 수 있기 위한 지원을 한다"를 내세웠다. 2014년부터 독일에 거주하는 BMW 직원들에게는 근무 외 시간에 수행한 업무, 예를 들어 업무상 전화 등을 계산한다는 협정이 존재한다. 그 의미는 이렇다. 근무 외의 자유 시간에 행한 업무는 더 이상 직원들이 짊어져야 하는 부가된 짐이 아니라는 뜻이다. 토요일 오후에 업무로 메일을 보내거나 전화 통화를 한 사람은 월요일에 일찍 퇴근한다. 협정을 어떤 범위로 활용할지는 직원에게 달려 있다. 즉 BMW는 스스로 정신을 회복하는 데 필요하다고 생각해서 규정을 활용하는 직원들을 신뢰하는 것이다.

회사 내 또 다른 규정도 직원들에 대한 신뢰를 보여준다. 즉 BMW에선 업무 관리가 직원들 손에서 이루어진다. 근무 외 시간에 행한 업무의 정산은 상사의 사인을 받을 필요가 없다. 직원들은 소모적인 감독을 받지 않고 자신이 일한 시간을 SAP(Systems,

Applications and Products in Data Processing)에 입력하기만 하면 끝이다. 혹자는 의심스러운 생각에 이렇게 말할지도 모른다. "그런 식으로 하다간 직원들의 눈속임이 자꾸 늘어나겠지. 이제 직원들은 자신들이 원하는 것을 정할 수 있을 테니까." 하지만 BMW는 전 직원을 성인으로 대하려 한다. 그러기에 때가 무르익었는지는 자연스레 알려질 것이다.

이 두 가지 모델 중 어떤 것이 더 성공적이라고 입증되었는지는 모르겠다. 아무튼 첫째 전제는, 기업에서 비로소 다시금 직원들이 스스로를 관리할 수 있다고 신뢰할 수 있어야 하는 것이다. 그다음 전제는, 직원들이 바로 지금 과도한 요구에서 빠져나와 성인의 태도를 취할 수 있다는 것이다.

기업이 뭔가 해야 한다는 한 가지 사실만은 확실하다. 기업은 직원들을 과도한 요구에서 보호할 방법을 고심해야 한다. 의사소통 창구가 더 많이 열려 있을수록 고객에게 더 유리하다는 생각이 오랜 기간 지배했다. 이때 직원이 전화와 메일의 연이은 사격 아래 편안한 기분을 가질 수 있는지는 고려의 대상이 아니었다. 그런데 고객과 거래처에 뿌리는 명함에 메일 주소를 비롯해 유선전화 번호와 휴대전화 번호가 모두 적혀 있는 것이 정말로 의미가 있을까? 명함에는 필요한 경우 담당자를 연결해주는 대표전화 번호만 적혀 있으면 안 되는 걸까?

수년 이내에 사회와 국가와 기업의 중점은 과도한 요구를 받는 사람들의 신원을 확인하고 그들을 개인적인 막다른 길에서 끌어 내는 일이 될 것이다. 예컨대 근무 시간에도 자체적인 트레이닝이 나 요가를 할 수 있게 해주는 것도 한 가지 방법이 될 수 있다. 직 원들이 경험해보니 좋다고 느끼고 더 해보겠다는 의지가 생기면 휴식 공간을 만들어내려는 결정을 내리게 된다. 그렇게 되면 직원 들은 곧 자아를 되찾을 수 있다.

물론 우리가 과도한 요구에 빠지는 상황을 방지하기만 하면 되 는 때가 온다면 더할 나위 없이 좋을 것이다. 이에 대해 전문가들 은 '정신 위생'이라는 개념을 알고 있다. 정신 위생이란 정신을 건 강하게 유지하는 예방법이다. 나는 이 개념이 미래의 키워드라고 확신한다. 현재 많은 사람들에게 균형 잡힌 식습관을 통해 가뿐한 몸과 건강을 유지하는 일이 당연한 것이 되었듯이 규칙적인 휴식 을 두어 정보의 지속적인 유입으로부터 정신을 보호하는 일도 몸 에 배어야 한다.

만일 내가 독일의 왕이라면 일요일을 다시금 제대로 도입할 것 이다. 제일 먼저 정신을 쉬게 해서 회복시키기 위함이다. 오늘이 만인 공동의 일요일이 되어야 하고, 될 수 있다는 생각은 세상 물 정을 전혀 모르고 하는 소리인지도 모른다. 아니, 각자가 언제를 휴일로 할지 스스로 결정해야 한다. 어떤 이는 화요일을 자신의 휴일로 삼고, 또 다른 이는 목요일을 자신의 휴일로 삼는다. 일주 일에 하루는 TV, 스마트폰, 인터넷을 사용하지 않는다. 다시 말해

7일마다 디지털 정보의 홍수를 끊는 것이다. 그러기만 해도 기적은 일어날 것이다.

## 성인이 지닌 최고의 규율

이른 아침, 아이들과 함께 이탈리아 코모 호수에 도착하자 태양은 벌써 뜨거운 하루를 예고했다. 하지만 이곳에 깊이 숨겨진 골짜기는 서늘했다. 스물여섯 살과 스물세 살인 내 딸과 아들이 급류타기 여행을 같이 가자고 나를 졸랐다. 나는 내가 무슨 일에 응하는지도 모르고 그냥 그러자고 대답했다. 우리는 이미 두 시간이나 산악 안내자인 진에게 이끌려 울창한 숲을 돌아다녔다. 문명과는 완전히 동떨어져 있었다. 계곡 사이로 흐르는 얼음처럼 차가운 계곡 외에 다른 길은 없었다. 아이들과 나는 기어오르고 미끄러지고 헤엄치고 펄쩍펄쩍 뛰면서 계곡물의 흐름을 따라갔다. 계곡은 어떤 곳에서는 거센 물결을 이루고 또 어떤 곳은 넓어지면서 유유히 흘러갔다.

얼마 지나지 않아 나는 분명히 알게 되었다. 산악 안내자 진을 신뢰할 수 있다는 것을 말이다. 진은 지형을 잘 알고 있었다. 그의 인도를 받으면서 마음이 놓였다. 그렇지만 진이 "뛰어내려요!"라고 외칠 때 나는 멈칫했다. 내 이성이 거부했기 때문이다. '이건 미친 짓이야!' 하지만 진은 인내심을 가지고 있었다. 그가 말했다.

"당신이 나를 믿고 뛰어내리든지, 우리 모두 다섯 시간 동안 여기서 웅크리고 앉아 있든지, 둘 중에 선택하세요." 나는 마음이 안정되는 것을 느꼈다. 그리고 뛰어내렸다.

내가 떨어진 높이는 10미터가 아니었다. 겨우 2미터였다. 내가 서 있는 바로 밑에 테라스 모양으로 턱이 튀어나와 있고, 그 아래부터 다시 낭떠러지가 시작되었다. 하지만 내가 선 위치에서는 그것이 보이지 않았다. 그러한 지형을 알고 있던 진이 나의 용기를 시험해본 것이다.

협곡을 통과해 나와 내 아이들을 코모 호수 근처로 데리고 간 우리의 산악 안내자는 성인답게 행동했다. 그는 뚜렷한 목표를 가지고 있었다. 안전하게 협곡을 통과하도록 우리를 이끌면서 우리에게 잊을 수 없는 하루를 경험할 수 있게 해준다는 목표였다. 그가 우리들의 정신적·신체적 성취 능력을 좋게 평가하고, 신중하고 참을성 있게 자극을 해줬기에 우리는 한계를 넘어설 수 있었다. 아니, 한계보다 조금 더 넘어섰다. 그는 어려운 위치에서 우리에게 용기를 북돋워주었다. 그는 위험성에 대해 잘 알고 있었다. 또한 날씨가 급변하거나 뜻밖에 물이 차오를 경우에도 무엇을 해야 하는지 잘 알고 있었을 것이다.

그러면 나는? 만난 지 겨우 몇 분밖에 지나지 않은 한 남성에게 나 자신과 인생을 맡겼으므로 아이의 위치로 옮겨갔을까? 아니다. 나는 아이처럼 그를 맹목적으로 신뢰하지는 않았다. 나는 의도적으로 우리 산악 안내자를 신뢰하겠다고 결정했다. 지금 내 앞에 서 있는 남자가 현재 나를 보살펴줄 능력이 있다고 알려주는 내 경험과 직관을 신뢰했다.

그를 믿었기 때문에 나는 완전히 나 자신과 아이들에게 집중하고 경험을 만끽할 수 있었다. 캡틴이 되는 것은 좋다. 하지만 한 번쯤 캡틴이 아닌 것도 좋다. 신뢰가 없었으면 우리는 놀라운 경험을 누리지 못했을 것이다.

성인이라고 해서 항상 지도하고 이끌 필요는 없다. 성인은 자신을 믿을 수 있기 때문에 타인도 믿을 수 있다. 그들은 인생의 한 부분을 자발적으로 타인에게 넘긴다. 그리고 철회하기도 한다.

우리가 아직 협곡에 있을 때 족히 10미터 높이에서 계곡의 시내가 만들어놓은 깊은 웅덩이로 뛰어들어야 하는 곳이 나타났다. 나에게는 너무 높은 곳이었다. 진은 내게 할 수 있다고 말했지만, 나는 내키지 않았다. 느낌이 좋지 않았다. 그때가 나에게는 한계였다. 결국 진은 나를 자일에 묶어 데리고 내려갔다. 그편이 잘한 일이었다.

당신이 어떤 사람을 한번 신뢰했다고 해서 그 신뢰가 영원한 것은 아니다. 안테나는 계속 작동한다. 어쩌면 오히려 다시 주도권을 쥐는 게 좋은 상황일 수도 있다. 또한 우리는 (한 시간 후, 일주일 후, 반년 후에) 안테나에서 기이한 신호를 받아 감정의 혼란을 겪을 수도 있다. 수년간 어려운 시기에 있던 사업파트너가 갑자기 신형 포르셰를 몰고 다니는 것은 무슨 의미일까? 인생의 동반자가 모순되는 말을 자꾸 할 때 나는 그 사람을 여전히 100퍼센트 신뢰할 수 있을까? 기본적 느낌과 더 이상 맞지 않을 때 이성은 신뢰가 아직 의미가 있는지를 검사한다. 이런 방식으로 다른 사람을 신뢰하는 사람은 항상 자기 자신에 대한 주인의식을 유지한다.

성인이어야만 신뢰할 수 있다. 그리고 신뢰할 때만 우리는 성인이다. 신뢰를 주는 것, 그것이 성인이 지닌 최고의 규율이다. 그 규율이 바로 설 때 우리는 과도한 요구에서 빠져나올 수 있으며, 더 나아가 과도한 요구가 우리를 덮치지 못하게 할 수 있다.


객관적으로 볼 때 우리 문화권에 사는 사람들은 생각해보면, 살아가고 생존하는 데 지금보다 편한 시절은 없었다. 기술 혁명을 비롯해 특히 디지털 혁명이 그것을 가능하게 했다.

디지털 혁명이라는 이름이 걸맞은 이유는, 혁명이란 최하층이 최상층으로 전복된다는 의미기 때문이다. 즉 예전대로 있는 것은 더 이상 아무것도 없다. 우리는 격변의 한가운데에 있다. 지금까지 극소수만이 디지털 매체에 지배당하지 않고 자유자재로 다루는 법을 배웠다. 그런 이유로 많은 사람들이 자신의 일상을 오로지 시간에 쫓긴다고만 인지한다. 또한 수많은 결정을 내려야 하고, 끊임없는 연락 대기 상태에 있어야 한다는 압박에 시달린다.

이러한 인지가 과도한 요구의 근원지다. 과도한 요구는 개인이 직장, 가정, 사회에 의해 짓눌린다는 의미다. 하지만 과도한 요구에 대한 이러한 관점은 아이들이나 가질 만한 관점이다. 그들은 상황에 속수무책으로 내맡겨지고 스스로를 보살필 수 없는 이들이다.

이 과도한 요구라는 신화를 믿는 사람은 패배한다. 그에게 유일하게 남은 반응은 우울증에 걸리거나 번아웃 상태가 될 때까지 그저 이를 악물고 참는 것이다. 과도한 요구라는 신화는 사람을 허약하게 만든다. 자신을 희생자라고 간주하는 사람은 인생을 스스로 만들어가겠다는 자신감을 가질 수 없기 때문이다.

실제 상황은 이렇다. 세상이 더 어려워지고 요구가 많아진 게 아니라 우리가 허약해진 것이다. 나날이 증가하는 정보의 홍수에 대한 반응으로 '아이의 세계'로 퇴행했기 때문이다. 이때 우리에게 일어난 일을 인식하기 위해 성인의 관점이 필요하다.

"나를 과도한 요구 상태로 몰아넣은 것은 바로 나 자신이다. 내가 나 자신을 더 잘 보살펴야 한다."

디지털 혁명이 정신적인 부담을 준다는 것은 맞는 말이다. 하지만 그 일이 일어나게 된 이유는 단 하나, 우리가 정신을 모호한 불안 상태로 몰고 가는 수많은 정보를 제한하는 방법을 미처 배우지 못했기 때문이다. 불안 상태에서 오래전에 조망능력을 상실한 사람에게는 거의 불가능한 일이겠지만, 사실 방법은 아주 간단하다. 그것은 디지털 기기들을 자주 차단하고, 당장 필요한 휴식을 마련하는 것이다.

나는 확신한다. 우리가 막다른 길에서 빠져나오기까지 몇 년밖에 걸리지 않을 것이다. 우리는 디지털 혁명을 다루는 법을 배울 것이다. 왜냐하면 우리는 인간의 본질적인 능력이자 인간을 수십만 년이나 생존할 수 있게 한 능력을 가지고 있기 때문이다.

우리는 새로운 환경에 적응할 수 있다. 바로 오늘부터 할 수 있다.

# 미성숙한 사람들의 사회

1판 1쇄 발행 2016년 5월 4일
1판 3쇄 발행 2016년 11월 25일

**지은이** 미하엘 빈터호프
**옮긴이** 송소민
**펴낸이** 고영수

**경영기획** 고병욱 **책임편집** 이혜선
**마케팅** 이일권, 이석원, 김재욱, 김은지 **디자인** 공희, 진미나, 김경리
**제작** 김기창 **관리** 주동은, 조재언, 신현민 **총무** 문준기, 노재경, 송민진

**펴낸곳** 추수밭
**등록** 제2005-000325호
**주소** 06048 서울시 강남구 도산대로38길 11(논현동 63)
    10881 경기도 파주시 회동길 173(문발동 518-6) 청림아트스페이스
**전화** 02)546-4341 **팩스** 02)546-8053
**홈페이지** www.chungrim.com
**이메일** cr2@chungrim.com

ISBN 979-11-5540-078-4 (03100)

*책값은 뒤표지에 있습니다.
*잘못된 책은 구입하신 서점에서 바꿔드립니다.
*추수밭은 청림출판(주)의 인문 도서 전문 브랜드입니다.